派遣労働という働き方

市場と組織の間隙

島貫智行

はしがき

　日本において働き方の多様化が進展しているといわれて久しい。たしかに，日本での主要な働き方である正規労働に加え，パートタイム労働，派遣労働，請負労働，フリーランスなどといったさまざまな働き方が拡がり，労働者にとっての選択肢は増えた。しかし，働き方の多様化が労働者に何をもたらしているのかという点については，議論が分かれる。とくに，非正規労働とされる働き方の中でも派遣労働については，1986年に労働者派遣法が施行された当初は，労働者が希望する仕事や労働時間，勤務地を選べる新しい働き方であるとか，組織に依存せずに労働者が自分の技能や専門性を活かせる働き方であるとか，仕事と生活を両立できる働き方であるといった，ポジティブな面が注目されていた。しかし，残念なことに，派遣労働者として働く人たちが増えていくにしたがって，派遣労働に対する社会の見方は，徐々にネガティブなものとなっていく。近年では，雇用が不安定で賃金の低い働き方であるとか，技能や専門性が蓄積されない働き方であるといった，ネガティブな面が指摘されることが多くなった。実際のところ，派遣労働という働き方は，労働者にとってどのような特徴を持つ働き方なのだろうか。

　本書は，こうした問題意識に基づいて，日本の派遣労働の中でも，登録型派遣と呼ばれる派遣形態で就業し，かつ事務職種の仕事に従事する派遣労働者を対象に，派遣労働という働き方の実際を明らかにすることを目指したものである。本書の基本的なアイデアは一橋大学に提出した博士論文にあるものの，その後に実施した調査結果を加え，ほぼ全面的に書き直した。本書が完成に至るまでには多くの先生にお世話になったが，とりわけ3名の先生に感謝の意を示したい。

　守島基博先生（一橋大学）には，研究者としての基礎をつくっていただいた。研究者としての訓練を全く積んでいない私を大学院生として受け入れ，学術論文を執筆するうえで必要な基本的作法を一から指導してくださっただけでなく，学術的な観点から企業の人材活用を思考できるようになるための成長機会をたくさん与えていただいた。企業の人材活用に関わる諸問題について，経営者の

視点だけでなく，労働者の視点や，さらには労働や雇用といったより大きな視点からも思考する重要性を学んだことは，今の私の研究関心の中心をなしている。守島先生のような洗練された研究は私にはできないが，少しずつでも労働研究に関わる成果を蓄積していけるように努力していきたい。

佐藤郁哉先生（同志社大学）には，本書を執筆するうえで不可欠であった方法論の基礎を教えていただいた。本書の中核をなすのは，派遣労働者と派遣元企業，派遣先企業を対象とした聞き取り調査である。先生のもとで聞き取り調査を通じて仮説を練り直していくプロセスを訓練することがなければ，本書は成立しなかった。また，本書が，聞き取り調査による質的研究を主軸にしながら，質問票調査による量的研究をも組み合わせたものとなったのは，適切な調査方法の採用とその組み合わせの重要性を論じている佐藤先生に学んだ面が大きい。本書が派遣労働の現実を多少なりとも捉えることができているならば，それは佐藤先生のご指導のおかげである。

佐藤博樹先生（中央大学）には，派遣労働に関するたくさんの研究機会をいただいた。東京大学社会科学研究所人材ビジネス研究寄付研究部門（後に人材フォーラム）の研究プロジェクトに参加して，手探りではあったが，事務職の登録型派遣労働者の仕事や労働条件，キャリアに関する調査を経験できたことは，その後，派遣労働の研究を進めていくうえでの基礎となった。佐藤先生には，派遣労働者をはじめ，パートタイム労働者や限定正社員に関する研究会などで，多様な就業形態で働く労働者の雇用管理やキャリア形成支援を考える機会をいただいている。今はまだ難しいが，将来的には佐藤先生のように労働政策にも貢献できる研究をしていくことも，私の目標の1つである。

専門である人的資源管理論分野で日頃からお世話になっている先生方全員のお名前をおあげすることはできないので，ここでは本書の調査や研究に関連する先生を中心に御礼を申し上げることをお許しいただきたい。守島研究室でともに学んだ，鳥取部真己先生（北九州市立大学），西村孝史先生（首都大学東京），江夏幾多郎先生（名古屋大学），佐藤佑樹先生（流通経済大学）には，研究アイデアの相談から研究成果の改善に至るまで多方面で助けていただいている。また，前述の東京大学社会科学研究所人材ビジネス研究寄付研究部門においては，大木栄一先生（玉川大学），佐野嘉秀先生（法政大学），堀田聰子先生（国際医療福祉大学），松浦民恵先生（ニッセイ基礎研究所）に，派遣労働の調査を進めるうえで

多くの助言をいただいた。さらに，小野晶子先生（労働政策研究・研修機構）や中村天江先生（リクルートワークス研究所）には，派遣労働の現状や課題，今後の方向性などを意見交換する中で多くの知見を学ばせていただいている。

勤務先である一橋大学大学院商学研究科の先生方にも，恵まれた研究環境を与えていただいていることに感謝したい。とりわけ沼上幹先生，蜂谷豊彦先生，田中一弘先生，加藤俊彦先生，中野誠先生，島本実先生，藤原雅俊先生，坪山雄樹先生，佐々木将人先生には，研究と教育の両面において常日頃から多くを学ばせていただいている。先生方の研究に対する深い思考と教育に対する情熱にはまだまだ及ばないが，少しでも追いつくように努力したい。前勤務先である山梨学院大学現代ビジネス学部の今井久先生をはじめとする先生方にも感謝したい。先生方による研究・教育面における支えのおかげで，本書のもとになる博士論文を執筆することができた。

本書を博士論文から多少なりとも発展させることができた背景として，2012年から2年間にわたった在外研究の経験は大きかった。在外研究期間中にお世話になった先生方，とくに Arne L. Kalleberg 先生（University of North Carolina at Chapel Hill），James Lincoln 先生（University of California, Berkeley），Mary C. Brinton 先生（Harvard University），Rosemary Batt 先生および Sarosh Kuruvilla 先生（ともに Cornell University），Chris Tilly 先生（University of California, Los Angeles）との出会いと議論を通じて，派遣労働という働き方を再検討するための多くの視点を得ることができた。日本の派遣労働に関する研究の意義を認めてくださり，在外研究期間後も有益な助言をいただいている。

本書の草稿を，労働研究を専門とする先生方に読んでいただくことができた。労働経済学の観点から酒井正先生（法政大学），労働法の観点から本庄淳志先生（静岡大学），労働社会学の観点から池田心豪先生（労働政策研究・研修機構），組織心理学の観点から坂爪洋美先生（法政大学）にいただいた専門的なご指摘は，いずれも重要なものばかりであった。可能な限り改稿に取り組んだものの，私の力量により十分に解決できなかったことも多数ある。これら労働研究に関わる学問分野を専門とする先生方から見れば，本書には多くの課題があるであろう。先生方からの批判と指摘には，今後の研究課題として取り組んでいきたい。

また，人材派遣ビジネスに関わる実務家の方々にも本書の草稿を読んでいただいた。河邉彰男さん（日本人材派遣協会）をはじめ，派遣元企業に長年勤務さ

れ，人材派遣ビジネスに精通されている方々から，労働者派遣の仕組みや人材派遣ビジネスの実情について貴重なご意見をいただいた。研究上の手続きという制約があるとはいえ，派遣元企業や派遣先企業のお立場から見れば，本書の内容は人材派遣ビジネスの現場の実態を十分に反映できていないかもしれない。本書で扱いきれなかった論点については，新たな課題として取り組んでいくつもりである。

本書における調査の多くは，科学研究費（若手研究(B)20730266 および基盤研究(C)24530454），公益財団法人労働問題リサーチセンター，全労済協会公募委託調査研究の支援によるものである。また，本書の出版に際しては，一橋大学後援会の武山基金から出版助成を受けている。審査の際には匿名のレフェリーの先生方に，本書の骨子に関わる貴重なコメントをいただき，本書にも反映することができた。

有斐閣の尾崎大輔さんと得地道代さんには，言葉で表すことのできないほどの感謝の気持ちでいっぱいである。遅々として執筆の進まない私を常に励まし，時に叱咤しながら，企画から出版に至るまで見放すことなく支援してくださった。本書がより読みやすいものとなったことはいうまでもなく，派遣労働という働き方をより現実感をもってイメージできるものになっているとすれば，それはお二人の類まれなる編集力によるものである。

最後に，聞き取り調査や質問票調査に協力してくださった派遣労働者のみなさま，派遣先企業や派遣元企業に勤務するみなさまに御礼を申し上げたい。みなさま方がそれぞれ経験されたさまざまな葛藤や矛盾を，ありのままに語ってくださったおかげで，本書を書き上げることができた。

本書は派遣労働に関する多くの問題点を記述しているが，近年派遣労働に対する社会的批判が強まる中で，それを全面的に支持するものではない。他方で，派遣労働の働き方のさまざまな利点をあげているが，それもまた派遣労働を全面的に賞賛するものではない。本書は，派遣労働という働き方には就業形態上の特徴に起因する特有の問題点があることを認識しつつ，それを派遣労働者自身が克服できる可能性と限界を描写することを通じて，多様な働き方の中で派遣労働がいかにして労働者に独自の価値を提供する働き方となることができるのかを模索したものである。派遣労働の描写に力点を置いたことにより，本書の発見事実から派遣労働に関する政策的含意を直接的に導くことは難しいかも

しれない．それでも，本書が少しでも派遣労働という働き方に対する理解を促し，多様な働き方の意義とその課題について議論を深めていくきっかけとなることを願っている．

　2017年2月　東京・国立にて

著　者

目　次

第 1 部　派遣労働の捉え方

第 1 章　問題設定 ——————————————— 2
　　　　派遣労働とは何か

1　派遣労働の制度的枠組み …………………………………… 2
2　派遣労働者数の推移 ………………………………………… 7
3　派遣労働者を取り巻く環境の変化 ………………………… 11
　　（1）労働者派遣制度に関する法改正　*11*
　　（2）派遣先企業による派遣労働者の活用理由　*13*
4　事務職の登録型派遣労働者の属性と就業意識 …………… 15
5　派遣労働についての対立する見方 ………………………… 20
6　本書の構成 …………………………………………………… 21

第 2 章　先行研究の検討 ——————————————— 26
　　　　どのように議論されてきたか

1　派遣労働の概念的位置づけ ▶ 正規労働と対照的な働き方 ……… 26
2　派遣労働に対する否定的な見方 …………………………… 31
　　（1）労働市場において恵まれない地位に置かれる働き方　*31*
　　（2）労働者の権利が保護されない働き方　*34*
3　派遣労働に対する肯定的な見方 …………………………… 37
　　（1）労働者の労働志向に合った働き方　*38*
　　（2）技能や専門性を活かしてキャリアを形成できる働き方　*39*
4　従来の見方が抱える問題点 ………………………………… 42

第3章 分析の視点・枠組み・方法 ─────────── 44
　　　　どのように捉えるか

- **1** 派遣労働の多面性を捉える ▶ 仕事の質という視点 ………… 44
- **2** 派遣労働の特有性を捉える ▶ 三者関係への注目 …………… 47
- **3** 派遣労働の複雑性を捉える ▶ 当事者視点の重視 …………… 49
- **4** 調 査 方 法 ……………………………………………………… 54
  - (1) 派遣労働者調査　54
  - (2) 派遣先企業調査　57
  - (3) 派遣元企業調査　58

第2部
派遣労働者が経験する困難

第4章 賃金と付加給付 ─────────────── 60

- **1** 派遣労働者の賃金 ……………………………………………… 60
- **2** 賃金決定の仕組み ……………………………………………… 64
- **3** 賃金を左右する要因1 ▶ 派遣料金の交渉 …………………… 66
- **4** 賃金を左右する要因2 ▶ 賃金の個別管理 …………………… 70
- **5** 賃金上昇の難しさ ……………………………………………… 73
- **6** 賃金に対する不満 ……………………………………………… 81
- **7** 付 加 給 付 ……………………………………………………… 85

第5章 雇用の安定性と能力開発機会 ──────── 91

- **1** 労働者派遣契約に規定される労働契約 ……………………… 91
- **2** 他の派遣先企業での就業機会 ………………………………… 98
- **3** 派遣労働者としての就業期間の長期化 ……………………… 104
- **4** 派遣労働者と仕事のマッチング ……………………………… 106

- **5** 技能の習得機会 ……………………………………… *109*
- **6** 仕事経験の連関の難しさ ……………………………… *115*

第 6 章　仕事の自律性と労働時間 ——————— *119*

- **1** 仕事の選択可能性 ……………………………………… *119*
- **2** 仕事の裁量 ……………………………………………… *126*
- **3** 仕事の責任 ……………………………………………… *133*
- **4** 労働時間の長さ ………………………………………… *137*
- **5** 労働時間の裁量 ………………………………………… *141*
- **6** 有給休暇の取得 ………………………………………… *144*
- **7** 労働時間の密度 ………………………………………… *146*

第 3 部
派遣労働者が困難に対処する方策

第 7 章　派遣労働の受容 ————————————— *150*
派遣労働者のジレンマ

- **1** 派遣労働者の就業志向 ………………………………… *150*
  - (1) 生活志向の派遣労働者　*152*
  - (2) 技能志向の派遣労働者　*155*
  - (3) 関心志向の派遣労働者　*157*
- **2** 派遣労働者が経験するジレンマ ……………………… *161*
  - (1) 生活志向の派遣労働者のジレンマ　*161*
  - (2) 技能志向の派遣労働者のジレンマ　*165*
  - (3) 関心志向の派遣労働者のジレンマ　*168*

第 8 章　派遣労働の回避 ————————————— *172*
正規労働者への転換とフリーランスとしての独立

1 正規労働者への転換 ································ 172
 (1) 同じ派遣先企業で長期間就業する方策　172
 (2) 同じ派遣先企業で長期間就業する方策の限界　178
 (3) 正規労働という働き方への期待　179
 (4) 正規労働に転換することの難しさ　182

2 フリーランスとしての独立 ························· 187
 (1) 異なる派遣先企業を移動する方策　187
 (2) 異なる派遣先企業を移動する方策の限界　190
 (3) フリーランスとして独立することへの期待とためらい　192

第 9 章　派遣労働の克服 ──────── 195
雇用関係とネットワーク

1 派遣元企業との長期的雇用関係の構築 ··············· 195
 (1) 同じ派遣元企業から継続的に仕事を引き受ける方策　195
 (2) 自分に合う派遣元企業をみつけ出す　202

2 派遣労働者の人的ネットワークの構築 ··············· 205

3 派遣元企業と派遣先企業の
　　　長期的取引関係と企業間ネットワーク ············ 210

第 4 部
派遣労働者が従事する仕事の質

第 10 章　就業形態による比較 ─────── 216
正規労働よりも劣るか

1 質問票調査の目的 ································ 216
2 分析に用いるデータ ······························ 217
3 回答者の基本属性 ································ 220
4 仕事の質に関する測定尺度 ························ 225
5 就業形態に基づく仕事の質の比較 ·················· 228

| | **6** 平均値の比較 | 234 |
| | **7** 統計分析 | 235 |

第11章 労働契約と雇用関係による比較 ── 249
なぜ劣るか

	1 就業形態による比較の課題	249
	2 就業形態の分類枠組み	250
	3 労働契約に基づく仕事の質の比較	252
	4 労働契約に基づく仕事の質の平均値比較	258
	5 雇用関係に基づく仕事の質の比較	258
	6 雇用関係に基づく仕事の質の平均値比較	264
	7 統計分析	265
	8 派遣労働における労働契約と雇用関係	268

終章 派遣労働とはどのような働き方か ── 285

1 本書の議論の整理 285
  (1) 派遣労働をどのように捉えるのか（第1部：第1〜3章） 285
  (2) 派遣労働者はどのような経験をしているか（第2部：第4〜6章） 287
  (3) 派遣労働者は困難にどのように対処しているか（第3部：第7〜9章） 290
  (4) 派遣労働の特徴は他の働き方となぜ異なるのか（第4部：第10〜11章） 294

2 理論的解釈 296
  (1) 自営と雇用の2つの要素を持つ働き方 296
  (2) 派遣労働者にとっての市場と組織, ネットワーク 298

3 派遣労働のこれから 302
  (1) 派遣労働についての2つのアプローチ 302
  (2) 派遣労働という働き方を変革するために何が必要か 306

4 今後の検討課題 309

参考文献一覧　　*313*

索引（事項索引，人名・団体名等索引）　　*323*

本書のコピー，スキャン，デジタル化等の無断複製は著作権法上での例外を除き禁じられています。本書を代行業者等の第三者に依頼してスキャンやデジタル化することは，たとえ個人や家庭内での利用でも著作権法違反です。

第1部
派遣労働の捉え方

Overview

　第1部では，派遣労働という働き方の諸問題をどのように捉えるのかを議論していく。はじめに，派遣労働が，派遣労働者と派遣元企業，派遣先企業という三者関係からなる就業形態であることを確認する。次に，日本の派遣労働市場の変化や，労働者派遣法の変遷などの基本情報を確認したうえで，本書における問題関心が登録型派遣という働き方の特徴を明らかにすることにあることを示す。

　これまで，派遣労働に対しては，賃金が低く能力開発機会に乏しく雇用は不安定で，労働者にとって望ましくない働き方であるという否定的な評価がある一方，労働者の労働志向に合わせて仕事と生活の両立を図れたり，技能や専門性を活かせる働き方であるとする肯定的な評価もなされてきた。これらはいずれも間違いではないが，働き方の評価としては十分とはいえない。

　本書は，以下の3つの視点から派遣労働という働き方の特徴を捉えようとしている。その第1は，働き方の多面性を捉えるための，仕事の質という考え方であり，賃金や付加給付だけでなく，雇用の安定性や能力開発機会，仕事の自律性，労働時間などからの検討である。第2は，働き方の特有性を捉えるための，派遣労働の就業形態上の特徴である，派遣労働者と派遣元企業，派遣先企業の三者関係への注目である。第3は，働き方の複雑性を捉えるための，当事者視点の重視であり，派遣労働者が経験する困難とその対処行動に注目することである。これらの視点は，第2部以降の分析に引き継がれていく。

第1章
問題設定

派遣労働とは何か

　本書は，日本における派遣労働がいかなる働き方であるのかについて，事務職の登録型派遣労働者を対象に検討するものである。本章は，この問いを検討する前の準備段階として，派遣労働という働き方を理解するうえで必要となる，労働者派遣の仕組みと労働市場における派遣労働者の現状を概説する。そのうえで，派遣労働の基本的な枠組みと本書における問いを提示する。

1 派遣労働の制度的枠組み

　派遣労働（temporary agency work）は，派遣労働者（temporary agency worker）と派遣元企業（staffing firm/ staffing agency），派遣先企業（client firm）の三者から構成される就業形態のことである（菅野，2004；山川，2008）。

　派遣労働という就業形態の基礎となる「労働者派遣法」（労働者派遣事業の適正な運営の確保及び派遣労働者の保護等に関する法律）において，労働者派遣は，「自己の雇用する労働者を，当該雇用関係の下に，かつ，他人の指揮命令を受けて，当該他人のために労働に従事させること」と定められている。ここにおいて派遣先企業は，派遣元企業から労働者を派遣してもらい労働サービスの提供を受け，それに対して派遣料金を支払う。この派遣先企業と派遣元企業との間で労働者派遣に関して定めた契約が，労働者派遣契約である。労働者派遣契約では，派遣労働者が従事する業務の内容や派遣先事業所の名称・所在地その他派遣就業の場所および組織単位，就業中の派遣労働者を直接指揮命令する者

図 1-1 派遣労働における雇用関係と指揮命令関係

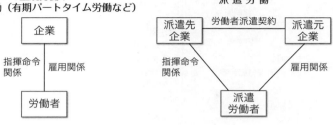

に関する事項，労働者派遣の期間・派遣就業をする日，派遣就業の開始・終了の時刻および休憩時間，派遣料金などを規定する。派遣先企業は，この労働者派遣契約に規定した業務の内容について，受け入れた派遣労働者に指揮命令することができる。なお，労働者派遣契約には派遣元企業から派遣される労働者の人数は規定されるものの，派遣先企業が個別の派遣労働者を指定することはできない。

他方で，派遣元企業は，派遣先企業との労働者派遣契約とは別に，個別の派遣労働者と労働契約を結んで雇用する。労働契約には，派遣先企業との労働者派遣契約の内容をふまえて，派遣労働者の仕事内容や労働時間，勤務地，賃金などが規定される。派遣労働者が派遣先企業において労働サービスを提供する対価として，派遣元企業は派遣労働者に賃金を支給することになる。

こうした労働者派遣制度の枠組みを派遣労働者にとっての働き方として捉えたものが，派遣労働である。図 1-1 に，正規労働や有期パートタイム労働といった企業に直接雇用される就業形態と，派遣労働との比較をまとめた。これまでの主要な就業形態である正規労働や有期パートタイム労働においては，労働者を雇用する企業が指揮命令も行っており，雇用関係と指揮命令関係が同じ企業との間に生じるのに対して，派遣労働では派遣元企業が派遣労働者を雇用する一方で，派遣先企業が派遣労働者に指揮命令を与えるというように，労働者にとって雇用関係と指揮命令関係が，異なる企業との間に生じるのである。この雇用関係と指揮命令関係が分離しているという点が，派遣労働と従来型の就業形態を区別する違いとなる（島貫・守島，2004）。

日本における派遣労働という働き方を理解するには，労働者派遣法や労働者派遣制度の基本的な仕組みを知ることが必要となる。たとえば，表 1-1 に示

表1-1 日本における派遣労働の形態

形態	派遣元企業との雇用関係	主な職種	労働者派遣法における業務区分
登録型派遣	短期（有期労働契約）	事務職 ・一般事務 ・営業事務 ・経理事務 ・貿易事務 など	・事務用機器操作（5号） ・財務処理（10号） ・取引文書作成（11号） ・一般事務（自由化業務） など
常用型派遣	長期（無期労働契約が中心）	技術職 ・システム開発 ・設計開発・試作・実験 ・研究開発・実験・分析 など	・ソフトウェア開発（1号） ・機械設計（2号） ・研究開発（17号） など

したように，日本の派遣労働の形態は「常用型派遣」と「登録型派遣」の2つで捉えるのが一般的である。常用型派遣とは，派遣元企業が派遣労働者を常時雇用している形態を指す。常用型派遣において，派遣労働者は，派遣元企業と期間の定めがある有期労働契約を結んで雇用されることも少なくないものの，期間の定めのない無期労働契約を通じて雇用されることが基本とされる。本書では，常用型派遣を派遣元企業と無期労働契約を結ぶ就業形態として論じていく。

　これに対して，登録型派遣は，派遣労働を希望する労働者があらかじめ派遣元企業に登録したうえで，派遣元企業から派遣先企業の仕事を紹介され引き受けた場合に，その仕事に従事する期間に限り派遣元企業に雇用される。派遣労働者と派遣元企業の間の労働契約は，派遣先企業の仕事に従事する期間に限られることから，有期の労働契約となる。

　ここで重要な点は，常用型派遣と登録型派遣では，派遣労働者と派遣元企業との雇用関係のあり方が異なることである。常用型派遣の場合，派遣労働者は派遣元企業と無期労働契約を結ぶため，登録型派遣と比較して長期的な雇用関係が成立している。派遣元企業と派遣先企業との労働者派遣契約が終了しても，派遣元企業と派遣労働者との労働契約は継続しているため，派遣元企業は派遣労働者を他の派遣先企業に派遣しようとする。仮に派遣できる派遣先企業がみつからない場合には，派遣元企業は派遣労働者に対して休業手当などを支給することになる。派遣労働者の立場から見れば，常用型派遣という形態は，派遣

元企業との無期労働契約に基づいて，派遣元企業と派遣先企業の労働者派遣契約に依存することなく，派遣元企業との長期的な雇用関係が成立している。

　これに対して，登録型派遣の場合には，派遣労働者は派遣元企業と有期労働契約を結ぶため，常用型派遣と比較して派遣元企業との雇用関係は短期的である。また，登録型の派遣労働者は事前に派遣元企業に登録しているものの，派遣元企業との雇用関係は，派遣元企業と派遣先企業の間の労働者派遣契約が発生した場合に限って生じることから，労働者派遣契約が終了すれば，派遣労働者と派遣元企業との労働契約もこれに伴い終了し，賃金の支給はなくなる。登録型派遣という形態は，派遣元企業との有期労働契約に基づいてその雇用関係が短期的なものとなることに加えて，派遣元企業との雇用関係の成立や継続可能性が派遣元企業と派遣先企業の間の労働者派遣契約に依存しているという点が重要である。

　ところで，派遣労働における職種については，労働者派遣契約や労働契約に用いられる職種名と派遣労働者が通常働くうえで認識する職種名との間に異同があることに留意が必要である。改正前の労働者派遣法には「専門26業務」と「自由化業務」という2つの区分が設けられていた。この業務区分の導入や変遷については後述するが，表1-1に示したように，労働者派遣法における専門26業務の「事務用機器操作（5号）」「財務処理（10号）」「取引文書作成（11号）」や，自由化業務の「一般事務」などが，事務職に相当する。派遣元企業は，派遣先企業との労働者派遣契約や派遣労働者との労働契約において，これら労働者派遣法における業務区分を用いる。他方で，派遣元企業が派遣労働者を募集する際の職種は，事務職の場合，「一般事務」「営業事務」「経理事務」「貿易事務」などとなっている。派遣元企業によっては「事務アシスタント」「営業アシスタント」などの名称を用いることもある。これらの職種と業務区分は，大まかには対応している。たとえば，派遣労働者が一般的に用いる職種名としての「一般事務」「営業事務」などは労働者派遣法における専門26業務の「事務用機器操作」と自由化業務の「一般事務」に，「経理事務」は「財務処理」に，「貿易事務」は「取引文書作成」に相当することが多い。

　労働者派遣法における業務区分は派遣労働者に従事させる業務内容を規定するので，労働者は自分が派遣先企業で従事する業務が労働者派遣法の定める業務区分のいずれに該当するのかを知っておく必要がある。しかし，実態として，

派遣労働者の多くは専門26業務とそれ以外の自由化業務の区分を必ずしも正確に理解しているわけではない。日本人材派遣協会が派遣労働者を対象として実施している「派遣スタッフWEBアンケート調査」の結果によれば,「派遣業務に専門26業務とそれ以外の業務があることを知っている」とする割合は,2007年調査では24.2%,2010年調査では51.9%まで増加しているが,半数程度にとどまる。派遣労働者にとっては,一般事務や経理事務,貿易事務といった職種名のほうがより一般的なものと考えられる。

これをふまえて,本書において派遣労働者の職種は,原則として派遣労働者が一般的に認識している一般事務や営業事務,経理事務,貿易事務といった職種名を用いることとし,必要に応じて労働者派遣法に定める業務区分を用いることとする。

登録型派遣と常用型派遣という派遣形態に関してもう1つ重要な点は,日本の派遣労働においては派遣形態と派遣職種に関連があるということである。表1-1に示したように,常用型派遣として働く派遣労働者の多数を占めている職種は,「システム開発」や「設計開発・試作・実験」「研究開発・実験・分析」などの技術職である。これらの職種は労働者派遣法の業務区分における「ソフトウェア開発(1号)」や「機械設計(2号)」「研究開発(17号)」などに相当する。これに対して,登録型派遣として働く派遣労働者の多数を占めるのは,労働者派遣法の業務区分における「事務用機器操作(5号)」「財務処理(10号)」「取引文書作成(11号)」などに相当する,一般事務や営業事務,経理事務,貿易事務といった事務職である。

厚生労働省の「就業形態の多様化に関する総合実態調査」(2014年)によって,登録型派遣労働者と常時雇用型(常用型)派遣労働者が従事する職種を,図1-2にまとめた。これを見ると,2014年現在,常用型派遣労働者が従事する職種は,「専門的・技術的な仕事」が32.3%と最も多く,「事務的な仕事」が25.7%と続く。一方,登録型派遣労働者が従事する職種は「事務的な仕事」が46.3%と最も多く,「生産工程の仕事」が19.0%と続く。日本の派遣労働者は,常用型派遣として派遣元企業と無期労働契約を結んで働く技術職の派遣労働者と,登録型派遣として派遣元企業と有期労働契約を結んで働く事務職の派遣労働者とに大まかに分けられるという構図があるのである。

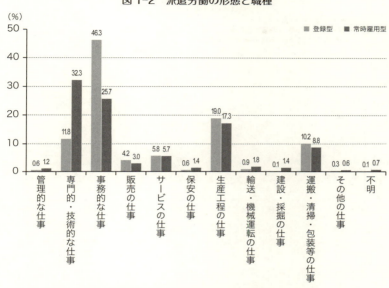

図1-2 派遣労働の形態と職種

(出所) 厚生労働省「就業形態の多様化に関する総合実態調査」(2014年)。

2 派遣労働者数の推移

　これまで派遣労働者の人数はどのように推移してきたのだろうか。前述のように，派遣労働者には派遣元企業に常時雇用される常用型派遣の労働者だけでなく，派遣元企業に登録しておき派遣就業時に一定の契約期間を定めて雇用される登録型派遣の労働者がいる。また，派遣労働者の中には，正規労働者のようなフルタイム勤務の労働者だけでなく，短時間勤務に従事する派遣労働者もいる。このため，派遣労働者の人数をどのように把握するかは個別の統計により異なる。そこで派遣労働者数の推移を把握するために，複数の統計資料を参照することにしよう。総務省「労働力調査(詳細集計)」と厚生労働省「労働者派遣事業報告」集計結果に基づく派遣労働者数の推移を，図1-3にまとめた。

　最初に，「労働力調査(詳細集計)」結果を見る。同調査は毎月月末に世帯単位で実施されており，年ごとの数値は当該年内の月ごとの数値の平均値である。このため，この調査に基づく派遣労働者の人数は，当該年の月末に派遣労働者

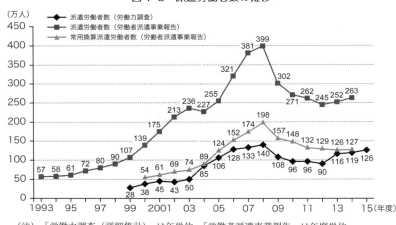

図1-3　派遣労働者数の推移

(注)　「労働力調査（詳細集計）」は年単位，「労働者派遣事業報告」は年度単位。
(出所)　総務省「労働力調査（詳細集計）」および厚生労働省「労働者派遣事業報告」。

として就業する労働者の人数を通年で捉えたものとなる[1]。また，同調査における就業形態の分類は「勤め先における呼称」を基準とする。派遣労働者は「労働者派遣事業所における派遣社員」として「労働者派遣法に基づく労働者派遣事業所から派遣される者」とされている。この定義に基づくと，派遣労働者の人数は2000年には38万人，2005年には106万人，2008年には最多となる140万人まで増加し，2012年に90万人まで減少するものの，その後再び増加し，2015年には126万人となる。

次に，「労働者派遣事業報告」集計結果を見る。同調査は，派遣元企業事業主を対象として，当該年度の派遣労働者の登録者数や実際に派遣先企業に派遣した労働者の人数を把握している。同調査における派遣労働者の人数は，一般労働者派遣事業における常用雇用労働者数と登録者数に，特定労働者派遣事業における常用雇用労働者数を合計した人数としている。特定労働者派遣事業とは常用雇用労働者のみを労働者派遣の対象として行う労働者派遣事業のことであり，一般労働者派遣事業とは特定労働者派遣事業以外の労働者派遣事業のこ

---

1)　2001年以前は「労働力調査特別調査」として毎年2月と8月に実施されていたこと，また，同調査において派遣労働者の区分が導入されたのが1999年8月調査からであることにより，同年から2001年までの派遣労働者の人数に関しては，毎年8月単月の結果を表示している。

とを指し，常用型派遣だけでなく，登録型派遣などを行える。一般労働者派遣事業における登録者数は，派遣元企業に登録し，過去1年以内に派遣されたことがある人の合計である。したがって，派遣労働者の人数は，常用型と登録型双方の派遣労働者の人数となる。

　この定義に基づくと，派遣労働者の人数は1995年度に61万人だったものが，2000年度に139万人，2005年度には255万人，2008年度には最多となる399万人まで増加し，2012年度に245万人まで減少するものの，その後再び増加し，2014年度には263万人となっており，先の「労働力調査」とほぼ同様の傾向を示すことが確認される。ただし，「労働者派遣事業報告」集計結果は労働者派遣事業を営む事業主を対象としたものであることから，仮に派遣労働者が複数の派遣元企業に登録しそれぞれから派遣された場合には二重にカウントされることに注意したい。そこで，同調査で，一般労働者派遣事業における常用雇用労働者数および常用雇用以外の労働者数（常用換算）[2]と特定労働者派遣事業における常用雇用労働者数の合計数である，「常用換算派遣労働者数」も見ておこう。これによれば，派遣労働者の人数は2000年度に54万人だったものが，2005年度には124万人，2008年度に最多となる198万人まで増加し，2013年度に126万人まで減少している。

　これら複数の調査結果をふまえると，派遣労働者の人数は1990年代から2000年代にかけて増加して2008年に最も多くなるものの，同年のリーマンショックを境にその後大幅に減少した。この減少傾向は2012年頃に底を打ち，その後はやや緩やかに増加する傾向が見られる。

　このように，いくつかの統計調査からは，派遣労働者の人数が一時大きく減少する時期はあるものの，1990年代から直近までの期間を全体的に見ると増加傾向にあることが読み取れる。

　では，派遣労働者の人数は増加傾向にあるとして，派遣労働者が労働人口に占める割合はどの程度であろうか。

　同じく「労働力調査（詳細集計）」で，役員を除く雇用者に占める就業形態別

---

[2] 常用雇用以外の労働者数（常用換算）は，一定の期間を定めて雇用され，その間派遣された労働者等（登録者のうち派遣された者を含む）を常用換算したもの（常用雇用以外の労働者の年間総労働時間数の合計を当該事業所の常用雇用労働者の1人当たりの年間総労働時間数で除したもの）である。

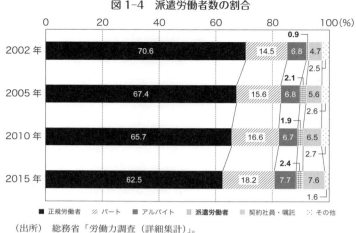

図1-4 派遣労働者数の割合

（出所）総務省「労働力調査（詳細集計）」。

の労働者の割合を見ることができる。就業形態としては，「正規労働者（正規の職員・従業員）」「パート」「アルバイト」「派遣労働者（労働者派遣事業所における派遣社員）」「契約社員・嘱託」「その他」に区分されている。「労働力調査（詳細集計）」において上記区分での年平均の集計を開始した2002年，および2005年以降5年ごとの就業形態別の割合を図1-4に示した。

これを見ると，2002年当時正規労働者の割合は70.6%であり，これ以外の非正規労働者の割合は29.4%を占めており，派遣労働者を含む非正規労働者の割合は約3割であった。その後2005年，2010年，2015年と，正規労働者の割合は徐々に低下し2015年には62.5%となった反面，これ以外の非正規労働者の割合は37.5%となり，4割弱に至った。このうち派遣労働者の割合はどの程度であろうか。2002年当時，派遣労働者の割合は役員を除く雇用者のうち0.9%であった。非正規労働者の中で最も割合が多いのは，パートの14.5%であり，派遣労働者の割合はアルバイトや契約社員・嘱託などと比較しても少なかった。この派遣労働者の割合についての傾向は，その後2005年，2010年，2015年の3時点で見ても大きくは変わっていない。正規労働者の割合の減少に伴い非正規労働者の割合は増えていくが，その増加の中心はパートと契約社員・嘱託である。2015年において派遣労働者の割合は2.4%であり，2002年と2015年を比較して派遣労働者の割合は増加しているものの，雇用者全体として見ればその割合は2%超と決して大きくない。

このように，日本における派遣労働者が雇用者に占める割合は，他の非正規労働者と比較して大きなものではないが，これまで一時の減少時期はあるものの継続的に増加してきていることもまた事実なのである。

3 派遣労働者を取り巻く環境の変化

ここからは，事務職の登録型派遣労働を中心に，議論を進めることにしよう。派遣労働という働き方を考えていくための前提として，派遣労働を取り巻く環境の変化を確認しておこう。派遣労働という働き方を制約する要因として，労働者派遣法の改正と派遣先企業による活用理由を見ることにする。

(1) 労働者派遣制度に関する法改正

労働者派遣法は，直近の2015年の法改正に至るまで幾度となく改正が重ねられてきた。これまでの法改正の内容とその経緯については，和田・脇田・矢野（2013）・本庄（2016）などの労働法に関わる研究に譲り，法律の詳細やその解釈については言及しないが，労働者の働き方という観点から重要と思われる内容は，主に派遣対象職種と派遣期間の2点である。以下では，事務職の登録型派遣労働者に関わる法改正を中心に見ていくことにしよう。

第1は，派遣対象職種に関わる法改正である。1986年労働者派遣法施行当時，「事務用機器操作」「財務処理」「取引文書作成」などの事務職種は「ソフトウェア開発」等とともに専門13業務とされ，その後「機械設計」「テレマーケティング」「研究開発」等を含めて専門26業務が定められた。そして1999年の法改正により派遣職種が原則として自由化され，従来の専門26業務以外にも自由化業務としての「一般事務」などにおいて労働者派遣が可能となった[3]。この専門26業務と自由化業務の区分は，直近の法改正によって廃止されるまで継続された。

こうした派遣職種の違いが派遣労働という働き方にとって重要になるのは，

---

[3] 従来の専門26業務が労働者派遣の可能な業務を定めている点で「ポジティブリスト」と呼ばれるのに対して，原則自由化の後は労働者派遣が認められない業務を定めている点で「ネガティブリスト」と呼ばれる。

派遣職種によって派遣先の同一の事業所に対し派遣できる期間（派遣可能期間）が異なっていたからである。派遣労働者からすれば，自分が従事する派遣職種によって，同じ派遣先企業で就業できる期間が異なることになる。派遣可能期間は，派遣労働者単位ではなく，派遣業務単位で定められてきた。派遣先企業としてある業務に派遣労働者を受け入れた場合，その派遣労働者が交代するか否かによらず，同一業務に派遣労働者を活用できる期間が定められていたということである。

　労働者派遣法施行当時は明文化された規定はなかったが，1990年以降，同一の派遣労働者については3年を超えて派遣することがないように派遣元企業に行政指導がなされた。1999年の法改正により新たに認められた自由化業務では1年が上限とされ，専門26業務の実質3年と，両者で異なる派遣可能期間が設定された。派遣労働者からすれば，一般事務のような自由化業務に従事するよりも，事務用機器操作や財務処理，取引文書作成といった職種に従事するほうが，同じ派遣先企業に長く就業できる可能性が高かったのである。その後，2004年の法改正により，専門26業務の期間制限等が廃止されるとともに，自由化業務の上限も3年に延長された。さらに，2015年の法改正では，専門26業務と自由化業務の区分が廃止されるとともに，派遣可能期間の考え方が業務単位から派遣先事業所単位および労働者単位に見直された。具体的には，派遣先の同一の事業所に対する派遣可能期間は原則3年が限度とされる一方，派遣可能期間が延長された場合でも，同一の派遣労働者を派遣先の事業所における同一の組織単位に対して派遣できる期間が3年に設定された。

　なお，2000年の法改正において紹介予定派遣が解禁された。紹介予定派遣とは，派遣先企業が派遣期間終了時に直接の労働契約を結ぶことを目的として，派遣労働者を活用するものである。これにより，派遣労働を通じて正規労働者として雇用される方法が制度的に整備されることになった。また，2015年の法改正により，派遣元企業には，同一の組織単位に継続して3年間派遣される見込みがある派遣労働者に対して，派遣終了後の雇用継続のために，派遣先企業への直接雇用の依頼，新たな派遣先企業の紹介，派遣元企業による派遣労働者以外の就業形態での無期雇用などの雇用安定措置が義務づけられるようになった。

(2) 派遣先企業による派遣労働者の活用理由

　派遣労働という働き方を制約するもう1つの要因として，派遣先企業による活用について見ていくことにする。派遣先企業はなぜ派遣労働者を活用するのだろうか。今野・佐藤（2009）によれば，派遣先企業にとって派遣労働者の活用には2つのメリットがあるという。1つは，労務コストの節約である。派遣先企業は派遣元企業を通じて派遣労働者を確保することにより，採用コストを負担せずに済む。また，業務遂行に必要な能力を持つ派遣労働者が派遣されるため，教育訓練コストも不要となる。もう1つは，雇用の柔軟性の確保である。派遣先企業は派遣元企業から派遣労働者を受け入れることにより，業務の繁閑に応じて派遣労働者を活用することが可能になる。実際はどうだろうか。厚生労働省の「派遣労働者実態調査」（2008年，2012年）と「就業形態の多様化に関する総合実態調査」（2014年）において，事業所が派遣労働者を活用している理由について回答割合の多いものを表1-2にまとめた。

　「派遣労働者実態調査」（2008年，2012年）を見ると，2008年，2012年のいずれにおいても，「欠員補充等必要な人員を迅速に確保できるため」（2008年：70.7％，2012年：64.6％）が最も多く，「一時的・季節的な業務量の変動に対処するため」（35.1％，36.7％），「専門性を活かした人材を活用するため」（25.3％，34.2％）と続く。労働者派遣を通じて必要な労働力を迅速に確保することや労働需要の変化に柔軟に対応することが上位の理由にあげられている。

　次に，「就業形態の多様化に関する総合実態調査」（2014年）を見る。この調査では，先の「派遣労働者実態調査」とは異なった活用理由の選択肢を確認できる。これを見ると，「即戦力・能力のある人材を確保するため」（33.9％）が最も多く，「正社員を確保できないため」（32.5％），「専門的業務に対応するため」（28.7％），「臨時・季節的業務量の変化に対応するため」（28.0％），「景気変動に応じて雇用量を調整するため」（25.7％）と続く。同調査の結果では「正社員を確保できないため」という正規労働者の代替労働力としての活用理由が上位にあげられているが，「派遣労働者実態調査」結果とあわせて考えると，派遣先企業が派遣労働者の活用を通じて雇用量の柔軟性を確保しながら，即戦力としての専門性を持つ労働力を活用しようとしていることが推察される。

　これは，派遣労働者の活用がAtkinson（1985）の主張する数量的柔軟性を確保することに貢献することを示す結果といえる。Atkinsonは「柔軟な企業モ

表 1-2 派遣労働者を活用する理由

	派遣労働者実態調査 (2008 年)	派遣労働者実態調査 (2012 年)	就業形態の多様化に 関する総合実態調査 (2014 年)
最も多い 回答	欠員補充等必要な人員を迅速に確保できるため(70.7%)	欠員補充等必要な人員を迅速に確保できるため(64.6%)	即戦力・能力のある人材を確保するため(33.9%)
2番目に多い 回答	一時的・季節的な業務量の変動に対処するため(35.1%)	一時的・季節的な業務量の変動に対処するため(36.7%)	正社員を確保できないため(32.5%)
3番目に多い 回答	専門性を活かした人材を活用するため(25.3%)	専門性を活かした人材を活用するため(34.2%)	専門的業務に対応するため(28.7%)
4番目に多い 回答	軽作業,補助的業務等を行うため(25.2%)	軽作業,補助的業務等を行うため(25.2%)	臨時・季節的業務量の変化に対応するため(28.0%)
5番目に多い 回答			景気変動に応じて雇用量を調整するため(25.7%)

(注) 1)「派遣労働者実態調査」は3つまでの複数回答,「就業形態の多様化に関する総合実態調査」は複数回答。
2) 回答が25%以上となる理由を掲載。
3)「派遣労働者実態調査」と「就業形態の多様化に関する総合実態調査」では派遣労働者の活用理由に関する選択肢が異なる。

デル」として,企業が外部環境の変化に対応するためには,異なる雇用形態の労働力を組み合わせることによって3つの柔軟性を確保する必要があると主張している。第1は数量的柔軟性 (numerical flexibility) である。これは労働力需要への量的対応力を意味し,有期労働契約社員の活用や業務の外部化,派遣労働者の活用などの方法がある。第2は機能的柔軟性 (functional flexibility) である。これは労働力の質的変動への対応力を意味し,長期雇用や内部育成などを通じて従業員の技能や知識の幅を広げる方法がある。第3は金銭的柔軟性 (financial flexibility) である。これは企業の金銭的な支払能力と労働費用の連動強化を意味し,業績給や利益配分制などの方法があげられている。

これによれば,派遣労働者の活用は数量的柔軟性を確保することによって,労働力の供給量やそれに伴う人件費・教育訓練費等のコントロールを容易にして企業業績の改善に貢献するものといえる。これまでも,正規労働者を雇用するよりも派遣労働者を活用するほうが解雇費用が低く済むこと (Autor, 2001) や,正規労働者よりも派遣労働者を含む非正規労働者を活用するほうが人件費の節約につながること (Tilly, 1991) などが指摘されている。正規労働者の解雇

が難しいとされる日本においてはなおさら，派遣労働者を活用する動機が強くなることが考えられよう。この場合，派遣先企業は，派遣労働者の活用を量的に増加させるだけでなく，派遣労働者をより高度な仕事，具体的には派遣先企業の正規労働者と同じ仕事に従事させようとする（清水，2007）。派遣先企業の中には，事務職の正規労働者をさらに高度な仕事に従事させたり，もしくは事務職の正規労働者の雇用を削減するために派遣労働者を受け入れ，それまで正規労働者が従事していた仕事に従事させているところもある。派遣労働者が正規労働者の代替労働力として活用されている例も珍しくない（阿部，2001）。

4 事務職の登録型派遣労働者の属性と就業意識

　事務職に従事する登録型派遣労働者は，どのような人たちであろうか。「派遣労働者実態調査」（2004年，2008年，2012年）を用いて確認しよう。分析対象は，派遣形態が「登録型」であり，かつ事務職種として「事務用機器操作」「財務処理」「取引文書作成」「一般事務」のいずれかの業務区分に従事している者とした。ただし，同調査は派遣労働者が従事する業務を複数回答としているため，この条件だけでは事務職種とそれ以外の職種の双方に従事している者が含まれてしまう。事務職の属性や就業意識，さらに第4章以降の仕事や労働条件の傾向を把握するうえで，事務職以外の職種の影響を反映しないようにするため，これら4つの業務とそれ以外の業務の双方に従事する者を除くことにした。この結果，「派遣労働者実態調査（派遣労働者票）」の調査票情報を用いた集計結果の対象は，「事務用機器操作」「財務処理」「取引文書作成」「一般事務」の4業務区分の範囲内に従事している者となった。もっとも，これら4業務区分の中で複数の業務に従事していることはありうる。

　事務職種の登録型派遣労働者の主な属性を表1-3に示した。同調査は過去に3回実施されているものの，必ずしも同じ質問項目が設定されておらず，比較できる部分は限られているため，以下では2012年調査の結果を中心に特徴を見ていく。性別は女性が9割超を占めている。年齢は30代が中心であるが，2004年，2008年，2012年と徐々に年齢層が高くなっていることがわかる。最終学歴は大学・大学院卒，短大・高専卒，中学・高校卒がそれぞれ2～3割を

表 1-3　事務職の登録型派遣労働者の主な属性

(単位：％)

		2004 年	2008 年	2012 年
性　別	女　性	90.5	96.6	92.3
	男　性	9.5	3.4	7.7
年　齢	20～29 歳	36.6	21.0	16.6
	30～39 歳	46.6	55.6	46.1
	40～49 歳	12.1	19.6	28.7
	50 歳以上	4.7	3.8	7.9
	不　詳	—	—	0.8
最終学歴	中学・高校卒	32.1	32.1	29.1
	専修学校卒	9.3	18.1	14.3
	短大・高専卒	31.1	24.6	24.6
	大学・大学院卒	27.5	23.5	31.2
	不　詳	—	1.6	0.7
同居の家族 （複数回答）	配偶者	—	42.6	39.0
	親	—	38.5	35.7
	子　供	—	27.3	22.3
	上記以外	—	19.8	17.0
	同居していない	—	16.2	21.2
	不　詳	—	—	0.5
主な収入源	自分自身の収入	—	—	56.7
	配偶者の収入	—	—	32.2
	親の収入	—	—	9.1
	上記以外	—	—	1.4
	不　詳	—	—	0.6
就業している業務 （複数回答）	事務用機器操作	41.8	41.1	48.5
	財務処理	9.7	9.5	9.3
	取引文書作成	3.6	2.3	2.1
	一般事務	69.2	59.6	48.5
派遣先企業の産業	製造業	23.7	23.0	17.8
	情報通信業	8.7	10.4	10.0
	卸売業, 小売業	16.5	25.9	17.6
	金融業, 保険業	22.5	14.7	12.4
	上記以外	28.6	26.0	42.1
派遣先企業の企業規模	1000 人以上	—	—	49.3
	300～999 人	—	—	21.7
	299 人以下	—	—	29.1
派遣先企業の地域	首都圏	45.9	42.0	49.1
	関西圏	17.9	12.3	18.5
	上記以外	36.2	45.7	32.4

（出所）　厚生労働省「派遣労働者実態調査（派遣労働者票）」の調査票情報を集計。

占める。同居の家族については，配偶者や親と同居している割合がそれぞれ4割程度，同居している子供がいる割合も2割程度である。主な収入源は，自分自身の収入であるとする割合が最も多く5〜6割を占める。配偶者の収入であるとする割合も3割程度ある。派遣労働者が就業している業務は，事務用機器操作と一般事務がともに5割弱を占めている。財務処理と取引文書作成は，いずれも1割に満たない。

派遣労働者が現在就業する派遣先企業の産業は，それぞれ全体の1割以上を占めるのが，製造業と，卸売業・小売業，金融業・保険業，情報通信業である。企業規模は従業員1000人以上が，派遣先企業の地域は首都圏がともに5割を占め，最も多い。

派遣労働者はなぜ派遣労働という働き方を選んでいるのだろうか。「派遣労働者実態調査」（2004年，2008年，2012年）には，残念ながら，派遣労働者が現在の就業形態を選択した理由に関する質問項目は設定されていない。そこで代わりに，「就業形態の多様化に関する総合実態調査」（2003年，2014年）[4]と労働政策研究・研修機構（JILPT）の「派遣社員のキャリアと働き方に関する調査」（2010年）を参照することにする。これらの調査において回答割合の多い上位6つを表1-4に示した。

これらの調査によれば，まず本来は正規労働者として就業することを希望しながらその仕事をみつけられなかったという消極的な理由によって派遣労働を選択した労働者が，いずれの調査でも4割程度いる。いわゆる不本意就労の派遣労働者が一定割合いることが推察できる。しかしその一方で，希望する仕事内容や労働時間，勤務地を選んで働けることや，仕事と生活の両立が図れること，技能や専門性を活かして働けることといった理由によって派遣労働を選択した労働者も，2〜3割程度いる。派遣労働者の中には，派遣労働という働き方を積極的な理由で選んだ者と，消極的な理由で選んだ者が両方おり，消極的な理由で選択した者が全体に占める割合が最も多いものの，必ずしも大多数を占めているわけではない。

続いて，派遣労働者が将来どのような働き方を希望しているのかを見ること

---

[4] 登録型派遣労働者の回答結果であり，事務職以外の職種が含まれていることに留意する必要があるが，事務職の仕事に従事する登録型派遣労働者の割合は，2003年調査では72.9％，2014年調査では46.3％であり，回答者の中で最も多くの割合を占めている。

表 1-4 派遣労働者が現在の就業形態を選択した理由

	就業形態の多様化に関する総合実態調査（2003年）	就業形態の多様化に関する総合実態調査（2014年）	派遣社員のキャリアと働き方に関する調査（2010年）
最も多い回答	正社員として働ける会社がなかったから（39.6%）	正社員として働ける会社がなかったから（39.6%）	正社員として働きたいが仕事が見つからなかった（39.0%）
2番目に多い回答	組織にしばられたくないから（26.2%）	自分の都合のよい時間に働けるから（22.2%）	私生活（家庭，趣味，看護，介護）との両立が図れる（32.6%）
3番目に多い回答	家庭の事情（家事・育児・介護等）や他の活動（趣味・学習等）と両立しやすいから（26.1%）	通勤時間が短いから（17.6%）	好きな勤務地，勤務期間，勤務時間を選べる（29.9%）
4番目に多い回答	専門的な資格・技能を活かせるから（20.7%）	専門的な資格・技能を活かせるから（17.2%）	働きたい仕事内容を選べる（21.8%）
5番目に多い回答	自分の都合のよい時間に働けるから（17.0%）	家庭の事情（家事・育児・介護等）と両立しやすいから（16.3%）	派遣元の仕事紹介が迅速で便利（16.1%）
6番目に多い回答	自分で自由に使えるお金を得たいから（16.8%）	より収入の多い仕事に従事したかったから（15.5%）	残業や休日出勤が少なくて済む（14.5%）

（注）「就業形態の多様化に関する総合実態調査」の数値は登録型派遣労働者の回答，「派遣社員のキャリアと働き方に関する調査」の数値はオフィスワーク系業務に従事する派遣労働者の回答を示す。

にしよう。「派遣労働者実態調査」（2008年，2012年）を用いて，事務職の登録型派遣労働者の将来希望する働き方を図1-5に示した。同調査は，将来の働き方について就業形態の観点から捉えており，今後どの就業形態で働きたいかをたずねている。図では，2008年と2012年の調査の選択肢の違いに留意しつつ，「登録型の派遣労働者」「常用型の派遣労働者」「正規労働者」「パート・契約社員などの非正規労働者」「該当なし」「不詳」としてまとめた。

これによれば，まずいずれの調査においても「正規労働者」とする回答が最も多く，2012年は5割を超えている。前述のように，派遣労働者が派遣労働という就業形態を選択した理由として，本来は正規労働者となることを希望しながらその仕事をみつけられなかったという消極的な理由が4割程度と最も多かったことと対応する結果といえよう。しかし，両調査においては「登録型の派遣労働者」と「常用型の派遣労働者」の回答の合計も3割超あり，派遣労働

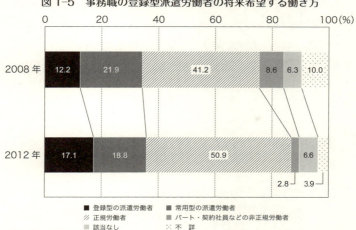

図1-5 事務職の登録型派遣労働者の将来希望する働き方

(注) 1) 「登録型の派遣労働者」は，2008年調査の「登録型の派遣労働者として，自分の都合のよいときに働きたい」と2012調査の「登録型の派遣労働者として働きたい」の合計。
2) 「常用型の派遣労働者」は，2008年調査の「常用雇用型の派遣社員として，今の派遣先で働き続けたい」「常用雇用型の派遣社員として，いろいろな派遣先で働きたい」および2012調査の「常用雇用型の派遣労働者として，今の派遣先で働きたい」「常用雇用型の派遣労働者として，いろいろな派遣先で働きたい」の合計。
3) 「正規労働者」は，2008年調査の「派遣社員ではなく正社員として，今の派遣先の事業所で働き続けたい」「派遣社員ではなく正社員として，今の派遣先以外の事業所で働き続けたい」および2012調査の「派遣社員ではなく正社員として，今の派遣先で働きたい」「派遣社員ではなく正社員として，今の派遣先以外で働きたい」の合計。
4) 「パート・契約社員などの非正規労働者」は，2008年調査の「派遣社員ではなく契約社員・パートとして，自分の都合のよいときに働きたい」と2012調査の「派遣社員ではなくパートなどの正社員以外の就業形態で働きたい」の合計。
(出所) 厚生労働省「派遣労働者実態調査（派遣労働者票）」の調査票情報を集計。

者の中には派遣労働を継続することを希望する者も一定割合いる。これもまた，前述のように，自分の希望する仕事内容や労働時間，勤務地を選べることや，仕事と生活の両立が図れること，技能や専門性を活かして働けることといった積極的な理由に基づいて派遣労働を選択した労働者が2〜3割程度いることと対応している。

ただし，派遣労働者として働きたいという希望を持つ派遣労働者の半数以上は，「常用型の派遣労働者」，すなわち派遣元企業に期間の定めのない労働契約

で雇用される派遣労働者として働くことを希望している。「登録型の派遣労働者」とする回答は，全体の1～2割弱にとどまる。さらに，両調査とも，「パート・契約社員などの非正規労働者」とする回答は1割に満たない。なお，回答割合は少ないものの，将来の働き方の希望について「該当なし」とした派遣労働者がいることにも留意しておきたい。

5 派遣労働についての対立する見方

　このような派遣労働という働き方については，そのメリットやデメリットに注目して2つの主張がなされることが多い。1つは，労働者の就業意識が変化する中で，派遣労働という働き方は，就業機会の選択肢を拡大し柔軟な働き方を提供しているとして肯定的に評価する見方である。派遣労働は，労働者自身が仕事内容や労働時間，勤務地等を選択することが可能であり，仕事と生活を両立できる働き方であることが主張される。また，派遣労働は，正規労働と比較して，自分の技能や専門性を発揮し労働市場での価値を高めることにより，1つの企業にとどまることなく企業間を移動しながらキャリアを形成できる働き方であることも主張される。

　しかし一方で，派遣労働という働き方は，正規労働と比較して，労働者にとって恵まれていない働き方であるとして否定的に評価する見方もある。派遣労働は，有期雇用のため雇用が不安定であり，賃金も低く，技能水準の低い仕事しか経験できないために能力開発機会に乏しいことが主張されている。

　こうした対立する見方は，これまでの日本の派遣労働の歴史において，その比重に時期による違いが見られる。当初，派遣労働という働き方は，正規労働のような従来型の働き方とは異なる新しい働き方であるとして注目され，肯定的に評価されることも多かった。しかし，その後，労働者派遣法の改正や派遣労働者数の増加を経て，その評価は次第に否定的なものになってきた。リーマンショックを境に，「派遣切り」と呼ばれる現象などを受けて，社会的批判も強まっている。今日では，派遣労働という働き方は，正規労働と非正規労働との間の処遇格差問題の典型例として扱われることも多い。

　とはいえ，派遣労働者を対象とした調査結果にも示されているように，派遣

労働に関わる上記2つの主張が，いずれも派遣労働という働き方のある一側面を捉えていることは事実であろう。ではなぜ，派遣労働という働き方に関する評価は，このように対立したものになるのだろうか。実際，派遣労働という働き方は，派遣労働者にとって望ましい働き方なのか，それとも望ましくない働き方なのだろうか。

そこで，本書は，なぜ派遣労働という働き方に対する評価は対立しているのかという問いを出発点として，日本における派遣労働が派遣労働者にとってどのような働き方であるのかを明らかにしていく。具体的には，派遣労働者を中心に，派遣元企業や派遣先企業の従業員をも対象にした聞き取り調査の結果をふまえて，派遣労働者が派遣労働を通じてどのような困難を経験しているのかを明らかにする。そのうえで派遣労働者が困難を経験した場合に，どのように困難に対処しているのかについて明らかにする。

派遣労働者の視点から派遣労働の現実に接近することにより，日本の派遣労働という働き方についての新しい理解が得られると考えている。また，派遣労働者に加えて，派遣先企業や派遣元企業の視点から派遣労働を捉えることにより，派遣労働者が経験する困難が生じる背景もあわせて考察することが可能である。本書は，日本の派遣労働という働き方についての理解を深めるための探索的な研究であり，今後の派遣労働を考えていくための試論と位置づけられるものである。

6　本書の構成

本書の構成は以下のとおりである。

まず本章では，日本における労働者派遣の仕組みや派遣労働者数の推移，過去の労働者派遣法の改正，事務職の派遣労働者の属性と意識などを確認したうえで，本書における問いを提示した。

続く第2章においては，派遣労働について2つの対立する見方がなされる背景として，これまでの研究において派遣労働がどのように議論されてきたのかを概説する。派遣労働が正規労働に対比する形で正規労働以外の就業形態として分類されて議論されてきたことが示される。そのうえで，派遣労働を否定的

に評価する見方として，労働市場において恵まれない地位に置かれる働き方とする見方と，労働者の権利が保護されない働き方であるとする見方を説明する。また，派遣労働を肯定的に評価する見方として，労働者の労働志向に合った働き方であるとする見方と，労働者が技能や専門性を活かしてキャリアを形成できる働き方であるとする見方を紹介する。最後に，これら従来の見方についての問題点を提示する。

　第３章は，上述の派遣労働に対する従来の見方が抱える問題点をふまえて，本書の分析の視点や枠組み，調査方法を提示する。分析の視点として次の３点が指摘される。第１に，働き方の多面性を捉えるために，仕事の質（job quality）という考え方に基づいて，賃金，付加給付，雇用の安定性，能力開発機会，仕事の自律性，労働時間といった側面を捉えること，第２に，働き方の特有性を捉えるために，派遣労働と他の就業形態を区別する特徴である，派遣労働者，派遣元企業，派遣先企業の三者関係に注目すること，そして第３に，働き方の複雑性を捉えるために，派遣労働者の当事者視点から，派遣労働を通じた経験に注目して，仕事や労働条件などの客観的指標だけでなく，派遣労働者自身の主観的な意味解釈までを含めて検討することである。

　第２部となる第４章から第６章は，本書の中心となる聞き取り調査に基づく発見事実として，派遣労働者が派遣労働を通じてどのような困難を経験しているのかを示す。これによって，派遣労働という働き方の特徴が明らかになるであろう。

　第４章は，派遣労働における賃金や付加給付についてである。派遣労働者の賃金は正規労働者に比較して低いといわれることが多いが，派遣労働者と正規労働者の賃金の比較はそれほど容易ではないことが指摘される。そのうえで，派遣労働者にとってより重要な問題は賃金を上昇させるのが難しいことであり，さらに賞与や退職金，手当などの付加給付が支給されないことが派遣労働者と正規労働者との収入格差を生じさせていることが示される。

　第５章は，派遣労働における雇用の安定性と能力開発機会についてである。派遣労働者は雇用が不安定であるといわれるが，労働契約が有期でありさらにそれが派遣先企業と派遣元企業の労働者派遣契約に依存しているため，雇用がより不安定であることが示される。一方で派遣労働者としての就業期間が長期

化しており，派遣労働を通じて長期的にキャリアを形成している労働者が増えていることから，派遣労働者にとって重要な問題は，技能蓄積のための仕事経験を継続的に得られないことであることが指摘される。

　第6章は，派遣労働における仕事の自律性と労働時間である。仕事の自律性については，派遣労働者は自分の希望に合う仕事を選べるといわれるが，その仕事の選択肢は派遣元企業が提示した範囲に限定されており，さらに，派遣先企業での就業においては仕事遂行の裁量が小さいことが指摘される。また，労働時間については，事前の労働契約において労働時間が規定されているために，残業が少なく長時間労働になることは少ないものの，その一方で一定の労働時間を就業する必要があり労働時間の裁量が小さいなどの課題があることが指摘される。

　第3部となる第7章から第9章では，聞き取り調査に基づくもう1つの発見事実として，派遣労働者が派遣労働を通じて経験した困難に対して，どのような対処行動をとっているのかについて，3つの方策が示される。

　第7章では，派遣労働の困難を受容するという方策が示される。これは，派遣労働者の多くがとっている方策であり，派遣労働者が自身の就業志向をふまえて派遣労働と正規労働や他の非正規労働と比較した場合に，それぞれにメリットとデメリットがあるというジレンマを経験することになった結果，自らその困難を受け入れて派遣労働を継続するというものである。

　第8章では，派遣労働の困難を回避するという方策が示される。これは，正規労働への転換とフリーランスとしての独立という，2つの他の就業形態への移行を図る方策である。同じ派遣先企業で就業を継続する派遣労働者は，部分的にしか困難を解決できないため正規労働への転換を望むが，それを実現することは難しい。一方，異なる派遣先企業を移動する派遣労働者もまた，部分的にしか困難を解決できないため，フリーランスとしての独立を考えるものの最終的には断念することがほとんどである。結果としていずれの場合にも派遣労働を続けることになる。

　第9章では，派遣労働を続けながら困難を克服しようとする方策が示される。派遣労働者は，同じ派遣元企業の仕事を継続的に引き受けることで長期的な雇用関係を構築しようとする。長期的雇用関係を構築できた派遣労働者は，他の

方策に比べて，雇用の安定性や技能の蓄積，賃金の上昇などを実現できるようになる。また，派遣労働者は，自分の就業経験をもとに，長期的関係を構築するのにふさわしい派遣元企業を見極めようとするが，ここで重要な役割を果たしているのが，派遣労働者の人的ネットワークである。派遣労働者は派遣先企業で他の派遣労働者と知り合い，派遣元企業の情報だけでなく，派遣先企業における人材活用や派遣労働者として必要な技能や資格など，長期的に派遣労働者としてのキャリアを積んでいくうえで重要な情報を得ていた。ただし，派遣元企業との長期的雇用関係が効果をもたらすには，派遣元企業と派遣先企業の長期取引関係と企業間ネットワークが必要になることが指摘される。

　第4部となる第10章・第11章は，派遣労働者を対象とした質問票調査を用い，第2部と第3部を通じて議論された派遣労働という働き方の特徴を確認する。

　第10章は，派遣労働者と正規労働者，他の非正規労働者の3つの就業形態を取り上げて，6つの側面から仕事の質を比較する。これら就業形態による比較において，派遣労働という働き方は，正規労働と比較した場合に，賃金や付加給付，雇用の安定性，能力開発機会，仕事の自律性において他の非正規労働と同様に劣るものの，労働時間においては他の非正規労働と同様に優れていることが示される。

　続く第11章では，第10章の議論をふまえつつ，派遣労働を他の就業形態と区別する特徴である雇用関係と指揮命令関係の分離という点に注目して，仕事の質との関連を比較する。具体的には，派遣労働，正規労働，他の非正規労働という3つの就業形態を，労働契約（期間の定めのない無期労働契約か，それとも期間の定めのある有期労働契約か）と雇用関係（労働者と企業の二者関係か，それとも労働者・派遣元企業・派遣先企業の三者関係か）の2つの観点から分類し，仕事の質との関連を検討する。これによって，派遣労働における仕事の質の特徴が，労働契約と雇用関係のいずれの特徴と関連しているのかを示す。

　最後に終章では，本書における議論を整理したうえで理論的な検討を行う。派遣労働者が経験する困難と，それに対処するための方策をふまえて，派遣労働という働き方が，理念型としては，正規労働者のように企業に雇用される働

き方と，フリーランスのように企業に雇用されない働き方の中間型と位置づけられ，いわば市場と組織の間隙で働くものであることが主張される。そのうえで，今後の派遣労働のあり方についての展望を示す。

第2章
先行研究の検討

どのように議論されてきたか

　前章では，日本における労働者派遣制度の概要や派遣労働者数の推移などを確認したうえで，本書の問いを提示した。1986年の労働者派遣法の施行から30年が経過したが，この過程で労働者派遣の適用業務が順次拡大し，その結果，派遣労働者数はリーマンショック後の一時的な減少はあるものの緩やかに増加してきた。しかし，派遣労働という働き方が労働者にとって望ましい働き方であるのかについては，肯定的な評価と否定的な評価が並存している。

　本章では，派遣労働という働き方がこれまでの研究においてどのように議論されてきたのかについて整理していく。日本の研究については，本書で扱う登録型派遣労働者を中心に概観する。派遣労働に対して肯定的な見方と否定的な見方の双方があるように，これまでの研究においてもこの2つの対立する見方が維持されている。

1　派遣労働の概念的位置づけ

▶正規労働と対照的な働き方

　既存研究において，派遣労働は「非典型労働」「非正規労働」「コンティンジェント労働」という3つの概念のいずれかに位置づけられることが多い（鈴木，1997）。派遣労働がこれらの概念によってどのように位置づけられているのかを確認することで，派遣労働という働き方に対する見方の前提を知ることができる。

　第1は，非典型労働（atypical work）である。非典型労働という概念は，米国

よりも欧州諸国において一般的に用いられるとされる（小倉，2002）。非典型労働は典型労働以外の就業形態を指すことから，典型労働（典型雇用）の定義が重要となる。たとえば，Meulders, Plasman and Plasman（1994）は，典型雇用を「勤務先の企業と期間の定めのない雇用契約を結び，フルタイムで勤務する働き方」であると定義している。鈴木（1997）も同様に，典型労働を「特定の企業と継続的な雇用関係を持ち，雇用先の企業においてフルタイムで就労する働き方」であると定義している。ただし，典型労働のあり方には，国や地域における労働市場の構造や雇用慣行，歴史的背景，社会規範等によって違いがあることに留意する必要がある。この点について鈴木（1998）は，日米欧の国際比較を通じて，典型雇用のモデルとして米国のアングロサクソン・モデル，フランスを主とする欧州モデル，そして日本のモデルの3つを提示した。この3つは，雇用保障の程度やキャリア・システム，フリンジ・ベネフィット，労使関係における団体交渉などにおいて違いが見られるものの，「フルタイム労働の長期雇用」という点は共通している。その基盤が米国では慣習に，欧州では法律と労働協約に，日本では慣習と判例にあるという違いはあるものの，長期雇用という点は共通しているとみなせるのである。

　この典型労働の定義に従えば，長期雇用とフルタイム労働のいずれかの要件を満たさない就業形態はすべて非典型労働（非典型雇用）となる。長期雇用とは期間の定めのない無期労働契約を結んで働く就業形態を指すことになる。この定義に基づけば，期間の定めのある有期労働契約を結んで働くパートタイム労働者や契約社員などと同様に，登録型派遣労働者もまた派遣元企業と有期労働契約を結んで派遣先企業で就業することから，非典型労働の中に含まれることになる。

　なお，仁田（1999）は，日本の典型雇用と非典型雇用について，こうした概念的な分類と実態による分類を組み合わせて整理している。これによれば，長期雇用とフルタイム労働という2つの概念要件を満たすのは，大企業の男性正規労働者であり，実態としてはこれ以外の労働者は2つの要件を満たさないことも多いと指摘する。たとえば，解雇に際して裁判をしない例が多く雇用保障が低い中小企業の正規労働者や，昇進機会に制限があるために長期勤続とはならない女性の正規労働者は「それほど典型的とはいえない典型雇用」とされる。また，概念的には非典型雇用であっても，期間の定めのない労働契約を結んで

実質的にフルタイム労働に近くなっているパートタイム労働者は「必ずしも典型的でない非典型雇用」とされている。仁田（1999）の分類の中で，登録型派遣労働者は「典型的な非典型雇用」とされている。これは派遣労働者が典型雇用の概念要件である長期雇用に該当しないことによると考えられる。

第2は，非正規労働（non-standard work）である。非正規労働という概念は，欧州諸国よりも米国において一般的であるとされる（小倉，2002）。たとえば，Kalleberg（2000）は，正規労働の特徴として，①フルタイム労働であること，②雇用期間を定めない労働であること，③雇用する企業の指揮命令のもと当該企業と同じ場所で労働が行われることの3つを指摘している。前述の典型労働の要件と比較すると，正規労働という概念には，長期雇用とフルタイム労働に加えて，雇用する企業による管理という要件が加えられている。これは，Pfeffer and Baron（1988）が指摘するように，米国の労働市場において企業が雇用の柔軟性を追求して，従来の雇用を前提とした人材活用だけでなく，労働者派遣や業務委託などを活用することによって，労働者の管理や雇用責任の外部化（externalization of administrative control and responsibility）を推し進めたこととも対応する。Kalleberg（2000）によれば，これら3つの要件のうちいずれか1つでも要件を満たさない労働は，非正規労働となる。たとえば，①フルタイム労働の要件を満たさない例としてパートタイム労働（part-time work）がある。また，②雇用期間を定めない労働の要件を満たさない例として短期雇用（short-term employment）があげられる。さらに，③雇用する企業の指揮命令のもと当該企業と同じ場所で労働が行われることという要件を満たさない例として，派遣労働（temporary agecy work）や請負労働（contract work）があげられる。前者は雇用する企業が派遣元企業となる一方，指揮命令は派遣先企業から受けるという点で要件を満たさず，後者は雇用する企業の指揮命令を受けるものの，当該企業とは異なる場所で就業する点で要件を満たさないという。

こうした定義は，日本における正規労働の定義にもおおよそ該当するものである。日本の正規労働の定義として，一般的に①無期雇用，②フルタイム雇用，③直接雇用という3点が指摘される。①無期雇用とは，期間を定めない労働契約を企業と結ぶことである。無期労働契約に基づいて就業する労働者には，解雇権濫用法理が適用され，客観的に合理的な理由があり，社会通念上相当であると認められなければ解雇できないことになる。②フルタイム雇用とは，就業

する企業において定められた標準的労働時間の労働に従事することである。③直接雇用とは，労働契約を結ぶ企業の指示のもとで労働に従事することである。米国には随意雇用原則（employment at will doctorine）があり，「期間の定めのない労働契約を結んで就業する労働者はいかなる理由によってもあるいは何らの理由がなくとも解雇されうる」とされるものの，日本と米国における無期雇用は，期間の定めのない労働契約を結んで就業するという点で共通しているといえる。

　日本においては，3つの要件のうちこの無期雇用の要件が正規労働と非正規労働を区別するうえで最も重視され，正規労働が企業との期間の定めのない労働契約を結んで就業する働き方であるとすれば，期間の定めのある労働契約を結んで就業する働き方はすべて非正規労働となる。この場合，登録型派遣労働者は，派遣先企業の仕事に従事する期間に限り派遣元企業と有期労働契約を結んで就業するため，有期労働契約を結んでフルタイム勤務に従事する契約社員や，有期労働契約を結んで短時間勤務に従事するパートタイム労働者などとともに，非正規労働者として位置づけられる。もっとも派遣労働者は就業先の派遣先企業ではなく，派遣元企業と雇用関係を結ぶことから，①の無期雇用の要件だけでなく，③直接雇用の要件をも満たしていないことは明らかである。

　なお，上記の「非典型労働」や「非正規労働」は，通常「非典型雇用」や「非正規雇用」のように，「労働」の代わりに「雇用」という用語が用いられることが多いことにも留意しておきたい。これは裏を返せば，非典型労働や非正規労働という就業形態についても，企業に雇用されることを前提とした働き方であることを意味する。

　第3はコンティンジェント労働（contingent work）である。コンティンジェント労働という概念は，企業が一時的・臨時的な（contingent）労働力を活用して遂行する仕事という発想から生まれた。コンティンジェント労働の定義としては，「明示的にあるいは暗黙に長期の契約でない仕事」（Polivka, 1996a, 1996b）や，「①明示的・暗黙的な長期雇用契約でない仕事，もしくは②最低限の労働時間が非体系的に変わりうる仕事」（Polivka and Nardone, 1989）などが一般的である。

　Connelly and Gallagher（2004）は，コンティンジェント労働には多様な就業形態が含まれるものの，これとKalleberg（2000）が定義した非正規労働を区

別することが重要であるとして，コンティンジェント労働者として，①派遣労働者，②インディペンデント・コントラクター（independent contractor：独立事業主），③短期雇用主と契約する労働者，④企業に雇用されるものの季節契約に基づいて就業する労働者という4つの形態をあげている。①派遣労働者とは，すでに見てきたように，派遣元企業に雇用され期間を限定して派遣先企業で就業する労働者である。②インディペンデント・コントラクターは，フリーランス（freelance）労働者とも呼ばれ，有期もしくはプロジェクト単位で顧客企業にサービスを提供する自営業（self-employed）を営む個人を指す。③短期雇用主と契約する労働者とは，企業に直接雇用されるものの，労働時間が定まっていない労働者を指す。たとえば英国の「ゼロ・アワー・コントラクト」（zero-hours contracts）のように，企業側が労働時間の裁量を持ち「ゼロ・アワー」すなわち労働時間がないことも含む労働契約を結んで就業する労働者が含まれる。これは Polivka and Nardone（1989）の定義の2つめの要件に合致することになる。④企業に雇用されるものの季節契約に基づいて就業する労働者とは，旅行業や観光業などの季節労働を指し，通常長期の契約は想定されていない。

前述のように，非典型労働や非正規労働が，通常企業に雇用されている労働者を対象とするのに対して，コンティンジェント労働には企業に雇用されない労働者も含まれている点が特徴である。フリーランスはその代表例となる。また，コンティンジェント労働という概念は，もともと企業の立場から一時的・臨時的な（contingent）労働力を活用して遂行する仕事という発想から生まれた概念であるために，非正規労働において提示されたような，雇用する企業の指揮命令のもとで労働に従事するか否かという要件は含まれていない。しかし，派遣労働者は，長期雇用を前提とする仕事に従事していないという点でコンティンジェント労働者として位置づけられるのである。

これら「非典型労働」「非正規労働」「コンティンジェント労働」という3つの概念に含まれる就業形態には少しずつ違いが見られるものの，共通しているのはいずれも，日本の正規労働者のような企業との長期的雇用関係を前提とした働き方と対照的な働き方として位置づけられることである。

もっとも労働者派遣の活用という企業側の視点で見れば，上記以外の分類枠組みも見られる。たとえば，正規労働者やパートタイム労働者のように企業が労働者を雇用する「直接雇用」に対して，企業が直接労働者を雇用せずに，人

材サービス企業に雇用される派遣労働者や請負労働者のような外部労働力を活用することを「間接雇用」と呼び，区別することもある。これらの間接雇用だけでなくフリーランス等への業務委託を含めて，広く「雇用の外部化」と呼ぶこともある。

このような，派遣労働という働き方が，正規労働と対照的な働き方であるとする考え方は，派遣労働に対する働き方の評価にも反映されてきたようである。派遣労働という働き方に関する研究は欧米にも蓄積されてきているが (Henson, 1996；Mitlacher, 2007, 2008；Smith and Neuwirth, 2008；Hatton, 2011)，本書は日本の派遣労働という働き方を明らかにすることを主たる目的としていることから，以下では，日本の派遣労働を対象とした実証研究を中心に，これまで派遣労働がどのような見方をされてきたのかを見ていくことにしよう。

2 派遣労働に対する否定的な見方

前章で述べたとおり，派遣労働についての見方は大きく2つに分かれている。その1つが，派遣労働という働き方は，正規労働と比較した場合，労働者にとってのデメリットが多く，望ましくない働き方であるとする否定的な評価である。この評価の背景には，派遣労働は労働市場において恵まれない地位に置かれる働き方であるという見方と，労働者の権利が保護されない働き方であるという2つの見方があるが，いずれも派遣労働が，正規労働と比較した場合に，雇用が不安定で賃金が低く，能力開発機会に乏しいことに注目している。以下でそれぞれについて説明しよう。

(1) **労働市場において恵まれない地位に置かれる働き方**

派遣労働を否定的に評価する見方の1つは，派遣労働者が正規労働者よりも雇用の安定性や賃金，能力開発機会という点で恵まれないのは，派遣労働者が置かれている労働市場の構造にあるとするものである。派遣労働者は，企業にとっては正規労働者よりも技能水準の低い仕事を遂行する労働者と位置づけられているために，雇用が不安定となり，低賃金を余儀なくされ，技能を高めていく能力開発の機会に乏しい地位に置かれることになる (Osterman, 1996；

Cappelli, 1999)。

　労働市場論における理論的枠組みに,労働市場の二重構造という考え方がある。労働市場は均質なのではなく,中核的で一次的な（primary）労働市場と周辺的で二次的な（secondary）労働市場に分断されているという見方である(Doeringer and Piore, 1971)。中核的で一次的な労働市場では,労働者が従事する仕事経験には学習や訓練の機会が多く存在しており,かつ雇用調整や賃金体系に確立した規則や慣行が存在する。一方,周辺的で二次的な労働市場では,労働者が従事する仕事には学習機会が乏しく,労働者は労働市場の需給の変動の影響を直接受けることになる。一般に,一次的労働市場に属する労働者は教育訓練や仕事の経験の蓄積に応じて報酬が高くなるため高賃金となるが,二次的な労働市場に属する労働者は低賃金であり,教育訓練や仕事の経験を積んでも報酬はわずかしか増加しない。

　この二重構造が形成されるのは,企業が一次的な労働市場として内部労働市場（internal labor market）を形成するからである。企業は,仕事遂行に必要な技能を持つ労働者を企業外から獲得することが困難な場合,企業内部に擬似的な労働市場を構築し,仕事遂行に必要な技能を持つ労働者を確保するために,企業内部の仕事経験と教育訓練を通じて労働者の技能を開発していく。その技能はその企業でのみ活かせる企業特殊的技能となる。企業は労働者への技能開発費用を回収するため,労働者との間に長期的な雇用関係を構築するとともに,労働者を企業特殊的技能の学習に動機づけるため,昇進などのインセンティブを与える。長期的なインセンティブは,企業が労働者の技能をモニターしていくうえでも効果を持つ(Doeringer and Piore, 1971)。企業がこうした内部労働市場を適用している労働者の典型例が,正規労働者であろう。正規労働者は,企業が長期的な雇用関係を前提に,企業特殊的技能の開発投資を行い,インセンティブを与えながら活用している労働者であり,その結果,正規労働者は,雇用の安定性を確保し,企業特殊的技能を身に付けていく能力開発機会が与えられ,技能を高めながら賃金の上昇を図ることができる。

　そして,正規労働者に対して内部労働市場を構築した結果として,派遣労働者やパートタイム労働者等の非正規労働者は内部労働市場には入れず外部労働市場に置かれる。企業が非正規労働者に与える仕事は,正規労働者よりも技能を必要としない仕事である。この仕事には高い技能は要求されないため,非正

規労働者は企業の人材育成投資の対象外となり，長期的な能力開発は行われない。企業は人件費を抑えるために賃金も低い水準にとどめる。その結果として，派遣労働者を含む非正規労働者は，正規労働者よりも雇用が不安定となり，賃金は低水準となり，能力開発機会にも恵まれないことになる。

つまり，労働市場論の考え方は，正規労働者と非正規労働者が異なる労働市場に置かれていると主張する。正規労働者が企業との長期的な関係を前提に，雇用保障や賃金，能力開発機会等において恵まれた地位に置かれているのに対して，非正規労働者は正規労働者よりも恵まれない地位に置かれている。この労働市場の二重構造は日本においても確認されているが（石川・出島, 1994），日本ではさらにそれがとくに固定的であるといわれてきた。これは，一度非正規労働として労働市場に入ってしまうと正規労働に移行することが難しいことを意味する。派遣労働者は，労働市場の中で正規労働者に比べて劣位に置かれることに加え，その劣位な労働市場から内部労働市場に移動できないため，正規労働者との格差は容易に縮小されないことになる。

このため，派遣労働が労働市場において恵まれない地位に置かれる働き方であるとする見方は，派遣労働者の賃金水準や賃金上昇の可能性，能力開発機会についての関心と，派遣労働者から正規労働者への移行についての関心の2つが中心となる。前者は内部労働市場の外に置かれている派遣労働者の賃金水準や能力開発機会がどの程度であるのかについての関心であり，後者は派遣労働者が正規労働者に転換することで内部労働市場に入ることができるのかについての関心である。

小野（2012）は，派遣労働者の賃金について，派遣労働者を対象とした質問票調査のデータを用いて，派遣職種の観点から検討している。登録型派遣の中心となる事務職の派遣労働者に関する分析結果を整理すると，まず事務職の派遣労働者の賃金は，製造業務職よりも高いが，専門職よりは低い。派遣先企業における就業期間が長くなれば賃金は高くなるが，さらに長くなると頭打ちになる傾向がある。派遣元企業における雇用期間の長さは賃金には無関係である。派遣元企業が大手企業の場合には賃金が高い。また，賃金の上昇については，上述のように派遣先企業での就業期間がある程度長くなること，派遣先企業における派遣労働者比率が高くなること，仕事の高度化があることなどが要因となっている。

また，小野（2012）は，同じデータを用いて，派遣労働者の能力開発機会についても分析している。これによれば，派遣労働者は自らの能力開発を派遣先企業におけるOJT（on the job training）ではなく自学自習で行っている傾向がある。派遣先企業においてOJTを通じた能力開発機会を与えられるのは，年齢が若かったり正社員経験が少なく，過去に就業した派遣先企業の数が少ないなど職務経験の少ない労働者に限られていた。

　さらに，奥平ほか（2011）は，派遣労働から正規労働への移行可能性を検討した。日本の派遣労働者やパート・アルバイトなどの非正規労働者および失業者を対象とした質問票調査を通じてパネル・データを構築し，これを用いて，派遣労働を通じて正規労働に転換できる可能性について検討した。彼女らの関心は，派遣労働という就業形態が正規労働への踏み石となるのか，それとも不安定雇用となる入口となってしまうのかというものである。分析結果としては，第1に，1カ月以上派遣労働者として就業した者と同時期に1カ月以上のパート・アルバイトとして就業した者について，属性が近い者どうしを比較すると，その半年後および1年半後に正規労働者に転換する確率は，派遣労働者がパート・アルバイトよりも低かった。第2に，1カ月以上派遣労働者として就業した労働者と同時期に失業者であった者について，同様に属性が近い者どうしを比較すると，その後の正規労働者への転換確率に有意な差はないが，1年後までの賃金は派遣労働者が失業者よりも有意に高くなった。第3に，1カ月未満派遣労働者として就業した者にも同様の分析を行ったところ，その後少なくとも1年半後までは失業者より1カ月未満の派遣労働者の賃金のほうが有意に高かった。最後に，1カ月未満派遣労働者として就業した者がその後に正規労働者となる確率はパート・アルバイト労働者と比べて低いものであった。これらをふまえて，奥平ほか（2011）は，派遣労働という就業形態は失業のままでいるよりも短期的に金銭を得る手段となるが，パート・アルバイトと比較すると正規労働者になりにくい可能性を否定できないと結論づけている。

(2) 労働者の権利が保護されない働き方

　派遣労働を否定的に評価するもう1つの見方は，派遣労働は労働者の権利が保護されない働き方であるとするものである。たとえば，労働法ではこれまで直接雇用の考え方が原則とされてきた。この直接雇用の基礎にある考え方は，

正規労働に見られるように，実際に労働者を直接的に命令し労働に従事させることにより便益を受ける企業が，その労働者について，雇用を含めて使用者としてのすべての責任を負うというものである。企業と労働者との間に介在する者が雇用主になる「間接雇用」は，労働者にとって弊害のない例外的な場合にしか許されないとする。

　労働法が長く維持してきた直接雇用の原則からすれば，派遣労働という働き方は，派遣元企業との間に雇用関係がある派遣労働者が派遣先企業の指揮命令を受けて就業するという点で，例外的な間接雇用にあたる。本来，労働法において間接雇用は労働者に対する弊害がないことを前提として例外的に認められることになっているが，現在の派遣労働という働き方は，労働者にとって弊害が大きいことが指摘される。

　たとえば，脇田（2001）は，派遣労働の中でも，とりわけ登録型の派遣労働は労働者保護の観点が弱いことを主張する。脇田（2001）によれば，派遣労働では，派遣元企業と派遣労働者との雇用関係が基本とされるため，派遣労働者は派遣先企業で実際に就業するにもかかわらず，派遣先企業に対する有効な法規制はほとんどなされていないという。労働者派遣法（当時）では，派遣先企業は雇用責任を負わずに派遣契約を打ち切ることが可能であるとする。また，派遣元企業の雇用主責任も曖昧であり，たとえば派遣労働者の派遣期間と派遣期間の間に生じる空白期間において派遣元企業による賃金の支払いや休業保障の責任は免除されている。それらの結果として，派遣労働者が雇用のリスクを負担し，不利な状況に置かれているという。とくに，登録型派遣では，短期の有期労働契約が中心となるため雇用が不安定であり，派遣先企業の正規労働者と同じ仕事に従事していても，相対的に低水準の賃金にならざるをえない。派遣労働者は派遣元企業に次の派遣先企業を紹介してもらう必要があるため，労働者としての権利行使も難しくなっている。こうしたことをふまえて，脇田（2001）は「派遣労働者は事実上労働法のない世界で働いている」と表現している。

　中野（2003）もまた，派遣労働者が正規労働者に比べて雇用が不安定で，賃金が低いことを問題視している。派遣労働者が技能や専門性を発揮して，いわば契約型の働き方によってメリットを得ることができたのは，バブル経済崩壊後の労働需要の高い一時期に限られていたと指摘する。中野によれば，その後

は派遣元企業間のコスト競争の激化によって，派遣労働者の雇用はむしろ不安定になり，賃金も低水準にとどまっていると主張する。また，中野は，派遣労働者と正規労働者との身分差別的な取り扱いにも言及している。派遣労働者が心身への負担を伴う低賃金労働に従事することにより，正規労働者のゆとりと自己実現に貢献する労働を可能にしていると主張し，派遣先企業において派遣労働者が正規労働者を下支えする構造が生じていると述べている。

　労働法の観点ではないものの，社会政策論の観点から，派遣労働の問題点を指摘する主張もある。伍賀（2007）は，派遣元企業が派遣先企業に対して提供する労働サービスと，それによって派遣労働者が被るリスクについて以下の3点に整理している。第1は，派遣元企業が派遣先企業の雇用主としての責任を代行するサービスである。派遣元企業が派遣労働者を雇用することによって，派遣先企業の使用者としての責任を一部代行していることから，派遣労働者にとっては派遣先企業の使用者責任が空洞化するリスクが生じるとしている。第2は，コスト削減サービスである。派遣先企業にとって派遣労働者の活用は人件費と社会保険料のコスト削減につながることから，派遣労働者の賃金は切り下げられ，また社会保険の不適用などが生じるとしている。第3は，雇用調整サービスである。派遣先企業は派遣元企業との労働者派遣契約を終了することで派遣労働者の雇用調整を行うことが可能となることから，派遣労働者の雇用は短期化し，雇い止めになったり労働契約を打ち切られる可能性も高くなる。伍賀（2007）は，派遣労働においては，派遣元企業と派遣先企業との間で雇用関係と指揮命令関係が分離することによって，派遣労働者に雇用の安定性や賃金において不利益が生じると指摘しているのである。

　その後，伍賀（2014）は，雇用と労働者の働き方のあり方を考えるための基準として，「労働時間や働き方の安全・ゆとり，企業に対する拘束性」と「雇用の安定，賃金・所得水準」という2つを提示している。「労働時間や働き方の安全・ゆとり，企業に対する拘束性」とは，ゆとりがある安全な働き方か，それとも長時間・過密労働で安全の欠如した，企業への拘束性の高い働き方であるかを示す基準であり，社会政策としては残業を含む1日当たりの労働時間の上限を定めるか，ホワイトカラー・エグゼンプションのように労働時間の制約を緩和するのかが論点になるとする。一方，「雇用の安定，賃金・所得水準」とは，安定した雇用や相対的に高い賃金となるか，それとも失業や低賃金とな

るかを示す基準であり,社会政策としては「雇用の安定」については派遣労働や有期雇用を禁止・制限するか,それとも自由化するかが,「賃金・所得水準」については均等待遇原則と最低賃金制が論点になるとする。伍賀(2014)は,派遣労働は雇用の安定性を欠く働き方であると位置づけており,雇用期間が限られることから雇用不安が高いことを指摘するとともに,パートタイム労働よりも賃金が高いものの,最も高いソフトウェア開発でも年間2000時間の就業で350万円に満たないとして,賃金水準の低さを指摘している。

　なお,労働法のアプローチがすべて直接雇用の考え方を前提に,派遣労働者の権利を保護することを主張しているわけではない。たとえば,小嶌(2011a)は,派遣労働者の保護は,派遣労働者の意思や希望をふまえたものである必要があると主張している。派遣労働者の中には,正規労働者として働くことを望まず,派遣労働者として働くことを積極的に選択している者がいるため,派遣労働者にも多様な就業形態から自分の希望するものを選択できる自由を保障することが肝要であるとしている。

　また,近年では本庄(2016)が,ドイツやオランダなどの諸外国と日本の労働者派遣制度を比較検討したうえで,日本の派遣労働においても従来の常用代替禁止の考え方から,個々の労働者の就業ニーズをふまえた法的保護を行う考え方に転換する必要があると主張している。派遣労働者の就業ニーズが多様化する中で,労働者派遣が有する労働力の需給マッチング機能を活用し,派遣労働者の権利という視点を中心に据えたうえで,労働者の多様なニーズと反しない形で,労働者派遣の濫用を防止することが必要であるとしている。

3　派遣労働に対する肯定的な見方

　派遣労働に対する見方は否定的な評価だけではない。派遣労働に対するもう1つの見方は,派遣労働は正規労働よりも労働者にとってメリットが多く,望ましい働き方であるとする肯定的な評価である。この評価の背景には,派遣労働を,仕事や労働時間,勤務地などを選択できたり,仕事と生活を両立できたりする,労働者の労働志向を満たす働き方であるとする見方と,技能や専門性を活かしてキャリアを形成できる働き方であるとする見方の2つがある。以下

でそれぞれについて説明しよう。

(1) 労働者の労働志向に合った働き方

派遣労働を肯定的に評価する見方の1つは，派遣労働が労働者の労働志向を満たす働き方であるとするものである（Hakim, 1997；佐藤，1998）。この見方は，すべての労働者が同じ労働志向を持っているわけではないことを前提とする。労働者の中には，仕事と生活を両立できることを重視する者もいれば，自分の希望する仕事内容や労働時間，勤務地などを選べることを重視する者もいるのであり，労働者が自身の労働志向を満たす働き方として現在の働き方を選択しているのであれば，その働き方は望ましいものと評価される。たとえば，Hakim（1997）は，フルタイム労働とパートタイム労働を選んでいる労働者の労働志向は異なっており，労働者の労働志向の違いを考慮せずにパートタイム労働を正規労働より劣る働き方と評価すべきでないことを主張している。

この労働志向を重視する考え方に従えば，派遣労働者が正規労働よりも派遣労働を自分に合っている働き方として選んでいるのであれば，派遣労働は労働者にとって望ましい働き方と評価できることになる。たとえば，佐藤（1998）は，労働省（当時）の「就業形態の多様化に関する総合実態調査」（1994年）のデータを用いて，正規労働者とそれ以外の就業形態の労働者の労働志向を比較検討している。佐藤（1998）が注目した労働志向とは，労働者が仕事と生活のいずれに重きを置いているかという仕事と生活の関係である。分析の結果によれば，派遣労働者は正規労働者とは異なる労働志向を持っている。女性の派遣労働者は仕事よりも生活をより重視する傾向があり，派遣労働は労働時間を選べる働き方として積極的に選択していることを指摘している。

大沢（2004）は，多様な就業形態で働く労働者を対象とした質問票調査のデータを用いて，派遣労働という就業形態を選んだ理由や派遣労働という仕事に対する満足度を検討している。これによれば，派遣労働を選択している理由が多様化しており，さまざまな仕事を経験できることや，技能や能力が身に付くこと，さまざまな会社で働けることといった積極的な理由と，正規労働者になれず派遣労働を選んだという消極的な理由の双方があることが示されている。興味深いのは，消極的な理由で派遣労働を選択した派遣労働者が増えているにもかかわらず，派遣労働者の仕事に対する満足度は正規労働者と比較して低く

ないことである。また，正規労働者のうちの6割が他の働き方を希望している。これらをふまえて，大沢（2004）は，派遣労働者の就業意識が多様化しているとともに，組織に拘束される正規労働という働き方に対する不満があると推察し，派遣労働が正規労働に就けない労働者に雇用機会を提供することに加えて，正規労働では充足できない働き方を提供していることを主張している。

　佐藤・小泉（2007）は，派遣労働者に対する質問票調査のデータを用いて，回答した派遣労働者の7割超が，「仕事より自分の生活を大切にしたい」という理由から正規労働ではなく派遣労働を選択していることを指摘している。また，派遣労働者は，パートタイム労働者やフリーターと比較して，資格取得やスキルアップに取り組んでいる割合も高く，約8割が能力開発に対する取り組み意欲を持っている。さらに，派遣労働者は，現在の働き方にも満足している割合が高く，正規労働を希望する割合と派遣労働を希望する割合がほぼ半数となっている。佐藤・小泉（2007）はこれらの分析結果をふまえて，多くの派遣労働者が派遣労働という働き方を肯定的に捉えていると主張している。

　さらに松浦（2009b）は，多様な就業形態で働く女性労働者に対する質問票調査のデータを用いて，現在の働き方，現在の職場[1]，現在の仕事に対する満足度を比較した。彼女がとくに注目したのは，派遣労働者と正規労働者の満足度の比較である。これによれば，現在の働き方，現在の派遣先企業の職場，現在の仕事のいずれについても，派遣労働者の7割以上が満足していると回答している。正規労働者との比較においては，仕事に対する満足度がわずかに低いものの，働き方と職場に対する満足度には有意な差が見いだされなかった。したがって，派遣労働者の多くは，派遣労働という働き方に満足しており，それは正規労働者と比較しても遜色ないことが示されたとしている。

(2) 技能や専門性を活かしてキャリアを形成できる働き方

　派遣労働を肯定的に評価するもう1つの見方は，派遣労働は労働者にとって技能や専門性を活かしてキャリアを形成できる働き方であるとするものである。労働者のキャリア形成に関する考え方においては，もともとは組織内のキャリア形成が想定されていた。組織内キャリア形成とは，労働者のキャリアが1つ

---

1) 派遣労働者の場合には派遣先企業の職場である。

の企業組織内の仕事を経験することにより形成されていくことを指す。Schein (1978) によるキャリア・コーン (career cone) という考え方に見られる，階層（組織内の役職や職位の上昇），職能（経理やマーケティング等の専門分野の技能や知識の習得），中心性（組織内の権限や情報へのアクセス）は，組織内キャリアを捉えるための視点の一例である。

　これに対し，1990年代後半から，1つの組織内に限定されないキャリア形成を意味する「組織境界のないキャリア」（バウンダリレス・キャリア，boundaryless career）という考え方が提唱されるようになった（Arthur, 1994 ; Arthur and Rousseau, 1996）。これは，労働者が1つの企業に縛られることなく，さまざまな企業を移動しながら仕事の経験を積んで，技能や専門性を発揮しながら労働市場における評価を高めていくという働き方を意味している。こうした，組織に依存しないキャリアという考え方は，Pink (2001) の提唱するフリーエージェントという考え方にも同様に見られるものである。Pink (2001) は，企業に雇用されない働き方であるフリーランスを念頭に置いて，高度な技能と専門性，知識を持ち，人的ネットワークを活かして，プロジェクト単位で業務を遂行し，組織に依存しないキャリアを形成している労働者をフリーエージェントと呼び，これからの社会に必要な働き方であるとして積極的に評価している。

　バウンダリレス・キャリアやフリーエージェントといったキャリアの考え方は，必ずしも派遣労働を念頭に置いたものではないが，組織に依存せずに異なる企業を移動しながらキャリアを形成していくという点で，派遣労働という働き方もまた，正規労働より望ましい働き方として肯定的に評価されうる。正規労働者のキャリア形成においては，企業内の階層や役職を上昇させながら当該企業で活かせる技能を蓄積し，企業内での影響力を獲得していくこととなるが，そうした組織内キャリア形成は，企業による人材育成やキャリア開発に依存する面が大きくなる。これに対して，派遣労働者のキャリアは，異なる派遣先企業を移動しながら自分の技能や専門性を発揮し，労働市場における人材価値を高めていくことによって形成されるものになりえよう。

　バウンダリレス・キャリアを実現している労働者として派遣労働者のキャリアに注目した研究に，二神（1998, 2000）がある。二神の研究は，必ずしも派遣労働者のキャリアそれ自体を扱っているわけではないが，派遣元企業に雇用され，派遣先企業を移動する派遣労働者が，派遣先企業と派遣元企業の双方の組

織や自分の職務に対して，どのようなコミットメントを示すのかを検討することを通じて，派遣労働者がバウンダリレス・キャリアを実現していることを推論している。

たとえば，二神 (1998) は，ある派遣元企業に登録する派遣労働者を対象とした質問票調査のデータを用いて，派遣先企業と派遣元企業への組織コミットメントに与える影響を検討している。これによれば，派遣先企業への組織コミットメントを高める要因として，派遣労働者の仕事志向が集団志向よりも強い影響を示した。また，派遣元企業への組織コミットメントを高める要因に関しても同様に，派遣労働者の仕事志向が集団志向よりも強い影響を示した。派遣先企業の職場や人間関係への適応よりも，自分の仕事への関心が高い派遣労働者が，派遣先企業や派遣元企業へのコミットメントを高く示していたのである。二神 (1998) は，派遣労働者の派遣先・派遣元企業に対するコミットメントを高めるには，派遣労働者の仕事志向を高めるやりがいのある仕事を与えることが必要であると指摘している。

また，二神 (2000) は，二神 (1998) と同じデータを用いて，派遣労働者のスキル・レベルを高・低群の２つに分け，派遣先企業および派遣元企業への組織コミットメント，職務フォーカスに与える影響を検討している。職務フォーカスとは，自分に割り当てられた職務それ自体への関心や愛着を示す概念であり，職務コミットメントに近いものである。高スキル群は，システムエンジニアやプログラマー，翻訳，通訳といった職種の派遣労働者であり，低スキル群は，一般事務や営業事務，受付，OAオペレーター，ファイリングなどの職種の派遣労働者である。これによれば，派遣先企業と派遣元企業への組織コミットメントについては，高スキル群と低スキル群で有意な差は見られなかったが，職務フォーカスにおいて高スキル群が低スキル群よりも有意に高い傾向が見られた。高いスキルを有する派遣労働者は，そうでない派遣労働者よりも自分の職務に対して高いコミットメントを示した結果をふまえて，二神 (2000) は，高いスキルを有する派遣労働者のコミットメントの対象は，特定の企業組織よりもむしろ職務そのものや専門性に向けられていると主張している。

松江 (2001) は，派遣元企業４社に登録する女性の派遣労働者を対象とした質問票調査のデータを用いて，派遣労働者のキャリア志向と，派遣就業の選択理由や派遣元企業の選択基準との関係を検討している。キャリア志向にはキャ

リア・アンカー（career anchors）を用いて「管理能力」「職能的能力」「安定性（雇用）」「安定性（居住）」「自律性」「創造性」という6つのカテゴリーを設定し，派遣労働者のキャリア志向を比較したところ，「安定性（雇用）」の値が最も高く，次いで「自律性」「職能的能力」となった。松江（2001）は，派遣労働者は組織に縛られずに専門的な仕事をしていく労働者であるから，「自律性」と「職能的能力」で高い結果が示されたものと主張している。

そして，一部のキャリア志向と，派遣就業の選択理由や派遣元企業の選択基準には，統計的に有意な関係が見られた。たとえば，「職能的能力」のキャリア志向を持つ派遣労働者は専門性を発揮できることを重視して派遣元企業を選択する傾向があった。また，「自律性」のキャリア志向を持つ派遣労働者は仕事の裁量を持てることを重視して派遣就業を選択するとともに，専門性を発揮できることを重視して派遣元企業を選ぶ傾向があった。

4　従来の見方が抱える問題点

　これまで見てきたように，派遣労働という働き方に対しては，否定的な見方と肯定的な見方の双方がある。これらの見方はいずれも間違っているわけではない。しかし，従来の見方には以下のような問題点がある。
　第1の問題点は，従来の見方は，派遣労働がいかなる働き方であるのかを検討するうえで，いくつかある仕事や労働条件の側面のうち，特定の側面に限定して評価していることである。たとえば，否定的な見方は，働き方の諸側面のうち，賃金や雇用の安定性，能力開発機会という側面をより重視している。その一方で，肯定的な見方は，労働時間や仕事の選択可能性の側面をより重視している。働き方の諸側面のうち注目する側面が異なれば，その働き方に対する評価は当然ながら異なってくるであろう。派遣労働がいかなる働き方であるのかを明らかにするうえでは，仕事や労働条件の多様な側面を評価する必要があると考えられる。
　第2の問題点は，従来の見方は，肯定的評価と否定的評価のいずれにおいても，正規労働との比較を重視し，派遣労働を有期パートタイム労働などの他の非正規労働とあわせて分類することによって，派遣労働の就業形態上の特徴を

十分に考慮せずに働き方を検討していることである。たとえば、肯定的な見方には、派遣労働は正規労働よりも労働時間の柔軟性が高いことを、また否定的な見方には、派遣労働は正規労働と比較して賃金が低いことを主張するものがあるが、これらはいずれも有期パートタイム労働でも同様に指摘されている特徴である。しかし、本来、派遣労働と有期パートタイム労働は異なる就業形態であることをふまえると、これらの側面においても、派遣労働に独特の特徴があるはずである。派遣労働がいかなる働き方であるのかを明らかにするうえでは、派遣労働と他の働き方を区別する就業形態上の特徴を考慮に入れる必要があると考えられる。

そして第3の問題点として、従来の見方は、派遣労働の働き方の特徴を客観的基準と主観的基準のいずれかで捉えようとしていることである。客観的基準とは、否定的な見方に見られるような賃金の高さや労働契約期間の長さといったものであり、主観的基準とは、肯定的な見方に見られる労働者の労働志向やキャリア志向性との適合度といったものである。しかし、本来、労働者自身による働き方の評価は、より複雑なものでありうる。労働者は、働き方のある一側面を客観的にも主観的にも評価することがあるし、その側面について絶対評価をすることもあれば、他の就業形態との相対評価を行うこともあるだろう。また、労働者は、一側面に限定せず他の側面も考慮に入れて自分の働き方を評価するものと思われるが、それでも働き方のすべての側面を考慮に入れるわけでなく、自分が重視する側面を優先的に取り上げて、現在の働き方を評価していることが多いのではないだろうか。したがって、労働者を取り巻く環境や経験している困難によって、重視する側面や比較対象が変わり、働き方の評価が変化する可能性もある。従来の見方のように、客観的基準と主観的基準のいずれかを重視して働き方を評価することは、働き方の特徴を単純に捉えてしまう恐れがある。派遣労働がいかなる働き方であるのかを明らかにするためには、客観的基準と主観的基準を含む、働き方の複雑さを捉えた検討が必要なのである。

第3章
分析の視点・枠組み・方法
どのように捉えるか

　本章では，本書における分析の視点・枠組み・調査方法について論じる。前章において，先行研究が派遣労働という働き方に対してどのような見方をしているのかを整理し，そうした見方がいずれも働き方のある特定の側面に限定して評価していることや，他の非正規労働とあわせて分類することで，派遣労働と他の働き方を区別する就業形態上の特徴を十分に考慮せずに検討していること，さらに客観的基準と主観的基準のいずれかを重視することによって，派遣労働の特徴をやや単純に捉えてしまっていることを指摘した。本章では，こうした問題点をふまえて，本書における分析の視点や枠組み，調査方法について説明する。

1　派遣労働の多面性を捉える
▶仕事の質という視点

　第1に，本書は，派遣労働という働き方の多様な側面を検討する。従来の見方は，いずれも派遣労働のある特定の側面に限定して検討がなされていた。しかし，本来，働き方には多様な側面があることをふまえれば，派遣労働についても，そうした多面性を考慮に入れた検討が必要であろう。
　では，派遣労働という働き方を評価するうえで，どのような側面を検討すればよいのだろうか。この点で参考になるのが，「仕事の質」（job quality）という考え方である。仕事の質とは，労働者から見た仕事の望ましさを示す概念であり，近年，欧米諸国においては重要な関心事となっている（Clark, 2005；Gallie,

表 3-1　仕事の質に関する諸側面

仕事の質に関する次元	Tilly (1997)	Hunter (2000)	Green (2007)	Kalleberg (2011)	Holman (2013)	本書
賃金	✓	✓	✓	✓	✓	✓
付加給付	✓	✓		✓		✓
仕事の自律性	✓		✓	✓		
労働時間	✓			✓	✓	
雇用の安定性	✓		✓	✓	✓	✓
能力開発機会		✓	✓		✓	✓
昇進可能性	✓	✓				
発言機会					✓	
仕事満足度			✓			

2007；Osterman and Shulman, 2011；Kalleberg, 2011；Warhurst *et al.*, 2012；Green *et al.*, 2013）。

　この概念の基本的前提は，仕事や働き方の良し悪しを，雇用者ではなく，労働者の視点から捉えることである。Kalleberg（2011）は，従来の研究では，労働者が従事する仕事や働き方について，学問分野により注目する対象が異なっていたと指摘する。彼によれば，経済学は主として賃金や付加給付などの経済的側面に，社会学や心理学は仕事の自律性や労働時間などの非経済的側面に高い関心を寄せていた。前章で見たように，日本においても，学問分野ごとではないものの，派遣労働に対する否定的・肯定的それぞれの見方が仕事や働き方の望ましさを評価するうえで異なる側面に注目していた。これに対し，仕事の質という概念の特徴は，賃金や付加給付，雇用の安定性，能力開発機会，仕事の自律性，労働時間といった複数の側面を対象に，労働者にとっての仕事や働き方の望ましさを多面的・統合的に捉えようとしているところにある。

　表 3-1 に，主立った既存研究が検討している仕事の質に関する諸側面を示した。仕事の質を評価する主要な側面として，たとえば，Tilly（1997）は，賃金，付加給付，労働時間の柔軟性，雇用の継続性，昇進可能性，仕事遂行の統制などを，Hunter（2000）は，経済的報酬，付加給付，教育訓練機会，将来の昇進可能性などを，さらに Green（2007）は，賃金，能力開発機会，仕事の裁

量，雇用の安定性，労働密度，仕事満足度などを指摘している。近年では，Holman（2013）が，仕事の裁量等を意味する仕事組織，賃金，能力開発機会，雇用の安定性，労働時間の柔軟性，発言機会などをあげている。そして，中でも仕事の質に関する代表的研究であるKalleberg（2011）は，それまでに取り上げられた仕事や働き方の多様な側面を，賃金（pay/ earnings），付加給付（fringe benefits），仕事の自律性（autonomy），労働時間（work time），雇用の安定性（security）という5つに整理した。以下では彼が設定した仕事の諸側面を具体的に見ていこう。

　Kalleberg（2011）は，仕事の質に関する経済的側面として，賃金と付加給付をあげている。このうち，賃金は，仕事の質を評価する最も基本となる側面であり，賃金が高く，またそれを安定的に得られる仕事は，そうでない仕事よりも望ましいとされる。一方，付加給付は，企業から労働者に対して賃金以外に付与される追加的な報酬であり，退職金，企業年金，健康保険，他の福利厚生などが相当する。賃金が高く付加給付の多い仕事や働き方は，労働者に経済的豊かさをもたらすという点で，よい仕事とみなされる。本書においても，派遣労働の経済的側面として，賃金と付加給付を検討する。

　Kalleberg（2011）は，また，仕事の質には経済的側面だけでなく非経済的側面もあると指摘する。まず仕事の自律性である。仕事の自律性には，仕事の内容や順序，方法などを自分で決められる裁量の大きさや，仕事の責任の重さ，仕事上の意思決定における影響力の大きさなどが含まれる。仕事の裁量や責任，意思決定への関与度という要素は，労働者に仕事上のやりがいや内発的動機づけをもたらす点で望ましいものとみなされる。

　非経済的側面には，労働時間もある。労働時間には，その長さや労働密度，労働時間の裁量などといった複数の要素がある。この中で基本となるのは労働時間の長さである。フルタイム勤務やパートタイム勤務といった労働契約における標準的な労働時間を超え，残業などによって長時間労働となることは，仮にその分の収入が増えるとしても，労働者の心身の健康を阻害する可能性が高いことから望ましくないとみなされる。また，労働密度とは，一定の労働時間内に遂行しなければならない仕事の量を意味する。同じ労働時間であっても，その時間内の仕事量が多すぎることは望ましくない。さらに，労働時間の裁量とは，労働者自身が自らの労働時間をどの程度統制できるかということである。

労働者自身が労働時間を統制できることは，家庭生活など仕事以外の活動との両立を可能にし，仕事上のストレスを軽減する。本書でも，派遣労働における仕事の自律性や労働時間を取り上げる。

さらに，Kalleberg（2011）は，雇用の安定性にも言及している。雇用の安定性は，労働者が就業を継続できることを意味するという点で重要な側面である。雇用の安定性としては，労働契約期間の長さがあげられ，労働契約期間の長い仕事は，短い仕事よりも雇用の安定性が高いとみなされる。加えて，失業リスクの高さや，労働市場において現在と同じ労働条件や処遇の仕事をみつける難しさといった，労働者本人の知覚もまた，雇用の安定性の一側面であるとされる。なお，Kalleberg（2011）は，後者の就業機会の確保については，労働市場における雇用可能性（エンプロイアビリティ）を意味し，労働者の技能や専門性の高さが反映されると考えられることから，雇用の安定性に関わるもう１つの側面として，能力開発機会をあげている。能力開発機会は，労働市場での就業機会の確保だけでなく，企業内における技能蓄積や将来の昇進可能性などにも影響すると考えられるため，雇用の安定性とは切り離してより積極的に位置づけることも可能であろう。そこで本書では，派遣労働に関する雇用の安定性と能力開発機会を分けて検討することにした。

このように，本書では，仕事の質という考え方を参考に，派遣労働という働き方について，経済的側面として①賃金と付加給付，非経済的側面として②仕事の自律性と労働時間，③雇用の安定性と能力開発機会，という６つの側面を取り上げていく。

2 派遣労働の特有性を捉える

▶三者関係への注目

第２に，本書は，派遣労働と他の働き方を区別する就業形態上の特徴に注目した検討を行う。前章でも述べたように，従来の見方には，正規労働との比較を重視して，派遣労働を有期パートタイム労働などの他の非正規労働などとあわせて正規労働以外の働き方として分類してしまうことにより，派遣労働が他の働き方と異なる特徴を持っている可能性を見逃している恐れがある。派遣労働という働き方の特有性を明らかにするには，派遣労働と他の働き方を区別す

図 3-1 Cappelli and Keller（2013a）による労働形態の分類

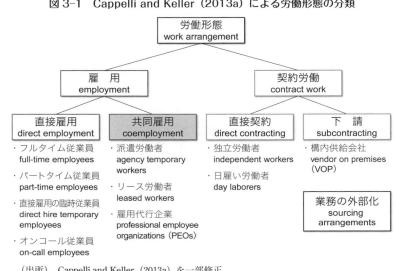

（出所） Cappelli and Keller（2013a）を一部修正。

る就業形態上の特徴を考慮した検討が必要である。

　では，派遣労働の就業形態上の特徴とは何であろうか。それは，第1章で述べたように，派遣労働という就業形態が，派遣労働者と派遣元企業，派遣先企業という三者から構成されているということである。Cappelli and Keller（2013a）は，米国における多様な労働形態について図3-1のように分類している。ここでCappelliらは，多様な労働形態を分類するために以下の基準を設定した。第1の基準は，組織による労働者の統制の有無である。組織による統制が可能な形態を「雇用」（employment）とし，統制が可能でない形態を「契約労働」（contract work）としている。彼らによれば，「雇用」においては組織と労働者との間に雇用関係と指揮命令関係の2つが生じており，それによって組織は労働者を統制することが可能となる。これに対して「契約労働」においては，雇用関係がないことで指揮命令関係も生じず労働者の統制が可能でないという。第2の基準は，組織と労働者の関係において，企業と労働者以外の第三者（third party）を含むのか否かという点である。この観点から，「雇用」は，「直接雇用」（direct employment）と「共同雇用」（coemployment）に分類される。「直接雇用」とは企業と労働者の二者関係であり，企業が単独で労働者を直接統制することを意味する。これに対して，「共同雇用」では企業と労働者が間

接的な関係にあり，労働者に対する統制が第三者との間で共有されている。本書が対象とする派遣労働は，この共同雇用の中に位置づけられる。

　Cappelli らはさらに，派遣労働の特徴として以下のような指摘を行っている。

① 派遣元企業に雇用されていること
② 派遣元企業が派遣先企業に通常短期的な仕事のために派遣すること
③ 派遣元企業が雇用主としての統制の権利を有しながらも，派遣先企業が労働者の仕事の成果を統制すること
④ 派遣先企業による仕事遂行上の指揮命令は当該企業の事業遂行に必要な程度に制限されること
⑤ 労働は原則として派遣先企業の場所で行われること
⑥ 労働者は派遣先企業での仕事が終了すれば，派遣元企業に戻ること
⑦ 派遣元企業は，労働者の選考や採用，賃金設定，雇用終了などに加えて，給与計算や給与税の徴収などの労働法上の大抵の責任を負うこと

　これらの整理は，派遣先企業と派遣元企業に労働者を管理する役割や責任が分離することを示している。第1章で述べたように，派遣労働という就業形態の特徴は，労働者との雇用関係と指揮命令関係が複数の企業に分離していることなのである。これは労働者から見れば，派遣先企業と派遣元企業という2つの企業組織との関わりが生じるということであり，従来の1つの企業と労働契約を結び指揮命令関係と雇用関係の双方を有する場合と比べ，派遣労働という働き方がより複雑な特徴を持っていることを示唆するものである。本書では，Cappelli らによる労働形態の分類を参考に，派遣労働と他の就業形態を区別する特徴が，派遣労働者と派遣元企業，派遣先企業の三者関係にあることに注目して検討を進めていく。

3　派遣労働の複雑性を捉える
▶当事者視点の重視

　第3に，本書は，派遣労働という働き方を取り巻く当事者，とくに派遣労働者が自らの視点に基づいて語った各人の経験に注目する。従来の見方では，派

遣労働という働き方の諸側面を評価するうえで客観的基準と主観的基準のいずれかのみを重視する傾向があった。しかし，働き方の評価に客観的基準と主観的基準は両方とも必要であり，いずれかのみを重視してしまうとその特徴をやや単純に捉えてしまい，働き方が本来持っている複雑性を十分に検討できない可能性がある。

では，派遣労働という働き方の複雑性を捉えるために，どのような検討が必要になるのだろうか。その方法の1つは，派遣労働者1人ひとりが派遣労働を通じて，この働き方の諸側面についてどのような経験をし，それを労働者自身がどのように捉えているのかという，労働者の経験そのものを明らかにしていくことであろう。派遣労働者の当事者視点を重視し，彼・彼女らの経験を通じて働き方の現実に接近するのである。

派遣労働者の当事者視点に基づく経験を通じて派遣労働という実態に接近することには，働き方の複雑性を捉えられる可能性に加えて，もう1つ意義がある。それは，派遣労働の特徴が，労働者を取り巻く外的環境によってどの程度規定され，その一方で労働者自身の認識や行動によってどの程度改変・改善できる可能性があるのかを検討できることである。たとえば，労働者の賃金は，労働市場の状況や法規制，労働者を雇用する企業の人事管理制度に規定される側面が大きいであろう。しかし，労働者の賃金はそうした外的環境の要因のみによって決定されるものではない。労働者が自ら技能を蓄積したり，成果を発揮しようという意思を持ち，それを行動に移すことによって，賃金を上昇させることができる可能性もある。働き方の特徴の多くは，労働者を取り巻く外部環境によって制約を受けながらも，同時に労働者自身がよりよいものに改善していくことのできる可能性を含むものである。本書は，このような立場から，派遣労働者の当事者視点に立って，彼・彼女らが派遣労働を通じて経験する仕事や労働条件の困難に対し，どのような対応をしたのかについても検討を加えていく。

労働者の当事者視点から働き方の実態に接近することが，働き方の特徴をよりよく理解するうえで有効であることを示した研究がある。Kunda, Barley and Evans（2002）は，労働者の当事者視点を重視して，派遣元企業に雇用されIT産業で就業する高度専門職の派遣労働者の働き方の実態を明らかにした。Kundaらによれば，コンティンジェント労働者をめぐっては否定的・肯定的

な見方の双方が存在していた。否定的な見方とは，労働市場においてコンティンジェント労働者は，賃金が低く雇用が不安定で能力開発機会に恵まれないというものであり，他方で，肯定的な見方とは，コンティンジェント労働者は，フリーエージェントとして組織に依存せずにその専門性を活かして自律的に働けるというものである。Kundaらは，これら2つの対照的な見方は，いずれもコンティンジェント労働のある一側面しか捉えていないことを指摘したうえで，ソフトウェア開発者やITエンジニアといった高度専門職の派遣労働者52名を対象に，なぜ派遣労働者として働き始めるようになったのか，派遣労働者として働いてどのような困難を経験したのか，そしてその困難に対していかなる対応をしたのかを丁寧にインタビューすることによって，労働者の視点から，彼・彼女らの働き方の現実に迫ろうとした。こうしたKundaらによる聞き取り調査の結果は，およそ以下のようなものである。

　まず，高度専門職の派遣労働者の多くは，もともとは企業に雇用されるフルタイム労働者であった。しかし，彼・彼女らは勤務先企業における社内政治への対処や上司の無能さ，報酬の低さに不満を感じ，ある者はすでに派遣労働者として就業していた人々や派遣元企業の人々と出会う中で，ある者は勤務先でのレイオフを契機として，またある者は自ら進んで，派遣労働という働き方を選んでいた。彼らは，派遣労働者になれば，フルタイム労働者で働いていた頃よりも自分の専門性を発揮して高い報酬を得たり，仕事や労働時間を自分で選べたり，新しい技能を習得できると期待していたという。

　しかしながら，派遣労働者として実際に働き始めてみると，彼らは図3-2に示したような，4つのジレンマに直面することになった。

　第1は，自律（independence）と部外者（being an outsider）のジレンマである。これは，高度専門職の派遣労働者は，企業に雇用されるフルタイム労働者から派遣労働者となったことで，社内政治に煩わされることなく，派遣先企業で専門的な意見を自由に述べることができるようになったものの，その一方で，派遣労働者は派遣先企業にとっては部外者であるため，派遣先企業の重要な情報や技術にアクセスできなくなってしまったことを指す。

　第2は，仕事の安定性（job security）と不確実性（job uncertainty）のジレンマである。これは派遣労働者となったことで，専門性を活かせる仕事を広く労働市場から探すことができるようになり，雇用の機会は拡大したものの，その一

図 3-2 Kunda, Barley and Evans（2002）による派遣労働者の 4 つのジレンマ

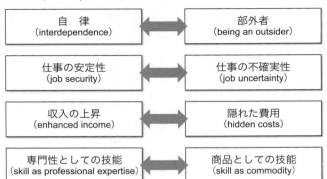

方で 1 つの仕事が終了するたびに次の仕事を探さなければならず，雇用の不確実性が高まってしまったことを指す。

第 3 は，収入の上昇（enhanced income）と隠れた費用（hidden costs）のジレンマである。これは，派遣労働者となったことで専門性に見合う高い報酬を得られるようになったものの，その一方で年金や健康保険，能力開発等の費用を自己負担しなければならなくなってしまったことを指す。

そして第 4 は，専門性としての技能（skill as professional expertise）と商品としての技能（skill as commodity）のジレンマである。これは派遣労働者となったことで，自分の専門性に関する技能を高めることに専念できるようになったものの，その一方で雇用機会を確保するために，より多くの派遣先企業が活用を望むような技能を習得しなければならなくなってしまったことを指している。

こうした 4 つのジレンマを経験した結果，高度専門職の派遣労働者は，同じ職業に携わる人々の集まりである職業コミュニティ（occupational community）の中に自分の居場所を見いだそうとする。派遣労働者にとって，職業コミュニティは，個々人の専門性を基盤として，仕事を探したり，技能を高めたり，必要な情報を得ることができる点で，重要な人的ネットワークになっていた。

Kunda らの研究から示唆されるのは，派遣労働者の当事者視点に基づく経験に接近することによって，派遣労働という働き方にはどのようなメリットとデメリットがあり，そうした特徴が派遣労働者を取り巻く外部環境にどの程度制約され，また派遣労働者自身でどの程度改変・改善可能であるのかを明らかにできるという可能性であろう。Kunda らが研究対象とした米国の高度専門

職の派遣労働者は，自分の専門性を発揮したり，仕事や労働時間を選択できる自律的な働き方であるというメリットを享受する一方で，直接雇用されていないがゆえに派遣先企業の一員になれないことや雇用を継続していくのが難しいことなどのデメリットも経験せざるをえなかった。高度専門職の派遣労働者は，このメリットとデメリットのジレンマを経験する中で，専門職の人的ネットワークである職業コミュニティに自らの居場所を見いだそうとしていた。ここからは，高度専門職の派遣労働という働き方にはメリットだけでなくデメリットも同時にあり，それが労働者にとっては容易に克服できない構造になっていることがわかるのである。

Kundaらが，こうした高度専門職の派遣労働者が経験したジレンマを見いだし，派遣労働という働き方を複雑にかつ現実的に描きだすことができたのは，高度専門職の派遣労働者の働き方について，報酬や労働時間といった客観的指標だけではなく，当事者視点に基づく経験を聞きだすことで，労働者自身の主観的な認識や意味解釈に接近しようとしたからであろう。Kunda, Barley and Evans（2002）においては，仕事の質という考え方は必ずしも明示されておらず，また4つのジレンマが生じる背景について派遣労働者と派遣元企業，派遣先企業という三者関係の観点からの考察はなされていないものの，労働者の働き方を明らかにするうえで，当事者視点への接近が重要であることを示唆するものといえよう[1]。

なお，当事者視点については，派遣労働者のみならず，派遣労働の三者関係を構成する派遣元企業と派遣先企業にも注目することが必要であろう。派遣労働者を雇用する立場にある派遣元企業と指揮命令する立場にある派遣先企業が，派遣労働という働き方の諸側面に影響を与えていることは明らかである。派遣元企業において派遣労働者の雇用管理に携わっている従業員や，派遣先企業において派遣労働者を活用している従業員の当事者視点にも注目することにより，派遣労働者の経験の背景要因を理解することが可能となるだろう。

本書における分析枠組みは，以上に述べた「仕事の質」「三者関係」「当事者視点」という3つの視点で構成されている。本書は，すなわち，派遣労働がい

---

1) 後に，Barley and Kunda（2004）において，高度専門職の派遣労働者に加えて，彼らを活用する派遣先企業や，雇用する派遣元企業の視点を含めた調査に基づく，より多角的な検討が行われている。

かなる働き方であるのかという問いを明らかにするために，①「仕事の質」という考え方に基づいて，賃金や付加給付，雇用の安定性，能力開発機会，仕事の自律性，労働時間といった諸側面の特徴に関し，②派遣労働の就業形態上の特徴である，派遣労働者と派遣元企業，派遣先企業という三者関係との関連を考慮に入れ，③派遣労働を取り巻く当事者，とりわけ派遣労働者の当事者視点に基づく経験を通じて，その現実に接近していく。

4 調査方法

　前節までに述べてきた3つの視点に基づいて，派遣労働という働き方がいかなる働き方であるかを分析するために，本書では，派遣労働を取り巻く当事者への聞き取り調査を実施した。聞き取り調査の対象者は，派遣労働という就業形態を構成する派遣労働者，派遣元企業，派遣先企業の三者である。以下で，それぞれの対象者に関して，サンプリングとともに説明する。

(1) 派遣労働者調査
　第1の調査は，派遣労働者を対象とした聞き取り調査である。派遣労働者は，本書の関心である事務職に従事する登録型派遣労働者である。派遣労働者のサンプリングは，以下の3種類の方法で行った。第1は，派遣労働者のスノーボール・サンプリングである。スノーボール・サンプリングとは，調査対象者にその次の調査対象者を紹介してもらう方法である。第2は，派遣元企業の協力を得て，当該派遣元企業に雇用され就業している派遣労働者を紹介してもらった。派遣元企業は4社である。この4社には，規模の大きい派遣元企業に加えて，中小規模の派遣元企業，大手の派遣先企業の関連会社として設立された派遣元企業が含まれている。第3は，派遣先企業の協力を得て，当該派遣先企業に就業する派遣労働者を紹介してもらった。派遣先企業は製造業，情報通信業，卸売業，小売業，金融業に属する5社である。これら5つの産業は，事務職種の派遣労働者を活用している主要産業である。
　派遣労働者への聞き取り調査に際しては，その代表性を確保する観点から，複数のサンプリング法を用いながらも，できる限り対象とする派遣労働者の性

別や年齢層，職種などを当時の派遣労働者全体の分布に近づけるように努力した。ただ，本調査の派遣労働者の勤務地域は，東京を中心とする首都圏に限定されている。しかし，厚生労働省の「労働者派遣事業報告書」によれば，事務職の登録型派遣労働者が多数を占める一般労働者派遣事業について，派遣先の件数を見ると，南関東（埼玉県，千葉県，東京都，神奈川県）が2000年度以降50％弱を占めている。また同じ資料で派遣労働者数を見ると，常時雇用労働者・常時雇用以外の労働者（常時雇用換算）・登録者のいずれについても同地域が40〜50％を占めており，最も多くなっている。都市部で就業しているという点には考慮が必要であるが，事務職の登録型派遣労働者の調査対象地域として首都圏はふさわしいと考えられる。

　これらのサンプリングにはそれぞれ強みと弱みがある。スノーボール・サンプリングは，同じ派遣先企業で就業していても異なる派遣元企業に雇用されていたなど，派遣先企業と派遣元企業の多様性を確保するうえでは望ましいものの，紹介される対象者が基本的に調査対象者の個人的なつながりに依存しているため，たとえば年齢層が近いとか，同じ大学の出身者であるといったように，調査対象者の個人属性が類似する可能性がある。他方で，派遣先企業や派遣元企業を特定したサンプリングでは，同じ派遣先企業で就業する派遣労働者や，同じ派遣元企業に雇用されている派遣労働者を調査対象とするため，派遣先企業と派遣元企業の多様性を確保することは難しい。しかし，派遣先企業と派遣元企業に依頼することによって，同じ派遣先企業や同じ派遣元企業であっても年齢層や派遣職種を統制することができる。ただし，派遣先企業と派遣元企業から紹介を受けた派遣労働者は当該企業から見て評価の高い労働者となる可能性が高いことには留意する必要がある。

　こうしたことをふまえて，本書では複数のサンプリング法を用いることで，特定のサンプリング法を用いた場合の欠点を少なくするように配慮した。ただし，サンプリングにおいてこうした考慮をしてもなおバイアスは残る。今回の派遣労働者は，派遣労働者の中で相対的に派遣労働を長く継続している者の割合が多くなる。派遣労働をごく短期間しか経験せずに辞めてしまった派遣労働者は含まれていない。しかし，第5章に後述するように，厚生労働省の「派遣労働者実態調査」（2004年，2008年，2012年）において，登録型派遣労働者の4〜7割が派遣労働者としての就業期間が3年以上，7〜8割超が同じく1年以

表 3-2 調査対象となる派遣労働者の主な属性

属性		人数
職　種	一般事務	21
	営業事務	8
	経理事務	7
	貿易事務	6
	金融事務	4
	英文事務	1
性　別	女　性	44
	男　性	3
年　齢	20〜24歳	5
	25〜29歳	10
	30〜34歳	13
	35〜39歳	13
	40〜44歳	5
	45〜49歳	1
学　歴	高校卒	7
	専門学校卒	6
	短期大学卒	12
	大学卒	22
未婚・既婚	既　婚	28
	未　婚	19
派遣労働者として働いた通算期間	1年未満	2
	1年以上3年未満	5
	3年以上5年未満	17
	5年以上10年未満	18
	10年以上	5
計		47

上であることをふまえると，大きな問題はないと判断した。

　調査時期は2006〜08年および2010〜12年の2つの期間となる。この2期間は，日本における派遣労働の歴史をすべて網羅するものではないから，たとえ派遣労働者の置かれた状況を考慮するとしても，派遣法施行以来過去30年間という時間軸では派遣労働という働き方を検討することはできない。しかしながらこの時期の労働市場には，派遣労働という働き方を検討するうえで重要となる変化があった。2006〜08年は，派遣労働市場の規模がまだ拡大していた時期であり，派遣労働者にとっては就業機会に恵まれていた時期である。一方，2010〜12年は，リーマンショックによって派遣労働市場が縮小した後の時期に相当する。派遣労働という働き方を検討するうえで労働市場の影響を多少なりとも統制することが可能となる。

　調査の対象は，調査時点で事務職種の仕事に従事していた派遣労働者47名である。調査対象者の主な属性を表3-2に示した。主な特徴をあげると，派遣職種のうち最も多いものは一般事務で，全体の4〜5割を占めた。また，性別は女性が9割，年齢は20代後半から30代後半が7割に上った。学歴は大学卒が5割弱，短期大学卒とあわせて7割超であった。

　派遣労働者に対しては，派遣労働者自身の性別・年齢・学歴などの基本属性や現在の仕事や労働条件などに加えて，なぜ派遣労働という働き方を選んだのか，派遣労働という働き方を通じてどのような経験をしてきたか，その経験をどのように捉えているか，今後どのような働き方をしていきたいかという点

ついて重点的に聞き取りを実施した。聞き取りはこれらの質問を基本としながら，調査対象者の回答に応じて質問の幅を拡げたり，また内容を深く掘り下げたりするなどして柔軟に対応するために，半構造化面接法を採用した（佐藤，2002, 2015）。

なお，派遣労働者として就業中の労働者に加えて，過去に派遣労働を経験している正規労働者4名およびフリーランス2名に対する聞き取り調査をあわせて実施した。過去に派遣就業経験を持つ正規労働者とフリーランスに聞き取りを行ったのは，派遣労働者から正規労働者に転換したり，フリーランスとして独立した経緯を聞くことにより，当事者の経験を通じて派遣労働と正規労働，フリーランスの働き方を比較できると考えたからである。正規労働者およびフリーランスはいずれも女性であり，派遣労働に従事していた当時の職種は事務職種である。正規労働者の4名は派遣労働を経験した後で派遣先企業の正規労働者として雇用されており，年齢層は20代後半2名，30代前半1名および30代後半1名である。派遣先企業の業種は製造業3名，卸売業1名である。一方，フリーランス2名も女性であり，いずれも30代前半である。フリーランスとしての職種は英文翻訳とフリーライターである。

(2) 派遣先企業調査

上記のような派遣労働者を対象とした聞き取り調査に加えて，本書では，派遣労働という就業形態を構成している派遣先企業と派遣元企業の従業員にも聞き取り調査を行った。派遣労働という働き方の良し悪しが生じる背景要因を考えるうえでは，そうした派遣労働者を活用している派遣先企業や，派遣労働者を雇用している派遣元企業の視点が必要と考えられるからである。

第2の調査は，派遣先企業を対象とする聞き取り調査である。第1章で確認したように，派遣労働者が就業する派遣先企業の主要な産業は製造業と卸売業・小売業，金融業・保険業，情報通信業であり，また企業規模は従業員1000人以上が約5割を占め最も多いことをふまえて，本書では，製造業，情報通信業，卸売業，小売業，金融業の大手企業計5社を調査対象とした。各企業の調査対象者は，派遣労働者を活用する部署および人事部門の管理者や担当者の計14名である。

(3) 派遣元企業調査

　第3の調査は，派遣元企業を対象とする聞き取り調査である。具体的には，登録型の事務職を中心とする労働者派遣事業を営む派遣元企業の営業担当者と仕事紹介担当者（通常コーディネーターと呼ばれる）である。労働者派遣事業においては，営業担当者とコーディネーターの役割は重要である。営業担当者は，既存の取引先である派遣先企業への深耕営業と，派遣労働者の苦情・要望への対応，および派遣先企業の新規開拓を行う。また，コーディネーターは，派遣先企業の仕事と派遣労働者のマッチングを行い，派遣労働者に仕事を紹介する（木村，2010b）。派遣元企業によっては，必ずしも営業担当者とコーディネーターの役割が分割されていない場合もある。たとえば，中堅・中小企業規模の派遣元企業の場合には，これら2つの役割を1人の担当者が行うことも少なくない。調査対象は，大手派遣元企業2社（A, B）および中堅派遣元企業3社（C, D, E）の営業担当者とコーディネーターの計13名である。全員が派遣元企業に正規労働者として雇用されていた。コーディネーターは全員が女性であり，営業担当者は中堅派遣元企業の1人を除いて男性であった。

　これらの聞き取り調査から得られたデータの分析結果は，第2, 3部において記述されている。加えて，本書には，厚生労働省「派遣労働者実態調査（派遣労働者票，事業所票）」の調査票情報を集計した結果と，独自の質問票調査を通じて得られたデータの分析結果も加えられている。前者は，事務職の登録型派遣労働者の仕事や労働条件の全体的な傾向を把握するためのものであり，第2部の各章に示されている。後者は，質的調査に基づく第2部の内容を部分的ではあるものの量的調査を通じて確認するためのものであり，第4部に示されている。

第 **2** 部
派遣労働者が経験する困難

Overview

　第2部では，事務職に従事する派遣労働者に対する聞き取り調査に基づいて，派遣労働という働き方がどのような特徴を持つのかについて，仕事の質という観点から多様な側面に注目して検討していく。

　第1部で論じたように，仕事の質には主に6つの側面がある。第2部では6つの側面を3つに分けて，第4章では賃金と付加給付といった経済的側面を，第5章では雇用の安定性と能力開発機会，第6章では仕事の自律性と労働時間という非経済的側面をそれぞれ検討していく。

　派遣労働者の仕事や働き方は，仕事の質という6つの側面についてどのような特徴があるだろうか。これまでの研究において，派遣労働者の賃金と付加給付，雇用の安定性と能力開発機会は，正規労働者よりも劣ると主張されてきた。その一方で，派遣労働者の労働時間や仕事の選択可能性は，正規労働者よりもむしろ優れているとも主張されてきた。第2部では，こうした従来の派遣労働に対する主張をふまえながら，派遣労働者の視点に注目して，派遣労働者が自らの経験を通じてどのように派遣労働という働き方を捉えているのかを明らかにする。また，派遣労働者の仕事や働き方の質を左右する要因として，派遣労働者の雇用管理を担う派遣先企業と派遣元企業の視点にも注目する。これら派遣労働者を中心に，派遣労働を取り巻く当事者の視点から見ると，派遣労働という仕事や働き方は，これまでの研究が主張するのとはやや異なる特徴を持っていることがわかるのである。

第4章
賃金と付加給付

　本章は，派遣労働という働き方における賃金と付加給付について論じる。先行研究において，派遣労働者の仕事や労働条件の特徴として，その賃金が正規労働者のそれに比べて低いことが問題点として指摘されている。本章では，賃金に加え，賞与や退職金，手当といった付加給付を含めて，派遣労働の経済的側面を検討しよう。派遣労働における賃金と付加給付の実際はどうであろうか。

1　派遣労働者の賃金

　登録型派遣労働者の賃金は，通常，時間給として支給される。月給や日給が支給されることは少ない。やや古いデータであるが，厚生労働省の「労働者派遣事業実態調査結果報告」(2001年)によれば，派遣労働者全体で見ると時間給が54.1％，月給が36.1％となるが，常用型派遣労働者では時間給が28.0％，月給が58.5％である一方，登録型派遣労働者の賃金形態は時間給が82.9％を占めており，月給は12.4％にとどまる。職種別（登録型と常用型を含む）に見ると，時間給と月給の割合は，それぞれ事務用機器操作(71.6％, 20.1％)，財務処理(81.3％, 13.3％)，取引文書作成(61.5％, 30.8％)，一般事務(75.1％, 19.4％)となっている。派遣元企業と無期労働契約を結ぶ常用型派遣労働者では月給が時間給を上回るものの，派遣元企業と有期労働契約を結ぶ登録型派遣労働者は時間給が一般的であることがわかる。
　このように，多くの派遣労働者の賃金が時間給であることをふまえたうえ

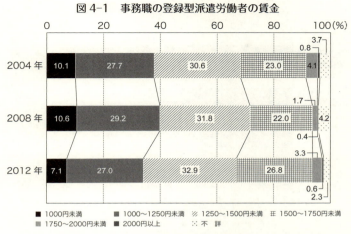

図 4-1 事務職の登録型派遣労働者の賃金

(出所) 厚生労働省「派遣労働者実態調査(派遣労働者票)」の調査票情報を集計。

で,賃金水準を確認しよう。図 4-1 に,厚生労働省の「派遣労働者実態調査」(2004 年,2008 年,2012 年)における事務職の登録型派遣労働者の賃金の分布を示した。これによれば,いずれの年も,派遣労働者の 8〜9 割が時間給 1000〜1750 円未満の範囲にあり,最も割合が多いのは 1250〜1500 円未満である。事務職の派遣労働者の場合,時間給が 2000 円以上となることは稀である。

次に,派遣労働者の賃金水準を職種別に見てみよう。前述のように,派遣労働者の中には派遣業務に専門 26 業務とそれ以外の自由化業務の区分があることを知らない者が多く含まれており,自分自身の派遣業務の業務区分を認識していない者が多いと考えられることから,職種別の賃金水準の比較は,専門 26 業務と自由化業務の区分よりも,派遣労働者が認識している職種名に基づいて確認するほうが,より適切であろう。

図 4-2 に,労働政策研究・研修機構 (JILPT) の「派遣社員のキャリアと働き方に関する調査」(2010 年)における,事務職の派遣労働者の職種別賃金分布を示した。主な事務職種として,「事務用機器操作」「財務処理」「取引文書作成」「一般事務」に相当する「一般・営業事務・データ入力等(事務用機器操作中心業務)」「一般・営業事務等(自由化業務)」「経理・会計」「貿易・国際事務・取引文書作成」を取り上げて比較すると,最も賃金水準が高い職種は「貿易・国際事務・取引文書作成」であり,次が「経理・会計」である。「一般・

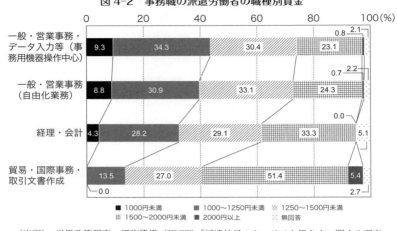

図 4-2 事務職の派遣労働者の職種別賃金

（出所）労働政策研究・研修機構（JILPT）「派遣社員のキャリアと働き方に関する調査（派遣労働者調査）」。

営業事務・データ入力等」や「一般・営業事務等（自由化業務）」は相対的に賃金水準が低い。また，同調査によると，各職種の平均賃金は「一般・営業事務・データ入力等」1291.3 円，「一般・営業事務等（自由化業務）」1288.8 円，「経理・会計」1340.6 円，「貿易・国際事務・取引文書作成」1512.5 円となっている。事務職種の中で，通常，貿易事務や経理事務の仕事は，一般事務や営業事務の仕事よりも専門性が高いとみなされているが，専門性が高いほど平均賃金が高い傾向がうかがわれる。後述するように，派遣労働者の賃金は専門性の高低のみで決定されるものではないが，事務職種としての専門性が高いほど賃金水準は高いと見てよいだろう。

なお，派遣労働者の賃金水準については，派遣先企業の正規労働者よりも低いことが指摘されることが多いが，実際はどうであろうか。聞き取り調査対象の派遣先企業に就業する派遣労働者と正規労働者の賃金の事例をもとに，両者の賃金水準を比較してみよう。

ある派遣先企業で一般事務の仕事に従事する派遣労働者の賃金は，時給 1200 円であった。当該派遣労働者は 1 日当たり 7 時間，週 5 日間就業していたから，時間外手当を除けば，月当たりの給与は 16 万 8000 円（＝1200 円×7 時間×5 日間×4 週間）となる。同じ部署で派遣労働者と同じ一般事務相当の仕事に従事する正規労働者の月当たりの給与[1]は 18 万円であるから，これに比

べると派遣労働者の賃金は低いことになる。派遣労働者の賃金水準が正規労働者よりも低いという指摘はたしかに正しい。

しかしながら，同じ派遣先企業の他部署で貿易事務の仕事に従事する派遣労働者の賃金は，時給1550円であった。この派遣労働者は1日当たり7時間，週5日間就業していたから，月当たりの給与は21万7000円（＝1550円×7時間×5日間×4週間）となる。この派遣労働者が就業する派遣先企業で同じ貿易事務相当の仕事に従事する正規労働者の月当たりの給与は20万6000円であるから，これに比べると派遣労働者の賃金は高いことになる。

派遣労働者と正規労働者の賃金水準について，もう1つの事例を見ることにしよう。ある派遣先企業で営業事務の仕事に従事する派遣労働者の賃金は，時給1230円であった。この派遣労働者は1日当たり8時間，週5日間就業しているから，月の給与は19万6800円（＝1230円×8時間×5日間×4週間）となる。当該派遣労働者がこの部署での就業を開始した際に同じ営業事務相当の仕事に従事していた正規労働者の月当たりの給与は18万3000円であるから，これに比べると派遣労働者の賃金は高いことになる。

しかしながら，その後社内の定期異動が行われ，当初の正規労働者が他部署に異動し，代わりに他の正規労働者が当該部署に異動してきた。この正規労働者は前任者の仕事を引き継いだため，派遣労働者と同じ仕事に従事することになった。当該派遣労働者と同じ営業事務相当の仕事に従事するこの正規労働者の月当たりの給与は20万1000円であるから，これに比べると派遣労働者の賃金は低いことになる。

これら2つの事例は，同じ派遣先企業の同じ仕事に従事する場合でも，派遣労働者と正規労働者の賃金の高低を単純に議論することはできないことを示している。派遣労働者と正規労働者の賃金水準を比較するうえでは，両者が同じ仕事に従事していることが前提になる。前者の事例のように，同じ派遣先企業で派遣労働者がどのような職種の仕事に従事するかによって，派遣労働者の賃金が同じ仕事に従事する正規労働者の賃金よりも高くなることもあれば低くなることもある。また，後者の事例のように，派遣先企業で就業する派遣労働者の仕事内容が変わらなくとも，その仕事内容と同じ仕事に従事する正規労働者

---

1) 正規労働者の給与は基本給を指す。

が異なれば，派遣労働者の賃金は正規労働者より高くなることもあれば低くなることもある。なぜこうしたことが生じるのだろうか。それを理解するには，まず派遣労働者の賃金の仕組みを理解することが必要となる。

2 賃金決定の仕組み

　派遣労働者の賃金と派遣先企業において同じ仕事に従事する正規労働者の賃金を，単純に比較できないのはなぜであろうか。それは派遣労働者と正規労働者の賃金決定の仕組みが異なるからである。多くの日本企業において，事務職に従事する正規労働者の賃金は通常月給であり，その大部分を占める基本給には当該正規労働者の年齢や勤続年数，能力や技能などが反映される。基本給が年齢給と職能給などのように複数の要素から構成されていることも多い。また，正規労働者の基本給は，毎年の定期昇給とベースアップの対象となる。企業業績や経済状況によって毎年のベースアップが必ず行われるとは限らないが，正規労働者の賃金水準が下がることは少ない。調査対象の派遣先企業においても，事務職に従事する正規労働者の賃金は定期昇給とベースアップにより毎年上昇していた。

　これに対して派遣労働者の賃金は時間給である。また，派遣労働者や他の非正規労働者の賃金水準は，正規労働者と比して，外部労働市場の影響を受ける度合いが高いと考えられる。事務職にはおおよその賃金水準があり，同じ事務職の中でも職種に応じて差が生じる。たとえば，専門性が高いとされる貿易事務の賃金水準は，専門性の低い一般事務と比較してより高い傾向がある。しかしながら，派遣労働者の賃金には，労働市場における当該職種の専門性の高さのみが反映されるわけではない。個々の派遣労働者の賃金を決定するのは，就業先となる派遣先企業ではなく，派遣労働者と雇用関係を結ぶ派遣元企業であるため，派遣労働においては，上述のような職種別の賃金水準に加えて，派遣料金の水準が関係してくるからである。

　派遣料金は，派遣元企業にとって売上に相当するものであり，派遣労働者の賃金水準にマージンが上乗せされて設定されている。このマージンに，派遣元企業が負担する社会保険料（厚生年金保険・健康保険）や雇用保険料・労災保険

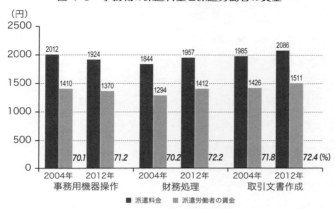

図 4-3　事務職の派遣料金と派遣労働者の賃金

(出所)　厚生労働省「労働者派遣事業報告書」。

料，派遣労働者に対する教育訓練費・福利厚生費，派遣労働者の有給休暇に関する負担費，派遣元企業の営業担当者やコーディネーター等の人件費，そして営業利益などが含まれるのである。したがって，派遣元企業が収益性を高めるためには，マージンを占めている諸費用を抑えるか，マージン率を高く設定すればよいことになる。

　ところが，実際に，派遣元企業が派遣先企業に提示する派遣料金や労働者派遣契約を締結した派遣料金には，派遣元企業の規模や信用度，派遣先企業との間の取引関係などによって高低がある。しかも，事務職の派遣労働者の場合には，派遣先企業から専門性が高いとは評価されていないことが多いため，労働サービスの差別化が図りにくいという事情があり，派遣元企業間の派遣料金は価格競争に陥りがちである。この結果，派遣元企業は，労働者派遣契約を結ぶ派遣先企業との間で締結した派遣料金をもとに，一定のマージン率を確保したうえで，派遣労働者の賃金を調整し決定することになる。

　「労働者派遣事業報告書」(2004, 2012 年) における，一般労働者派遣事業を営む派遣元企業の派遣料金と派遣労働者の賃金の関係を，図 4-3 に示した[2]。図中の斜体の数字は，派遣労働者の賃金を派遣料金で除した値であり，派遣料

---

[2] 「一般労働者派遣事業」を営む派遣元企業は，登録型派遣労働者だけでなく，常用型派遣労働者も雇用しているため，ここでの派遣労働者の賃金は必ずしも登録型派遣労働者に限定されない。

金のうち派遣労働者の賃金が占める割合を推量できる。2012年調査を見ると，派遣料金と賃金のいずれも取引文書作成が最も高く，財務処理，事務用機器操作の順となっており差が見られるものの，派遣料金のうち派遣労働者の賃金が占める割合は3職種とも約7割であり，職種間で大きな差はない[3]。この割合は，2004年調査でも同様に，いずれも約7割となっていた。このことから，派遣元企業が，派遣料金の中で一定のマージン率を確保したうえで，派遣労働者の賃金を設定していることが推察されるのである。

ここで留意しておく必要があるのは，派遣料金のうち派遣労働者の賃金が7割を占めるといっても，一律に派遣元企業が派遣料金に対して一定比率を掛けて派遣労働者の賃金を決定しているわけではないことである。派遣元企業の中には，派遣料金に一定の比率を掛けて派遣労働者の賃金を設定するところもあれば，派遣料金を念頭に置きながらも職種別におおよその賃金を設定しているところもある。重要なことは，前述のように，派遣労働者の賃金は職種や仕事内容に応じておおよその水準があるものの，個々の派遣労働者の賃金決定には派遣元企業が派遣先企業との間で契約する派遣料金が影響を与えているということである。

なお，2004年と2012年を比較すると，事務用機器操作の派遣料金が低下しているのに対して，財務処理と取引文書作成の派遣料金は上昇している。これに伴い，派遣労働者の賃金も事務用機器操作では低下しているのに対して，財務処理と取引文書作成では上昇している。

3 賃金を左右する要因1

▶派遣料金の交渉

派遣元企業が，派遣先企業との間で設定する派遣料金をもとにして派遣労働者の賃金を設定することによって，派遣労働者の賃金にはどのようなことが生じるだろうか。

---

[3] 労働政策研究・研修機構が2010年に派遣元企業の事業所を対象に実施した「人材派遣会社におけるキャリア管理に関する調査」の結果によれば，一般労働者派遣事業所のうち事務系派遣事業を営む事業所において，派遣料金のうち派遣労働者の賃金が占める割合は平均71.8％であった。

1つには，派遣元企業が派遣料金をもとに派遣労働者の賃金を設定することによって，仕事の内容が同じであっても，その賃金は派遣元企業とそれぞれの派遣先企業との間で決定された派遣料金に依存することになる。派遣元企業が派遣先企業との間で高い派遣料金で契約できれば派遣労働者の賃金は高くなり，逆に低い派遣料金で契約することになれば賃金は低くなる。派遣労働者からすれば，派遣元企業から同程度の難易度の仕事を紹介され従事することになっても，その賃金は派遣される派遣先企業によって異なることがあるのである。

　もう1つには，派遣元企業が派遣料金をもとに派遣労働者の賃金を設定することによって，仮に派遣先企業において同じ職種の同程度の難易度の仕事に従事していても，派遣労働者が雇用されている派遣元企業が異なれば，受け取る賃金が異なることが生じる。前述のように，派遣料金は職種ごとにおおよその水準があるものの，派遣先企業が複数の派遣元企業から派遣労働者を受け入れている場合に，それぞれの派遣元企業との間で設定される派遣料金は必ずしも同額ではない。同じ派遣先企業で従事している派遣労働者であっても，当該労働者を雇用する派遣元企業が派遣先企業と高い派遣料金で契約していれば賃金は高くなり，低い派遣料金で契約していれば賃金は低くなる。

　同じ職種の仕事であっても就業先となる派遣先企業によって賃金が異なることについて，一般事務に従事する派遣労働者（女性，30代前半。筆者による聞き取り調査当時。以下同）は以下のように述べている。

　　「同じ（一般）事務のお仕事でも，派遣先によって時給が違うことはありますよ。大手の（派遣先）企業で働くほうが時給はいいんじゃないかと思います」（聞き取り調査より。（　）内は筆者注。以下同）

　事務職種の中でも経理事務や貿易事務といったより専門性の高い職種の仕事は賃金水準が高い。ただし，専門性の高い職種であれば必ずしも時給が高いというわけではない。同じ職種でも仕事の難易度によって賃金に差があることに留意が必要である。これについて，経理事務に従事する派遣労働者（女性，30代前半）は以下のように述べている。

　　「一般事務より経理事務のほうが平均的に見れば時給は高いと思いますよ。

> ただ，経理事務といっても仕訳業務から決算業務までいろいろありますし，仕訳業務だったら一般事務より時給は低いこともあると思います」

　しかしながら，派遣料金はこうした専門性や難易度の高低によってのみ決定されるわけではない。派遣元企業からすれば，派遣料金は自社の売上に相当し，業績に直結することから，派遣料金を高く設定するべく派遣先企業との交渉を試みている。派遣先企業は派遣元企業に登録している派遣労働者の情報を持っていないため，派遣元企業は派遣先企業に対して高めの派遣料金を提示して交渉を進めることが可能である。しかしながら，登録型派遣の場合，派遣労働者は複数の派遣元企業に登録しているため，派遣先企業もまた複数の派遣元企業と交渉することによって，必要とされる技能を持つ同じ派遣労働者であっても，より派遣料金の低い派遣元企業から派遣してもらえる可能性が生じる。したがって，派遣先企業にとって，経理事務や貿易事務のような専門性の高い職種の派遣労働者についても，当該派遣労働者が複数の派遣会社に登録していることによって，実際よりも容易に確保できるとみなされてしまっていることが推測できるのである。総じて，派遣元企業が派遣先企業に対して高い派遣料金を設定しようとしても，派遣労働者が複数の派遣元企業に登録しており，さらに事務職種においては派遣労働者の技能水準の違いが派遣先企業の間で過小評価されることが多いことから，派遣元企業は派遣料金を高く設定することが難しいことになる。

　派遣元企業として派遣先企業に対して派遣料金を高く設定することが難しい理由について，派遣元企業Ａ社の営業担当者は以下のように述べている。

> 「事務系の場合，スタッフによってスキル・レベルに違いがあることを示すのは難しいですね。よほど経験に違いがあれば別ですが。他の派遣会社も同じように営業をかけますから，どうしても派遣料金の勝負にならざるをえないのです」

　しかし，派遣元企業の中でも，相対的に派遣料金を高く設定できる企業もある。派遣先企業は，自社の仕事を遂行できる技能を有する派遣労働者をいずれの派遣元企業から受け入れるのがよいかを考える。派遣先企業は，規模の大き

い派遣元企業のほうに技能水準の高い派遣労働者が多く登録していると想定して，相対的に規模の大きい派遣元企業を規模の小さい派遣元企業よりも優先することが多い。結果として，規模の大きい派遣元企業は小さい派遣元企業よりも派遣料金を高く設定できる可能性が高くなる。

　派遣元企業を選定する際に重要と考える基準について，派遣先企業である情報通信企業の営業マネジャーは以下のように述べている。

> 「派遣料金が低いのが望ましいのはもちろんなのですが，その代わりに派遣さんのスキルが足りないとか，パフォーマンスが悪いということになっては困ります。大手の派遣会社であればそれだけ多くの派遣さんが登録していて，中小の派遣会社に比べて信頼できるという面もあります」

　なお，派遣元企業は常に派遣料金を高く設定することを目指すわけではない。むしろ派遣元企業の側から派遣先企業に対して派遣料金をあえて低く提示することもある。たとえば，派遣先企業においてすでに他の派遣元企業から派遣労働者が派遣されている場合，派遣元企業は自社の派遣労働者を受け入れてもらうために，派遣料金を他社よりも低く提示することがある。派遣先企業にとっても，受け入れる派遣労働者の技能水準や仕事成果にそれほど大きな差がないならば，派遣料金が低いほうが望ましい。派遣元企業の中には，取引先となる派遣先企業を新規開拓するために，その派遣先へすでに労働者を派遣している他の派遣元企業の派遣料金を考慮に入れながら，派遣料金を設定することもある。

　派遣先企業を新規開拓する際の派遣料金の設定について，派遣元企業D社の営業担当者は以下のように述べている。

> 「派遣先に初めて（自社の）スタッフを使ってもらうときには，他社の料金も聞いて派遣料金を低めに設定することもありますね。まずはスタッフを使ってもらうことが大事ですから」

　このように，派遣労働者の賃金の基礎となる派遣料金は，派遣元企業と派遣先企業の交渉を通じて決定されている。こうした交渉の結果が，派遣労働者の

賃金に影響を与えているのである。

4　賃金を左右する要因2

▶賃金の個別管理

　前節で見たとおり，派遣元企業は派遣先企業との交渉を通じて設定する派遣料金をもとにして，派遣労働者の賃金を設定している。このことからすれば，同じ派遣元企業に雇用されて，同じ派遣先企業に派遣されている派遣労働者の賃金は同額になるものと思われる。しかしながら，実際には，同じ派遣元企業に雇用されて，同じ派遣先企業に派遣されている派遣労働者の間でも賃金水準が異なることがある。それどころか，同じ派遣元企業が同じ派遣先企業で同じ仕事に従事している派遣労働者に対して異なる賃金を設定することも珍しくない。

　派遣労働者の賃金を左右する主たる要因の1つは派遣料金ではあるものの，派遣元企業はその派遣料金を前提としながらも，派遣労働者の賃金を個別に決定しているのである。たとえば，派遣先企業の仕事を遂行するに十分な技能や職務経験を有する派遣労働者と比較して，技能や職務経験がやや不足する派遣労働者に対して，派遣元企業は賃金を低く設定することがある。

　派遣労働者の賃金が派遣元企業において個別に決定されているとはどのようなことか。それは，派遣元企業が雇用している派遣労働者の賃金には多様な要素が反映されているが，反映の仕方は必ずしも一律ではないということである。また，労働者本人にも基準が開示されていないことが多い。派遣元企業は，派遣労働者の賃金決定に際して，通常の正規労働者の場合にあるような賃金表を必ずしも設定していない。正規労働者の場合，一般には，年齢や勤続年数，職能資格などをある一定の基準で反映して賃金が決定される。基本的に正規労働者の賃金は，労働市場における賃金水準を考慮しつつも，企業組織内部で定められた賃金決定基準に基づいて設定されており，その基準は多くの場合，労働者本人にも開示されていると考えてよい。

　これに対して，前述のように，派遣労働者の場合には，派遣元企業が派遣料金からマージンを差し引いて派遣労働者ごとの賃金を決定するわけだが，このときに差し引かれる額は必ずしも一定ではない。

たとえば，派遣先企業で従事する仕事が同じであったとしても，そこに従事している派遣労働者の技能水準や過去の職務経験に差があることがある。そういった場合，派遣元企業は，派遣労働者の専門性や技能の程度，過去の職務経験を考慮に入れながら賃金を決定する。
　派遣労働者の賃金の決定基準について，派遣元企業B社の営業担当者は以下のように述べている。

　「派遣の場合は仕事によって賃金が決まる職務給であるというのが基本的な考え方なのですが，100%職務給かといわれるとそうとは言い切れないのが現実です。スタッフさんのスキルや経験とかも含めて決めることになりますから，その点では職能給の要素も含まれているというのが正しいかもしれません」

　派遣労働者の賃金の設定に際して，派遣元企業が派遣料金をもとにしながらも当該派遣労働者の技能や職務経験を反映しようとするのは，派遣元企業が派遣労働者の賃金に対する満足度や賃金水準が引き出す労働意欲を考慮しているからである。派遣労働者は自分の賃金が派遣職種や仕事の難易度によって決定されることは理解しているものの，他の派遣労働者と比較して自分の技能水準が高く仕事成果が優れているとみなしている場合にも賃金水準が同じレベルであると，そのことに納得しにくい。しかしながら，前述のように，派遣元企業は派遣料金をもとに派遣労働者の賃金を設定しており，さらに派遣労働者の技能や職務経験を賃金決定に反映するための基準を持っていないことから，賃金への反映は個別の対応となっているのである。
　派遣労働者の賃金が職務給であることに納得しにくいことや，技能や職務経験の反映のされ方がわかりにくいことについて，一般事務に従事する派遣労働者（女性，40代前半）は以下のように述べている。

　「同じ仕事だから同じ時給額といわれても，やっぱり1人ひとりスキルが違うわけですから納得いかない面はありますよ」

　そして，自分の賃金がどのような基準によって設定されているかについて，

派遣労働者自身も知らないことが多いという点について，一般事務に従事する派遣労働者（女性，20代後半）は以下のように述べている。

> 「今の時給は1350円です。なぜこの金額になったのかといわれると，よくわからないです。仕事を引き受けるときに以前の仕事のときと同じでしたから，それほど深く考えませんでした。派遣会社からもとくに説明はなかったです」

派遣元企業は，自社で雇用する派遣労働者の賃金がそれまでの仕事の賃金から大きく下がらないように配慮して賃金を設定することもある。しかしながら，派遣元企業にとって，派遣料金と無関係に派遣労働者の賃金を高く維持することは難しいことである。仮に派遣料金が下がっても，マージンを少なくすれば派遣労働者の賃金を高く維持することが可能となるが，一定の収益性を確保しようとすれば，派遣料金の高低に応じて派遣労働者の賃金を変動させざるをえないのである。

派遣労働者の賃金が派遣料金の高低に依存しているとはいえ，派遣労働者の賃金水準を維持する難しさについて，派遣元企業A社の営業担当者は以下のように述べている。

> 「スタッフさんの中には時給を気にされている方も多いですから，なるべくそれまでの時給よりも下がらないようにしたいとは思っています。派遣料金との兼ね合いがあるので難しいところですが」

このように，派遣労働者の賃金は，派遣先企業の仕事を引き受けるたびに，すなわち派遣元企業との労働契約を結ぶたびに個別に決定されている。派遣元企業の中には派遣労働者の賃金制度を設計していないところもある。このことは，派遣元企業にとって，派遣労働者がその賃金に納得して仕事を引き受けるようにするうえで部分的ではあるものの賃金設定の柔軟性を高めている側面もある。派遣労働者が従事する職種や仕事の難易度だけでなく，当該派遣労働者の技能や職務経験，さらにそれまで従事していた仕事の賃金水準などを賃金に反映することができる幅を持つことによって，派遣労働者が賃金に納得してそ

の派遣元企業が紹介する仕事を引き受けられるようにするのである。しかし一方で，派遣労働者の賃金決定基準の曖昧さは，派遣元企業にとって派遣労働者に対してその賃金決定の妥当性を説明することを難しくしている。派遣元企業は，派遣労働者の賃金決定について明確な基準を持たないまま個別管理をしているために合理的な説明ができず，派遣労働者の納得感を得ることが難しいのである。

5 賃金上昇の難しさ

　派遣労働者の賃金についての問題は，この個別決定にとどまらない。派遣労働者の賃金についてのより大きな問題は，その賃金の設定よりもむしろ，賃金が上がりにくいことにある。派遣労働者は派遣先企業に派遣される前に，派遣元企業から提示された賃金に合意し労働契約を結んでから派遣先企業での就業を開始する。登録型派遣労働者の労働契約期間は，派遣元企業と派遣先企業の間の労働者派遣契約と同じ期間として設定されることが一般的であり，1回の労働契約期間中における派遣労働者の賃金は同額とされることが多い。たとえば，派遣労働者が派遣元企業と3カ月間の労働契約を結び，時給1200円の仕事に従事することになった場合，この3カ月間の労働契約期間中の時給は1200円のままである。そして3カ月後の労働契約の更新時においても，派遣労働者の仕事が同じであるならば，派遣労働者の賃金は1200円のままとなることがほとんどである。というのも，派遣労働者の賃金は派遣元企業と派遣先企業との間で設定された派遣料金に基づいて設定されているが，その派遣料金は当該派遣労働者が派遣先企業で従事する仕事内容が変わらない限り同額であることが一般的であるから，派遣労働者の賃金も上がることはないのである。

　派遣労働者の賃金水準は一般に正規労働者よりも低いといわれるが，事務職に従事する派遣労働者と派遣先企業の正規労働者の賃金の比較からは，それは必ずしもあてはまらない。第1,2節で述べたように，派遣先企業に雇用される正規労働者と派遣元企業に雇用される派遣労働者とではその賃金決定原理が異なることから，同じ仕事に従事する派遣労働者の賃金が正規労働者の賃金よりも低いとは必ずしもいえない。むしろ派遣労働者の賃金に関する問題は，ある

1時点における賃金水準の高低よりも，派遣労働者が派遣労働という就業形態を通じて賃金を上昇させるのが難しいということである。

　派遣労働者が同じ仕事に従事し続けている限り賃金が上昇しないということについて，経理事務に従事する派遣労働者（女性，30代前半）は過去の経験を振り返って以下のように述べている。この派遣労働者は，経理事務に従事しながら簿記の資格を取得するなど自分の技能を向上させてきたが，そのことが時給には反映されなかったことを指摘している。

　　「派遣は仕事が同じなら基本的に時給も同じままです。同じ派遣先に長く働いたからといって時給が上がるわけではありませんし，簿記2級を取得したから時給が上がるということもないです。時給を上げたかったら今よりもレベルの高い仕事にならないといけません」

　同様の点に関して，一般事務に従事する派遣労働者（女性，30代前半）は，以下のように述べている。この派遣労働者は，派遣労働者の賃金が職種や仕事内容によって決まることを理解してはいるものの，自分の仕事成果に対する評価が賃金に反映されないことを主張している。

　　「派遣はお仕事によって時給が決まっていると聞かされました。派遣はそういう仕組みになっていることはわかっているつもりですが，それだと仕事がうまくできても時給は上がらないことになります。派遣先でがんばって仕事をしても，（仕事が変わらない限り）時給は同じままなのです」

　派遣労働者の賃金水準が職種や仕事に応じておおよそ決まっているとしても，派遣元企業が派遣労働者の賃金を決定するならば，派遣元企業が派遣労働者の技能の伸長や仕事成果などを考慮して賃金を上昇させることもできるはずである。それにもかかわらず，派遣労働者が技能や知識を蓄積しても，また派遣先企業において高い仕事成果を発揮しても，あるいは同じ派遣先企業に長期的に就業しても，同じ仕事に従事する限りにおいては当該派遣労働者の賃金は上昇せずに同じ水準にとどまることが多い。それはなぜであろうか。その理由について，派遣先企業と派遣元企業のそれぞれの立場から見ていくことにする。

派遣労働者が同じ派遣先企業の同じ仕事に従事し続けても賃金を上昇させることが難しい理由は，派遣先企業が派遣労働者の賃金を直接管理していないことによる。派遣先企業は派遣元企業から派遣労働者を受け入れ，自社の仕事に従事させ，派遣元企業に派遣料金を支払うが，派遣労働者の賃金それ自体に関与していない。派遣労働者の賃金管理を行うのは，派遣労働者を雇用する派遣元企業である。派遣労働者の賃金水準や賃金決定要素を考慮して賃金の上昇の可否を決定するのは，派遣先企業ではなく，派遣元企業である。派遣先企業は派遣労働者の賃金管理を担っていないことから，派遣労働者の賃金の上昇に直接関与することはできない。

　派遣先企業は派遣労働者の賃金管理を行っていないが，派遣労働者の賃金に全く関与できないわけではない。派遣先企業は派遣労働者を活用し派遣元企業に派遣料金を支払うため，もし派遣労働者の賃金を上げようと思えば，派遣料金を上昇させることによってその上昇分を派遣労働者の賃金の上昇に反映させるように，派遣先企業のほうから派遣元企業に働きかけることも可能である。しかしながら，そうした事例はほとんどないようである。なぜなら，派遣先企業は派遣労働者の活用を通じて人件費の削減を図ろうとしているからである。派遣先企業は，相対的に専門性が高くないとみなしている事務職の労働者を活用する費用をなるべく抑えようとしている。

　ここで，派遣労働者の活用を通じた人件費の削減という場合，派遣先企業にとっては3つの意味があることに留意する必要がある。第1に，派遣先企業において事務職に従事する正規労働者の賃金水準がその仕事内容に見合っていないと考える場合に，正規労働者から派遣労働者に置き換えることによって人件費それ自体を削減することである。派遣先企業は，自社で雇用する正規労働者の賃金よりも派遣元企業との間で設定している派遣料金を低く設定することによって，人件費を削減することが可能となる。後述するように，派遣先企業は正規労働者の活用においては，賃金に加えて賞与や退職金，手当，さらには教育訓練費などを負担している。このため，派遣先企業にとって正規労働者の代わりに派遣労働者を活用することは，毎月の賃金に相当する人件費以上の削減効果が期待できるのである。

　第2に，正規労働者の代わりに派遣労働者を活用することによって人件費の上昇を抑えることである。前述のように，正規労働者の賃金は，同じ仕事に従

事していても年齢や勤続年数，能力や技能に応じて年々上昇することが見込まれる。派遣先企業としては，労働者が同じ仕事に従事する限り人件費を一定にするには，正規労働者の賃金管理を従来の職能資格に基づくものから職務や仕事内容に応じた職務給に変更するか，もしくは正規労働者以外の人材活用を選択することが望ましい。事務職の場合，フルタイム勤務が前提で，一定の技能水準や職務経験を必要とすることが多いため，パートタイム労働者と比較して，派遣労働者を活用することが望ましいと考えられている。派遣労働者を活用すれば，任せる仕事内容が同じであれば派遣元企業との労働者派遣契約を通じて派遣料金を一定にできるため，パートタイム労働者や契約社員の活用のように，昇給などを考慮する必要もなくなるのである。

　第3に，派遣労働者を活用することによって人件費を柔軟にすることである。正規労働者を雇用することは，賃金の上昇に伴う人件費の継続的上昇の可能性があるだけでなく，当該正規労働者の雇用を継続することによる人件費の固定化を招くことになる。派遣先企業としては，外部環境の変化に応じて事務職の雇用量を柔軟に変化させ，それに伴い人件費も柔軟に変動させることを想定している。もっとも派遣先企業は，事務職として従事する正規労働者のすべてを派遣労働者に置き換えることは想定していない。派遣先企業としては事務職の業務は一定量必要であると認識しているが，そのすべてにおいて正規労働者としての雇用を維持し，結果として人件費が固定化することを懸念している。派遣先企業にとって，派遣労働者の活用は事務職の雇用量の調整可能性を高め，これに関わる人件費を柔軟化する効果が期待されているのである。

　こうした理由から，事務職の派遣労働者を活用する企業の多くは，従来一般職と呼ばれた事務職の正規労働者に代えて派遣労働者を活用するようになった。したがって派遣先企業は，そもそも派遣労働者の賃金を上昇させようとする意欲に乏しいのである。

　正規労働者の代わりに派遣労働者を活用することについて，金融業の派遣先企業の管理者は以下のように述べている。

「事務職という仕事は必要であると思います。ただ，正社員で雇用することには疑問を持っています。派遣さんの中には他の会社で事務職の経験を積んでいる人も多いので，そちらのほうがコストが安く済むと思います」

同じ派遣先企業の人事部門の担当者は以下のように述べている。

　「採用の仕事は繁忙期がありますから，その時期だけ事務職の人数を増やしたいという考えはあります。年間を通じた業務もありますし，採用業務のノウハウを蓄積することを考えると正社員の事務職も必要なのですが，派遣に置き換えるところは換えたいという考えはあります」

　なお，派遣労働者の活用を通じた人件費の削減については，派遣先企業にとって，正規労働者を活用する際と費用科目が異なることにも留意する必要がある。派遣先企業が正規労働者を活用する際には当該労働者に賃金を支払い，それを人件費として計上するが，派遣労働者を活用する際には，派遣労働者を雇用せずに派遣元企業に対して労働者派遣を委託することから，その費用は外注費や物品費として計上されている。近年，派遣先企業の中には人材派遣費などとして労働者派遣に関わる費用であることを明示している例もあるが，通常の自社が雇用する労働者とは異なる費用科目で計上されていることに変わりはない。
　このことは，事務職の人材活用に関する経理上の処理のことよりもむしろ，派遣先企業にとって，派遣労働者の活用が現場の管理者のもとで行われ，派遣労働者の活用自体に本社の人事部門が関心を持ちにくくなっていることを意味する。派遣先企業の本社人事部門は正規労働者の活用について，通常はその雇用者数と人件費を把握し両者の関係が適切なものであるかに関心を払っている。しかし，派遣労働者の費用科目が人件費から外注費・物品費となることは，人事部門の人材活用に関わる費用の対象範囲から派遣労働者が外れる可能性を高める。そもそも派遣先企業にとって，派遣労働者は自社の雇用する労働者ではないことから，相対的にその人材活用に関する関心はそれほど高くない。加えて，派遣労働者の活用に関する費用が人件費の中に含まれなくなることによって，派遣労働者の活用は本社人事部門の関心の対象外となり，現場管理者の管理や意思決定に大きく依存するようになる。現場の管理者，とくに営業部門の管理者は費用面の意識が強く，派遣労働者の活用にもより効率性を求めている。つまり，派遣先企業において実際の受け入れ先となる現場の管理者は，派遣労働者の活用を通じた人件費の削減に対する意識がより強く，派遣料金の上昇に

は消極的である。派遣先企業は派遣労働者の賃金を上昇させようとする意欲に乏しくなるのである。

派遣先企業における派遣労働者の活用を現場の管理者に任せていることについて，製造企業の人事課長は以下のように述べている。

> 「部門や部ごとに派遣をどれだけ使っているのか，正確な数字は把握していません。派遣の活用は現場に任せています」

同じ派遣先企業において派遣労働者を受け入れている営業部の課長は，以下のように述べている。

> 「派遣の受け入れは部門に任せられていますから，派遣料金の交渉も自分たちでやっています。他の部門でも派遣を受け入れているんですから，調達部門みたいに会社全体でまとめて管理してくれればもっと派遣料金を安くできるのではないでしょうか」

さらに，派遣先企業が派遣労働者の賃金上昇に関心を持とうとしない理由として，派遣先企業内の賃金に関する諸問題を回避するために派遣労働者を活用していることがある。正規労働者やパートタイム労働者のように，派遣先企業が直接雇用する労働者の場合，労働者が従事する仕事や成果に対して企業から支払う賃金水準の均等・均衡が企業と労働者の間で問題になることが多い。賃金に対する労働者からの不平・不満が当該企業の経営者や人事部門に向けて生じることもある。しかし，労働者派遣の仕組みにおいて，派遣労働者は派遣元企業から賃金を受け取ることになっているため，派遣労働者が自分の賃金と正規労働者の賃金を直接的に比較することは難しく，また仮に賃金に対する不満を感じても，派遣労働者への賃金の支払いは派遣元企業の責任であるから，派遣労働者の不満を解消することもまた派遣元企業の役割となる。派遣先企業にとっては，派遣労働者を活用することによって企業内の賃金の公平性に関する問題を回避することが可能になるのである。

企業内の賃金の公平性と派遣労働者の活用の関連について，小売企業の人事課長は以下のように述べている。

「今パートの処遇は法改正の対応もあるので大変です。パートと正社員の処遇の均等とか均衡とか，社会的な関心も高いので賃金の公平性の問題には結構センシティブです。その点，派遣に関しては賃金の問題は派遣会社で対応してもらえます。当社でも店舗はパートが中心になりますが，管理部門には派遣を受け入れています」

次に，この問題を派遣元企業の立場から見ていくこととしよう。派遣元企業もまた，派遣労働者が同じ派遣先企業で同じ仕事を継続している場合に，派遣先企業から受け取る派遣料金が一定である限りは，当該派遣労働者の賃金を上昇させることには消極的である。派遣元企業は派遣労働者の賃金管理を担っているが，派遣労働者の賃金のみを上昇させようとする意欲に乏しい。派遣元企業からすれば，派遣労働者の賃金を上げることは，派遣料金の上昇がなければ，労働者派遣事業の収益性を低下させることになる。派遣先企業において派遣労働者が従事する仕事内容が同じであり，派遣料金が上がらないのであれば，派遣元企業は派遣労働者の賃金を上昇させようとは考えにくい。ただ，実際には，派遣元企業の中には定期的に派遣料金の交渉を行い，派遣料金の増加分の一部を派遣労働者の賃金上昇に還元しているところもある。しかし，多くの場合，派遣先企業と交渉し派遣料金の上昇を実現することは難しい。というのも，派遣料金を上昇させるには，派遣労働者が従事する仕事の難易度を高めてもらう必要があるからである。次章でも触れるように，派遣先企業において活用される派遣労働者には，より高度な仕事を経験して技能を蓄積していけるように仕事が割り振られていない。派遣労働者は特定の同じ仕事に従事するのが一般的である。このことを前提とすると，派遣元企業が，派遣労働者の賃金を上昇させるために，派遣先企業と交渉して派遣料金を上昇させることは容易ではない。

派遣労働者の賃金を上昇させにくい理由について，派遣元企業C社の営業担当者は以下のように述べている。

「派遣料金が上がるならスタッフさんの時給を上げることもできますが，派遣料金が同じままで時給だけを上げるのは難しいです。契約更新の際に，派遣先にも料金を上げていただくように交渉することもないわけではありませんが，お仕事の内容が変わらないのに派遣料金を上げてもらうのは厳

しい面があります」

　さらに，派遣元企業から見て，仮に派遣労働者の賃金を上昇させる必要があるとみなされても，それを行うための基準や方法を設定することが難しいことがあげられる。これは賃金決定基準として何を採用するかによって変わるものではない。たとえば，派遣労働者の賃金を派遣労働者の技能や職務経験に基づいたものにしようとすれば，派遣労働者それぞれの技能や職務経験がどのような水準にあるかを評価し，それにふさわしい賃金水準を設定しなければならない。逆に，派遣労働者の賃金を派遣先企業の仕事の難易度に基づいたものにしようとすれば，異なる派遣先企業の仕事がどのような難易度にあるかを評価できる基準を設定し，それにふさわしい賃金水準を設定しなければならない。派遣労働者の派遣先企業における仕事成果を賃金に反映しようとすれば，その成果に関する情報を派遣先企業から入手するための評価の仕組みを整えて，正しい評価が行われるように派遣先企業に対して依頼をしなければならなくなる。

　派遣元企業にとってこうした派遣労働者の技能や職務経験，派遣先企業における仕事の難易度やそれに対する派遣労働者の成果などを評価する仕組みを整えることは非常に大きな負担であり，派遣労働者の賃金管理を難しくするとみなされている。多くの派遣元企業にとっては，派遣労働者の賃金決定のための評価制度を整備するよりも，派遣先企業との交渉を通じて設定した派遣料金からマージンを差し引いた金額を念頭に，都度，派遣労働者の技能や職務経験を考慮して賃金を設定するほうが，当然，賃金管理は容易であるとみなされているのである。

　もっとも，すでに派遣労働者自身も同じ指摘をしていることを紹介したが，派遣労働者が自分の賃金を上昇させるためには，同じ仕事に従事するのではなく，賃金水準の高い他の仕事に変わればよい。ではどのような仕事に変われば賃金が上昇するのだろうか。1つには，同じ職種でより難易度の高い仕事に従事すれば，派遣労働者の賃金は上昇する可能性がある。たとえば，営業事務において，商品の受発注や問い合わせへの対応，書類や伝票類の作成だけでなく，商品の在庫管理や売掛金の管理などに従事するような場合である。またもう1つには，より専門性の高い職種の仕事に従事すれば，派遣労働者の賃金が上昇する可能性がある。たとえば，一般事務から経理事務，貿易事務のように，専

門性の高い職種の仕事に移行することである。派遣労働者がより難易度の高い仕事に従事したり，より専門性の高い職種の仕事に従事することができれば，派遣元企業と派遣先企業の間の派遣料金も上昇する可能性があるから，それに伴い派遣労働者の賃金が上昇することが考えられる。しかしながら，派遣労働者がより難易度の高い仕事に従事したり，より専門性の高い仕事に従事することはそれほど容易ではない。また，そもそも派遣先企業での就業期間中に，他の派遣先企業の仕事を紹介してもらうことが難しいということもある。これらは次章において詳述する。

6 賃金に対する不満

　派遣労働者の賃金に対する不満は大きい。このことは，これまでの調査においても指摘されている。「派遣労働者実態調査」（2008年，2012年）について，事務職種に従事する登録型派遣労働者の時間給に対する評価を図4-4にまとめた。これを見ると，時間給に対して「満足していない」と回答した割合が3～4割弱となっている。「満足している」という回答も3割程度はあることから，派遣労働者の多くが不満を感じているとはいえないが，派遣労働者の中に一定の割合で賃金に不満を感じている労働者がいることが読み取れる。
　また，賃金に満足していない理由として，2回の調査で最も多いものが「派遣先で同一の業務を行う直接雇用されている労働者よりも賃金が低いから」となっており，その次に「業務量に見合った賃金でないから」が続く。また，次章に掲載するが，派遣元企業に対する要望として，最も回答の割合が多いものが「賃金制度を改善してほしい」となっている。
　こうした派遣労働者の賃金に対する不満について，派遣労働者の賃金決定の仕組みをふまえて解釈してみよう。たとえば，派遣労働者の賃金に対する不満のうち「業務量に見合った賃金でないから」という理由は，派遣先企業における派遣労働者に対する仕事量の増加と関連している。なぜそうなるのかというと，同じ労働契約期間中に，派遣先企業が一定の派遣料金のもとで派遣労働者の高い生産性を発揮させるために，派遣労働者に対してより高い成果を求めるようになるからである。この結果，派遣労働者が派遣先企業で同じ内容の仕事

図4-4 事務職の登録型派遣労働者の賃金(時間給)に対する評価と満足していない理由

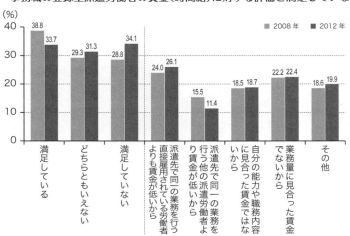

(出所) 厚生労働省「派遣労働者実態調査（派遣労働者票）」の調査票情報を集計。

に従事する限りは，仕事の量が増えても賃金が上昇しないことになる。派遣労働者の賃金は派遣先企業の仕事内容に応じて決定されているが，それは仕事の難易度を反映しても，仕事量の増加を反映することには必ずしもならないため，派遣労働者は自らの仕事量に照らして賃金水準が見合っていないと不満を感じるようになると考えられる。

また「自分の能力や職務内容に見合った賃金ではないから」という理由は，そもそも派遣労働者の賃金が，派遣先企業で従事する仕事の職種や難易度に応じて設定されることをふまえれば，まず，派遣労働者の能力と賃金は連動しないことになる。しかしなぜ派遣労働者は自分の賃金を仕事（職務）にも見合っていないと感じるのだろうか。それは，派遣労働者の賃金が派遣労働者の能力ではなく派遣先企業の仕事に応じて設定されるとはいうものの，第3節で述べたような理由から，同じ難易度の仕事であっても同じ賃金水準になるとは限らないからであろう。

さらに，「派遣先で同一の業務を行う他の派遣労働者より賃金が低いから」という理由もある。このことも，既述のとおり，登録型派遣労働者の賃金決定の仕組みから生じる事態であり，それ自体は特段おかしなことではないが，派遣労働者にとって他の派遣元企業から同じ派遣先企業に派遣され，同じ仕事に

従事する派遣労働者と賃金が異なることは，納得しにくいものとなっている。なぜなら，派遣労働者はその賃金を派遣先企業の仕事と結びつけて考えるからである。派遣労働者の賃金が派遣先企業の仕事に応じて設定されているならば，派遣労働者は自分の賃金が派遣元企業から支払われていても，自分の賃金は派遣先企業における労働の対価と認識する。労働者派遣制度においては自分自身の賃金決定が派遣元企業によって行われることを理解していても，派遣労働者からすれば同じ派遣先企業で同じ仕事に従事しながら賃金が異なることは納得しにくいのである。しかも，これも前述したように，派遣元企業が派遣労働者の賃金決定を行うとはいえ，それは正規労働者のような賃金制度に基づくものではなく，派遣労働者ごとの個別管理となっている。このため，同じ派遣元企業から同じ派遣先企業に派遣される同一の業務内容の派遣労働者の間でも，賃金が異なることが生じており，このことに派遣労働者は不満を感じている。

　そして，派遣労働者の賃金の不満について最も回答が多いのが「派遣先で同一の業務を行う直接雇用されている労働者よりも賃金が低いから」という理由である。この場合，派遣先企業で直接雇用されている労働者とされているのは，派遣先企業の正規労働者であることが多いであろう。派遣労働者が自分の賃金を比較する対象は，自分と同じ就業形態である派遣労働者となることが一般的であるが，派遣労働者が派遣先企業の正規労働者と同じ仕事に従事している場合には，その比較対象は派遣先企業の正規労働者となる可能性が高い。派遣先企業において事務職に従事する正規労働者に職能資格制度が適用され，年齢や勤続年数，職務遂行能力に応じて賃金が決定されている場合，正規労働者の賃金は派遣労働者の賃金よりも低くなることも高くなることもあることはすでに見たとおりである。派遣労働者と正規労働者の実際の賃金の比較はそれほど容易なことではない。しかしながら，派遣労働者の多くが，派遣先企業で同じ仕事に従事する正規労働者との賃金格差に不満を感じている。

　ここで留意しておく必要があるのは，こうした派遣先企業の正規労働者との賃金格差に不満を示す派遣労働者の多くは，派遣先企業の正規労働者の実際の給与額を必ずしも知らないという事実である。派遣労働者は，派遣先企業で同じ仕事に従事する正規労働者の実際の賃金がどの程度であるのかを知らないにもかかわらず，自らの賃金水準を低いと感じている。なぜ多くの派遣労働者は自分の賃金を派遣先企業の正規労働者と比較して低いとみなしているのだろう

か。

　その理由の1つは，回答した派遣労働者たちが，第5節で取り上げたように自分の賃金は上昇しにくいことに対して，派遣先企業の正規労働者の賃金は継続的に上昇していくことを念頭に置いているからであろう。現時点の賃金水準を比較した場合に，仮に派遣労働者の賃金が正規労働者の賃金を上回っていたとしても，派遣労働者は正規労働者の賃金が上昇し自分の賃金を容易に超えていくことを想定している。派遣労働者は，派遣先企業の正規労働者の賃金が定期昇給やベースアップを通じて継続的に上昇する可能性が高いにもかかわらず自分の賃金が派遣労働を続ける限りほぼ上昇しないことに不満を感じているのである。このことから，派遣労働者は，同じ仕事に従事しているにもかかわらず自分よりも正規労働者の賃金決定原理を恵まれているとみなして，正規労働者の賃金を高いと感じてしまうのである。

　自分の賃金と正規労働者の賃金の格差について，一般事務に従事する派遣労働者（女性，30代後半）は以下のように述べている。

　　「社員さんは同じ仕事のままでも給与は上がっていきますよね。社員さんの給与は存じ上げませんが，年々高くなっていくのではないでしょうか。おそらく私が毎月もらっている金額よりも多いように思います」

　そして派遣労働者が自分の賃金を派遣先企業の正規労働者の賃金よりも低いと考えるもう1つの理由が，派遣労働者が，派遣先企業の正規労働者に対し基本給に加えて支給される手当や賞与をも賃金とみなして，派遣先企業の正規労働者と比較していることである。これらは賃金制度上の分類は異なる給付ではあるが，派遣労働者はそれらの分類によらず，収入全体を「賃金」とみなして，自分の賃金と正規労働者のそれを比較しているのである。

　たとえば，派遣労働者は自分の賃金と正規労働者の賃金を比較するうえで，賃金に加えて，住宅手当や通勤手当など，基本給に加えて毎月支給されている手当を含めて想定していることがあり，これらが派遣労働者にとっては自分と正規労働者の賃金格差を大きく認識する要因となっている。住宅手当や通勤手当といった手当は派遣先企業の正規労働者には支給されているものの，派遣労働者には雇用関係を結ぶ派遣元企業からも就業先である派遣先企業からも支給

されないのが一般的である。派遣労働者は，自分にはこうした手当がほとんど支給されない一方で，派遣先企業の正規労働者が住宅手当や通勤手当などの追加的な給付を受けることによって「賃金」をより多く得ているとみなしているのである。もっとも派遣労働者は，派遣就業を開始するに際して自分の賃金に住宅手当や通勤手当が付加されないことは理解している。しかし，派遣労働者は実際に派遣先企業で就業する中で，これを加味して自分の賃金と比較するようになるのである。

さらに，「賃金」の中に，派遣先企業の正規労働者に支給される賞与などの一時金を含めて比較していることもある。賞与は毎月支給されるものではなく，年間を通じて数回支給される一時金である。派遣労働者は自分と正規労働者の賃金の仕組みが異なることを理解しているものの，「賃金」の中に月給や時間給として受け取る賃金だけでなく，賞与などの一時金を含めて考えてしまうのである。派遣労働者が自分の賃金が派遣先企業の正規労働者よりも低いと感じる理由は，派遣労働者が自分の賃金を正規労働者と比較する際に，こうした正規労働者のみに支給される手当や賞与などを含めた収入を「賃金」とみなして比較してしまうことが多いために，正規労働者との間に大きな賃金格差があるとして不満を感じているのである。

自分の賃金と派遣先企業の正規労働者の賃金の格差について，一般事務に従事する派遣労働者（女性，30代前半）は以下のように述べている。

「社員の方が給与をいくらもらっているのかは正確には知らないですが，社員にはボーナスもありますし，収入で見たら全然違いますよね。私も派遣先の一員として仕事をしているはずなんですが，ボーナスが支給されたことはありません。同じ仕事をしているのにこれだけ収入に差があると納得いかないです」

7 付加給付

前節に関連して，実際，派遣労働者が「賃金」とみなす中に，賃金と賞与，手当を含めると，正規労働者との収入格差はきわめて大きなものとなる。厚生

労働省の「就業形態の多様化に関する総合実態調査」(2014年)結果によれば，自分が雇用関係を結ぶ企業において賞与制度が適用されているとする割合は，正規労働者の場合には86.1%と9割弱になるのに対して，派遣労働者の場合は15.8%，登録型派遣労働者の場合にはわずか3.8%となっている[4]。正規労働者の場合には雇用される企業から賞与が支給されることが一般的であるのに対して，派遣労働者の場合には派遣元企業から賞与が支給されることはほぼないといえる。他方で，派遣労働者の場合には，派遣先企業から賞与を支給されることもない。すなわち派遣労働者は，派遣元企業と派遣先企業のいずれからも賞与が支給されることはほとんどないのである。このことが派遣労働者の賃金に対する不満をより大きなものにしている。

派遣労働者に対して賞与が支給されないことについて，一般事務に従事する派遣労働者（女性，30代後半）は以下のように述べている。

　「派遣社員には派遣会社から給与が支給されるので，派遣先企業から賞与が支給されることはないと説明されました。たしかに給与の仕組みとしてはそうかもしれませんが，派遣社員も派遣先の業績に貢献しているのですから，それを派遣会社が考慮して賞与を支給してくれてもいいのではないでしょうか」

派遣労働者の場合，派遣先企業で同じ仕事に従事する限り賃金は上昇せず，さらに派遣先企業における仕事成果が賃金に反映されることも少ない。一般に正規労働者の場合，賃金には年齢や勤続年数，能力や技能などが反映され，賞与には業績や仕事成果が反映されることが多いとされる。すでに述べたように，派遣労働者の賃金は派遣先企業で従事する仕事の職種や難易度によって決まってくる要素が大きく，派遣先企業における仕事成果がいくら高くともそれが時給に反映されることは少ない。派遣労働者にとっては，賞与が支給されないことは単に正規労働者との賃金格差が大きくなることだけではなく，自分の仕事成果が賃金という処遇に反映されないことに対する不満を大きくしている。

なぜ派遣労働者には賞与が支給されないのだろうか。派遣先企業と派遣元企

---

[4] 「派遣労働者実態調査（派遣労働者票）」(2012年)の調査票情報を独自集計したところ，事務職の登録型派遣労働者に賞与・一時金が支給されている割合は4.0%であった。

業の立場から見ていこう。派遣先企業が派遣労働者に賞与を支給しない理由としてまず考えられるのは、その賃金の上昇に関心を持たないのと同じ理由、すなわち直接雇用でないことと人件費の削減という目的である。さらに、派遣先企業から見て、派遣労働者は、たしかに自社の仕事に従事しているが、自社の従業員とはみなされていないことも指摘しておくべきであろう。派遣先企業にとって従業員とは自社が雇用する労働者を意味しており、賞与のような一時金は自社の従業員に対して支給するものとみなされていることが多い。派遣労働者が派遣先企業の仕事に従事し、それを通じて当該企業の業績に貢献しているとしても、雇用関係がなく自社の従業員とみなされていないことから、賞与の対象として想定されていないのである。

派遣労働者に対して賞与を支払わない理由について、製造業の人事課長は以下のように述べている。

「派遣を使うのはコスト面の理由が大きいので、賞与を支給するというのは考えたことはないです。派遣で来てもらっている方たちは当社の仕事をしてくれているわけですが、賞与は派遣会社が支給するものではないでしょうか。派遣は当社の社員ではありませんので、賞与を支給することはないと思います」

派遣先企業同様に、派遣元企業もまた派遣労働者に対して賞与を支給することを想定していない。その理由の1つは、派遣元企業にとっても派遣労働者に対して賞与を支給することは、自社の労働者派遣事業の収益性を低下させるからである。そして、派遣元企業もまた、賞与を自社の業績に貢献した者に対する一時金として支給するものとみなしている。派遣労働者がある派遣先企業の仕事を通じて当該派遣先企業の業績に貢献したとしても、それは必ずしも派遣先企業への派遣労働者数の増加や当該派遣先企業との間の派遣料金の上昇といった自社の労働者派遣事業における業績貢献につながるものとはいえないため、派遣元企業としては派遣先企業における派遣労働者の業績貢献と自社の業績に基づく賞与の支給を関連づけることが難しい。派遣労働者がいくら派遣先企業において貢献したとしても、自社の労働者派遣事業の業績が向上しない限りは、派遣労働者の貢献に対して賞与を支給することは考えにくいのである。

さらに，派遣元企業が派遣労働者に賞与を支給しない理由として，派遣元企業もまた派遣労働者を自社の従業員とみなしていないことがあげられる。派遣元企業にとって自社の従業員とは，派遣先企業に営業活動を行う営業担当者や派遣労働者に仕事を紹介するコーディネーターなどを意味する。派遣労働者はたしかに派遣元企業と雇用関係を結んではいるものの，派遣元企業からすれば，派遣労働者は労働者派遣事業における労働サービスそのものであるため，自社の従業員とみなしておらず，このことによって，派遣労働者は賞与を支給する対象とされていないのである。このことは，登録型派遣という就業形態においてより顕著となる。登録型派遣労働者の多くは3カ月ごとといった短期の労働契約関係のもとにある有期雇用労働者であり，契約が終了すれば他の派遣元企業の仕事を引き受ける可能性が高い。このように短期的な雇用関係にある派遣労働者に対して，派遣元企業は賞与を支給する意欲に乏しいのである。
　派遣労働者に対して賞与を支払わない理由について，派遣元企業C社の営業担当者は以下のように述べている。

　　「スタッフさんとは労働契約を結びますし雇用関係があるというのはそのとおりですが，当社の従業員かといわれたら違うと思います。スタッフさんには派遣先で就業していただいているわけで，それは大事な役割を担ってくれていますが，賞与は当社の業績によって従業員に支払うものですのでスタッフさんには該当しないと思います」

　とはいえ，派遣元企業の中には，派遣労働者に対して賞与を支給することを検討している企業もある。しかしながら，派遣労働者の場合には，就業先が派遣先企業であることから，派遣元企業にとって自社の業績への貢献を明確にしにくい。営業担当者であれば，当該期間の新規契約件数や売上高によって自社への貢献度を判断できるが，派遣労働者の場合にはその貢献度が間接的にしか判断できないために，賞与を支給することが難しくなっているようである。
　このような理由から，派遣先企業と派遣元企業はいずれも，派遣労働者に対して賞与を支給することに消極的となる。そして派遣労働者に仕事上の貢献があるとみなされる場合であっても，派遣先企業と派遣元企業がいずれも派遣労働者を自社の従業員とみなしていないため，賞与の支給対象外とされているこ

とが多いのである。

　賞与に限らず，付加給付全体を通じて，正規労働者であれば適用対象になっているものでも，派遣労働者については適用対象外とされているものが多い。退職金はその代表例である。派遣労働者は，派遣先企業の仕事に従事しながら，派遣先企業と雇用関係がないために，派遣先企業の退職金の支給対象になっていない。賞与と同じように，派遣先企業は自社と雇用関係のない派遣労働者に対して退職金を支払うことを想定していない。

　他方で，退職金もまた，賃金や賞与と同様に金銭的処遇の1つであるならば，退職金を支給するのは派遣先企業ではなく，派遣元企業の責任範囲であるといえる。しかしながら，派遣労働者と雇用関係を結んでいる派遣元企業も，派遣労働者に対して退職金を支払うことを想定していない。これも賞与を支給しない理由と同様で，派遣元企業は，派遣労働者を労働サービスとして位置づけており，自社の従業員とはみなしていないからである。もっとも退職金には賃金の後払いとしての意味合いもあり，派遣労働者が派遣元企業において長期的に勤続することを奨励することに活用することもできる。しかしながら，派遣元企業は，退職金を用いてまで，派遣労働者の長期勤続を積極的に進めようとは考えていない。

　こうして派遣労働者は，派遣元企業から退職金を受け取ることも少ない。「就業形態の多様化に関する総合実態調査」（2014年）結果によれば，自分が雇用関係を結ぶ企業において退職金制度が適用されているとする割合は，正規労働者が80.6%であるのに対して，派遣労働者は10.9%，登録型派遣労働者はわずか1.8%となっている。事務職の派遣労働者に対して，派遣元企業は退職金制度を適用しないことが一般的なのである。

　派遣労働者に対して退職金を支給しない理由について，派遣元企業D社の営業担当者は以下のように述べている。

　　「登録型のスタッフの場合には長期の就業というのは考えにくいので，退職金を支給するということはないですね。賃金の後払いという趣旨もわかりますが，スタッフには派遣期間中の賃金だけを支給することでいいと思います」

さらに，派遣労働者には手当も支給されない。たとえば，派遣先企業の正規労働者であれば支給される通勤手当が派遣労働者には支給されないことが多い[5]。派遣先企業からすれば，派遣労働者の活用に関わる費用はすべて派遣料金に含まれているとみなしており，派遣労働者に対して通勤手当を支給しようという考えはない。他方で，派遣元企業においても派遣労働者に対して通勤手当を支給しないという考え方を持つ企業が多い。派遣元企業からすれば，賞与や退職金と同様に，派遣労働者に対して通勤手当を支給することは労働者派遣事業の収益を減らすことになるので，その支給には消極的である。

　もっとも，派遣労働者は自分の希望に応じて仕事を選択しているといわれており，派遣労働者は勤務地に関する希望を派遣元企業に伝えることによって，その希望に合う派遣先企業の仕事を紹介してもらえることから，そもそも派遣労働において派遣労働者に通勤手当を支給する必要はないとの考えも長く維持されてきた。しかしながら，この通勤手当については，派遣労働者からの要望をふまえて，近年派遣元企業においてその扱いが見直され，派遣労働者に対して通勤手当が支給される事例も見られるようになってきている。

　このように，派遣労働者の付加給付は，賞与や退職金，手当等を見ると，正規労働者と比較して圧倒的に少ない。派遣労働者と正規労働者の賃金水準を比較した場合にはいずれが高いのか容易に結論を出すことはできないが，付加給付をあわせて考慮すると，派遣労働者の経済的側面は派遣先企業の正規労働者と比べて劣るといわざるをえない。

---

[5]　「派遣労働者実態調査（派遣労働者票）」（2012年）の調査票情報を集計したところ，事務職の登録型派遣労働者に通勤手当が支給されている割合は22.5％であった。

第5章
雇用の安定性と能力開発機会

　本章は，派遣労働という働き方における雇用の安定性と能力開発機会について論じる。先行研究において，派遣労働者の雇用の安定性と能力開発機会については，次のように指摘されている。派遣労働者の雇用は不安定である。とくに登録型派遣労働者は派遣元企業と期間の定めのある有期労働契約を結んで働くことになるため，労働契約期間が満了するたびに雇い止めのリスクを経験することになる。また，派遣労働者の能力開発機会は少なく，とくに派遣先企業での機会に恵まれていないため，技能や専門性を高めることができない。派遣労働における雇用の安定性と能力開発機会の実際はどうであろうか。

1　労働者派遣契約に規定される労働契約

　事務職に従事する登録型派遣労働者が派遣元企業との間に締結する労働契約は，期間の定めのある労働契約，すなわち有期労働契約である。登録型派遣労働者は，事前に派遣元企業に登録をしておき，派遣先企業の仕事がある場合に限り，派遣元企業と雇用関係を結んで就業することになる。事務職の登録型派遣労働者の労働契約期間は，通常3カ月や6カ月であることが多いとされる。厚生労働省の「派遣労働者実態調査」（2008年，2012年）により，事務職の登録型派遣労働者の労働契約期間を図5-1に示した[1]。

---

1)　同調査では「雇用契約」とされているが，本書では「労働契約」と表記する。

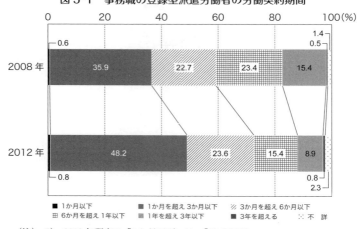

図 5-1 事務職の登録型派遣労働者の労働契約期間

(注) 1) 2012年調査の「1か月以下」は，「30日以下」。
2) 2012年調査の「1か月を超え3か月以下」は，「30日を超え2か月以下」と「2か月を超え3か月以下」の合計。
(出所) 厚生労働省「派遣労働者実態調査（派遣労働者票）」の調査票情報を集計。

これによれば，いずれの調査においても，割合が多いのは，「1か月を超え3か月以下」「3か月を超え6か月以下」「6か月を超え1年以下」の3つであり，派遣労働者の8～9割が派遣元企業と数カ月単位の有期労働契約を結んで就業していることがわかる。この結果は，派遣労働者の労働契約は通常3カ月や6カ月が多いとされていることと整合的である。

さらに，2008年と2012年を比較すると，「1か月を超え3か月以下」と「3か月を超え6か月以下」の割合が増加し，2012年にはこれらの割合が7割を超えている。派遣労働者の労働契約期間が従来よりも短期になっている可能性がうかがわれる。

派遣労働者の労働契約期間は派遣元企業が自由に設定できるものではあるが，それは派遣元企業と派遣先企業との間の労働者派遣契約期間に影響を受ける。すでに述べたように，派遣労働者と派遣元企業の雇用関係は，派遣元企業と派遣先企業との労働者派遣契約が締結される場合に生じる。このため，派遣労働者と派遣元企業の労働契約期間は，派遣元企業と派遣先企業との労働者派遣契約期間に依存することになる。「派遣労働者実態調査」（2008年，2012年）において，派遣先企業の事業所が派遣元企業と結んでいる事務職の労働者派遣契約

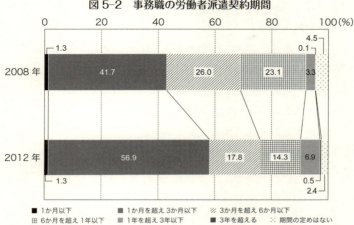

図5-2 事務職の労働者派遣契約期間

(注) 1) 2012年調査の「1か月以下」は,「30日以下」。
    2) 2012年調査の「1か月を超え3か月以下」は,「30日を超え2か月以下」と「2か月を超え3か月以下」の合計。
(出所) 厚生労働省「派遣労働者実態調査(事業所票)」の調査票情報を集計。

期間の割合を図5-2に示した。

これによれば,いずれの調査においても,「1か月を超え3か月以下」の割合が最も多く,「3か月を超え6か月以下」と「6か月を超え1年以下」を含めた1カ月超から1年以下の割合が9割を占めている。さらに,2008年と2012年を比較すると,近年のほうが労働者派遣契約期間が短くなっている傾向が見て取れる。「1か月を超え3か月以下」の割合が増加し,全体の6割弱を占めている。

これら労働者派遣契約期間に関する調査結果は,登録型派遣労働者の活用に限定しておらず,前述の労働契約期間の調査結果とは対象の派遣形態が一致していないという限界はあるものの,派遣労働者が派遣元企業と結ぶ労働契約期間と,派遣元企業が派遣先企業と結ぶ労働者派遣契約期間に関して,調査結果に似た特徴が見られることから,両者が連関している可能性は高いことが推察できよう。

もっとも,労働者派遣契約期間と労働契約期間は対応していることが多いと考えられるものの,常に一致しているとは限らない。たとえば,派遣元企業が派遣先企業と1年を超える長期の労働者派遣契約を結んだ場合にも,派遣元企

業は派遣労働者に対しては当該労働者派遣契約期間をそのまま適用せずに，他の派遣先企業の派遣労働者と同じように3カ月や6カ月といった労働契約期間を設定することがある。また，派遣元企業が派遣先企業と1年を超える労働者派遣契約を結んでいても，契約期間中に派遣労働者が入れ替わることがあれば，当該派遣労働者の労働契約期間は労働者派遣契約期間よりも短くなる。こうしたことから，多くの場合，派遣労働者の労働契約期間は労働者派遣契約期間と同じか，それよりも短くなる傾向にあるのである。

　このことは，2008年と2012年の調査の比較から示されたように，派遣元企業と派遣先企業の間の労働者派遣契約の期間が短くなると，それに応じて派遣労働者の労働契約期間がさらに短くなる可能性が高いことを示唆する。こうした中で，派遣労働者と派遣元企業の労働契約が更新されるか否かは，派遣元企業と派遣先企業の間の労働者派遣契約が更新されるか否かに依存している。派遣先企業が派遣元企業との労働者派遣契約を更新したことを受けて，派遣労働者と派遣元企業の間の労働契約も更新されれば，その結果，派遣労働者は当該派遣先企業での就業を継続できることになる。逆に，派遣先企業が派遣元企業との労働者派遣契約を更新しなければ，派遣労働者と派遣元企業の間の労働契約も更新されず，その結果，派遣労働者は雇い止めを経験することになる。

　派遣先企業が派遣元企業との労働者派遣契約を更新しないことは必ずしも珍しいことではない。たとえば，派遣先企業が派遣労働者に従事させていた業務が季節変動のある業務や臨時的な業務であれば，派遣先企業にとってはその業務の終了とともに派遣労働者を受け入れる必要性がなくなるから，労働者派遣契約は満了となり，派遣労働者と派遣元企業の労働契約も満了となる。また，派遣先企業が派遣労働者に従事させていた業務が引き続き存続する場合でも，それを派遣労働者ではなく自社が直接雇用する正規労働者，もしくは契約社員・パートタイム労働者などの非正規労働者に従事させるように変更した場合にも，派遣元企業との労働者派遣契約は更新されず，それに伴い派遣労働者と派遣元企業の労働契約も満了となる。

　このように派遣労働者が派遣元企業と締結する労働契約が期間の定めのある有期労働契約であり，この労働契約の更新が派遣先企業と派遣元企業の労働者派遣契約の更新に依存していることをふまえれば，派遣労働者の雇用は不安定であるといえる。

派遣労働者の仕事が有期労働契約に基づくために雇用が不安定であることについて，一般事務に従事する派遣労働者（女性，20代前半）は以下のように述べている。

　「そもそも3カ月契約ですし，今の派遣先での仕事がなくなってしまったら，もうここでは働けなくなるので，いつまでこの派遣先で勤められるのか不安に感じることは多いです」

派遣労働者が派遣元企業と結ぶ労働契約が3カ月や6カ月であっても，就業する派遣先企業によっては長期に就業することを期待されている場合もある。しかし，その場合であっても，派遣労働者の労働契約が数カ月単位の有期労働契約である限り，派遣労働者の雇用に対する不安は小さくなるものではない。営業事務に従事する派遣労働者（女性，20代後半）は以下のように述べている。

　「今の派遣先での仕事は長期の仕事と聞いています。派遣先の上司や派遣会社の営業さんからは，（今の派遣先で）長く働いてほしいといわれていますが，（労働）契約は3カ月更新ですから，長期で働けることが約束されているわけではありません」

同じ派遣先企業に長期的に就業したいという希望のない派遣労働者にとって，今の仕事が有期労働契約であることはすぐに不満に結びつくものではない。しかし，そうした派遣労働者であっても，有期労働契約の更新可能性が派遣元企業と派遣先企業の労働者派遣契約に依存することは雇用の不安定さを感じる要因となる。一般事務に従事する派遣労働者（女性，30代後半）は，以下のように述べている。

　「いろいろな企業で働きたいと思っていますから，今の仕事が3カ月契約であっても構わないのですが，ちゃんと仕事をしていても契約更新をしてもらえないかもしれない，と思うことはあります。派遣先で派遣（社員）の仕事が急になくなってしまったら，私も仕事を失ってしまいます」

しかし，派遣労働者の労働契約が満了し雇い止めを経験するのは，派遣先企業においてそれまで派遣労働者が従事していた業務がなくなったり，その業務を派遣先企業が直接雇用する労働者が派遣労働者に代わり従事することになったりする場合だけに限らない。派遣先企業が当該業務に引き続き派遣労働者を受け入れることを想定していても，派遣労働者の労働契約が更新されず雇い止めを経験することもある。たとえば，派遣先企業に就業している派遣労働者の仕事成果が派遣先企業の期待する水準を下回っていた際には，派遣先企業は派遣元企業との労働者派遣契約を更新しても，それまで従事していた派遣労働者が引き続き仕事に従事することを望まない場合もある。こうした場合，派遣先企業は派遣元企業に対して，仕事成果の低い派遣労働者を，より高い技能を持ち当該派遣先企業の仕事を遂行できる他の派遣労働者と交替するように要求するだろう。そして交替が実現すれば，派遣先企業と派遣元企業との間の労働者派遣契約が更新されても，元の派遣労働者と派遣元企業との間の労働契約は更新されないことになるため，元の派遣労働者は雇い止めとなる。

もっとも，派遣労働者の仕事成果が派遣先企業の期待水準を大きく下回ることがあれば，派遣先企業はその派遣労働者を派遣した派遣元企業との労働者派遣契約自体を更新せず，他の派遣元企業から派遣労働者を受け入れることを考える可能性もありうるが，こうした場合に，派遣先企業がそれまでの派遣元企業との労働者派遣契約を打ち切り，他の派遣元企業に切り替えることは，事務職に関してはそれほど生じていないようである。派遣元企業からすれば，派遣先企業への労働者派遣を継続すること自体が事業上最優先であるため，派遣先企業の要望に応え，その期待どおりに仕事を遂行できる別の者を自社に登録する派遣労働者の中から探し出して派遣しようとするからである。したがって，派遣労働者にとっては，自分の仕事成果が派遣先企業の期待する水準を下回れば派遣元企業との労働契約が更新されず，仕事を失いかねないという不安を抱えることになる。このことが，派遣労働者の雇用の不安定さに対する意識をより強いものにしているのである。

派遣先企業において雇用を維持する難しさについて，一般事務に従事する派遣労働者（女性，20代後半）は，以下のように述べている。

「派遣の場合，派遣先の会社で仕事ができないと契約更新してもらえませ

ん。3カ月更新ですからいつ契約が切られてもおかしくないです。派遣先の社員さんに評価されるようにがんばっていますが，契約更新の時期は不安になります」

　派遣先企業からの評価は派遣労働者と派遣元企業の労働契約の更新において重要であるが，派遣労働者はそうした評価情報を派遣先企業から日常的に受けているわけではない。このことについて，経理事務に従事する派遣労働者（女性，30代後半）は以下のように述べている。

「契約更新できるかどうかは（派遣会社の）営業担当から聞かされます。以前正社員で働いていたときには半年に一度評価面談がありましたが，派遣で働いているとそうした面談もなく結果だけを聞かされるのです。更新の時期が近づくと心配になります」

　派遣労働者が派遣先企業において期待どおりの成果を発揮しなければ契約更新されないことについて，派遣元企業B社の営業担当者は以下のように述べている。

「派遣スタッフについて派遣先からクレームがあれば，他のスタッフに替えることもあります。でも実際にはそうしたことはほとんど経験していません。このスキルや経験があれば大丈夫だろうというスタッフを派遣していますし，派遣スタッフも派遣先に評価されないと契約更新されないことは理解しているはずです」

　つまり，派遣労働者からすれば，派遣先企業の仕事に継続して従事するためには，派遣先企業と派遣元企業の労働者派遣契約が更新され，かつ，自らも派遣先企業が期待する水準の仕事成果を発揮し，派遣先企業から継続就業することを要望されることによって，自分と派遣元企業の労働契約が更新されることが必要となる。雇用継続のために2つの契約の更新を必要としている点において，派遣労働者の雇用は不安定であるといえる。

2　他の派遣先企業での就業機会

　前節においては，派遣労働者が同じ派遣先企業での就業を継続する場合の雇用の不安定性について検討した。しかし，もし派遣労働者が他の派遣先企業で就業することができれば，必ずしも雇用は不安定ではないかもしれない。すなわち，派遣労働者の労働契約がある派遣先企業の仕事について更新されなくとも，派遣元企業が他の派遣先企業と労働者派遣契約を結ぶことができれば，その派遣労働者の就業状態は継続する。この場合，派遣労働者の労働契約は他の派遣先企業の仕事を引き受ける時点で新たに契約し直されることになるが，同じ派遣元企業との労働契約が継続しているという点で，雇用は安定しているといえる。

　しかしながら，派遣労働者にとって派遣先企業を替わることは容易なことではない。なぜなら，派遣労働者に他の派遣先企業の仕事を紹介するのは派遣元企業であり，派遣労働者が自分自身で仕事をみつけることができるわけではないからである。ある派遣労働者が派遣先企業で雇い止めとなってしまった場合にも，その派遣労働者に他の派遣先企業の仕事を紹介するか否かを決定するのは，派遣労働者が登録している派遣元企業なのである。

　今や，派遣元企業のホームページを見れば，派遣労働者を募集している派遣先企業の仕事内容を閲覧することができる。それらの中から，派遣労働者が，自分の希望に合い，かつ，自分の技能や職務経験に照らして就業可能と思われる仕事をみつけることも可能であろう。しかし，派遣労働者がその中から自分の希望に合う仕事をみつけて派遣元企業に対してその仕事に従事したいという希望を伝えたとしても，実際にその仕事をその派遣労働者に紹介するか否かを判断するのは，派遣元企業なのである。しかも，派遣元企業のホームページには，その派遣元企業が労働者派遣を依頼されている仕事のすべてが掲載されているとは限らない。派遣労働者は，派遣元企業が紹介可能な仕事のすべてを知ることはできないし，仮にそれを知ることができても，自らが希望する仕事に従事できるとは限らないのである。

　ある派遣先企業で雇い止めを経験した派遣労働者が，引き続き同じ派遣元企業からの派遣によって他の派遣先企業で就業することを希望しても，派遣元企

業がその派遣労働者に仕事を紹介しないこともありうる。

　派遣先企業で評価の低かった派遣労働者を他社に派遣することの難しさについて，派遣元企業D社のコーディネーターは以下のように述べている。

　　「一度派遣してみてあまり評価が高くなかったスタッフに，他の派遣先の仕事を紹介することには躊躇します。スタッフの評価はそのまま私たちのサービスへの評価につながりますから，派遣先の評価が低いスタッフを他の派遣先に派遣することには慎重になってしまいます」

　もっとも，同じ職種の仕事でも派遣先企業によって仕事がさまざまであるから，ある派遣労働者がある派遣先企業の仕事を期待どおりに遂行できなかったとしても，他の派遣先企業の仕事であれば支障なく遂行できるということもありうる。しかし派遣元企業からすれば，派遣先企業による派遣労働者の評価は派遣元企業に対する評価に直結することから，ある派遣先企業に派遣して期待された成果を発揮できなかった派遣労働者を，他の派遣先企業に派遣することには躊躇せざるをえない。この結果，過去に派遣先企業の仕事を期待どおりに遂行できなかった派遣労働者に対して，派遣元企業が他の派遣先企業の仕事を紹介する優先順位は低くなるのである。

　ただし，留意すべきは，派遣元企業は派遣労働者の派遣先企業での職務行動や成果を必ずしも自ら観察しているわけではないことである。派遣労働者の職務行動や成果を観察できるのは，実際に派遣労働者に業務指示を行っている派遣先企業の上司である。派遣元企業は派遣労働者が派遣先企業で期待どおりの職務遂行をしているのか否かを判断するにあたって，派遣先企業の上司の意見や情報をもとにしている。すなわち，派遣元企業による派遣労働者の評価は，派遣先企業による評価に依存しているのである。

　しかも，多くの場合，派遣元企業の取引先となる派遣先企業の業種や規模はさまざまであり，同じ職種や同じ仕事であっても，派遣先企業によって上司の業務指示や評価の仕方は異なる。そうしたさまざまな派遣先企業の上司による派遣労働者の評価情報を，派遣元企業が適切に判断することは難しい。

　もっとも，派遣元企業が，派遣労働者について職務遂行能力や技能，職務態度などの評価基準を設定し，その基準に基づいた評価手続きを整備することも

考えられるが、それは相当な負担となる。仮に派遣元企業が自社の派遣労働者に対する評価制度を設計しても、派遣先企業の上司にとって、他社である派遣元企業が設定した評価基準を用いて派遣労働者を適切に評価することは難しく、負担が大きい。しかも、派遣先企業は必ずしも1つの派遣元企業から派遣労働者を受け入れているわけではなく、複数の派遣元企業から受け入れていることもあるため、異なる派遣元企業の評価制度に基づいてそれぞれの派遣労働者の評価を行うことは、なおさら困難であろう。この結果、派遣先企業による派遣労働者に対する評価は、正規労働者の評価と比較して粗く一貫性を欠くものとなる。

しかしながら、派遣元企業は、自社に登録する派遣労働者を活用していくうえで、何らかの評価情報を活用せざるをえない。派遣元企業は、派遣先企業による派遣労働者の評価情報の信頼性に限界があることは理解しながらも、派遣先企業から高く評価される派遣労働者については自社の派遣労働者として継続的に活用したいと考え、評価がよくない派遣労働者については、他の派遣先企業の仕事を紹介することに消極的になるのである。

この結果、過去に派遣先企業で期待どおりの職務遂行ができなかった派遣労働者は、派遣元企業から仕事を紹介してもらえなくなることが多い。したがって、派遣労働者としては、同じ派遣先企業で就業を継続する場合でも、他の派遣先企業の仕事に従事する場合でも、現在就業している派遣先企業の仕事において期待水準を下回らないように仕事を遂行する必要がある。派遣労働者は、自分の雇用を安定させるためには、いずれの派遣先企業でも期待される仕事成果を発揮しなければならないのである。前章で論じたように、派遣労働者の賃金は1回の労働契約期間中には同じ時給額で、仮に高い仕事成果を発揮しても同じ仕事に従事する限り時給額はほとんど変わらないことが多い。しかし、それでも派遣労働者が仕事遂行において高い成果を発揮しようとするのは、派遣先企業の期待水準を下回ってしまうと、派遣労働者はその派遣先企業で就業継続できなくなったり、そのことで他の派遣先企業の仕事も紹介してもらえなくなったりして、結果的に雇用機会を失うことにつながるという不安があるからである。

派遣元企業から他の派遣先企業の仕事の紹介を受けるうえで、今の派遣先企業での仕事成果が重要であることについて、経理事務に従事する派遣労働者

（女性，20代後半）は以下のように述べている。

> 「派遣の場合，大きなミスをしたら，派遣会社から仕事を紹介してもらえなくなります。派遣先で仕事をしっかりしないと切られてしまうというプレッシャーは感じます」

派遣先企業による派遣労働者の評価について，派遣元企業B社の営業担当者は以下のように述べている。

> 「派遣スタッフの評価に関して，派遣先企業からお伺いする内容はとても重視しています。よい評価をいただいているスタッフであれば，他の派遣先の仕事でも問題なくできるでしょうし，われわれとしても安心して派遣できます」

派遣労働者の評価を派遣先企業の管理者による評価に依存しなければならない難しさについて，派遣元企業A社の営業担当者は以下のように述べている。

> 「派遣先によってスタッフに対する評価基準は必ずしも同じではありません。派遣先によってはスタッフへの評価が非常に厳しいところもあります。われわれとして判断が難しいのは，スタッフのパフォーマンスが不足していたのか，派遣先の（派遣スタッフの）使い方がよくなかったのか，われわれのマッチングがよくなかったのかがわからないことなのです」

上述のような派遣労働者の不安は，調査の結果からもうかがうことができる。「派遣労働者実態調査」（2004年，2008年，2012年）において，事務職の登録型派遣労働者について，派遣元企業への要望として回答が多かったものを5つ，表5-1に示した。前述のように，派遣労働者の要望として最も多かったのは「賃金制度を改善してほしい」であるが，これに続いて多い要望は「継続した仕事を確保してほしい」である。こうした派遣元企業に対する就業機会の提供についての要望の高さは，派遣労働者の雇用が不安定であることを反映していると見てよいであろう。

表 5-1 事務職の登録型派遣労働者の派遣元企業に対する要望

	2004年	2008年	2012年
最も多い回答	賃金制度を改善してほしい（61.0%）	賃金制度を改善してほしい（54.4%）	賃金制度を改善してほしい（54.4%）
2番目に多い回答	継続した仕事を確保してほしい（30.9%）	継続した仕事を確保してほしい（36.3%）	継続した仕事を確保してほしい（46.9%）
3番目に多い回答	福利厚生制度を充実してほしい（25.7%）	福利厚生制度を充実してほしい（35.9%）	派遣契約が中途解除された場合，他の派遣先の確保をしてほしい（35.5%）
4番目に多い回答	教育訓練を充実してほしい（23.1%）	教育訓練を充実してほしい（22.4%）	福利厚生制度を充実してほしい（18.1%）
5番目に多い回答	苦情・要望に迅速に対応してほしい（20.2%）	苦情・要望に迅速に対応してほしい（21.3%）	苦情・要望に迅速に対応してほしい（11.4%）

（注）「派遣契約が中途解除された場合，他の派遣先の確保をしてほしい」の選択肢は，2012年調査に新設。
（出所）厚生労働省「派遣労働者実態調査（派遣労働者票）」の調査票情報を集計。

また，賃金制度の改善についての要望が最も割合として多いものの，2004年よりも2008年および2012年の割合が減少しているのに対して，就業機会の提供についての要望の割合が増加している点が興味深い。なお，2012年調査において新設された選択肢である「派遣契約が中途解除された場合，他の派遣先の確保をしてほしい」という回答も，「継続した仕事を確保してほしい」に続いて3番目に多い回答となっている。派遣先企業は労働者派遣契約の中途解除をしないように努力する必要があるが，やむをえない事情により中途解約することもありうる。この場合には，派遣先企業は派遣元企業に対して，派遣元企業が派遣労働者に対して支給する休業手当などを負担する必要が生じるが，派遣労働者にとっては賃金面とあわせて雇用の継続が重要な問題となっていることがわかる。

もっとも派遣労働者は他の派遣元企業に登録することによって，より多くの派遣先企業の仕事を探すことも可能である。ただ，実際のところ，派遣労働者が登録している派遣元企業数はそれほど多いわけではない。「派遣労働者実態調査」（2004年，2008年，2012年）において，事務職の登録型派遣労働者が登録している派遣元事業所数を図5-3に示した。これを見ると，いずれも登録している派遣元事業所数として最も割合が多いのは「1か所」である。つまり，派遣労働者の4～5割は，現在の仕事の労働契約を結んでいる派遣元企業にの

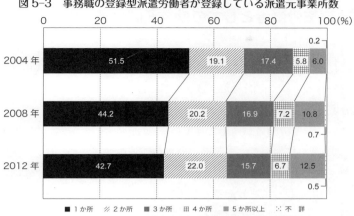

図 5-3　事務職の登録型派遣労働者が登録している派遣元事業所数

（出所）厚生労働省「派遣労働者実態調査（派遣労働者票）」の調査票情報を集計。

み登録しているということである。ところが，近年わずかではあるものの，登録している派遣元事業所数が「1か所」の割合が減少し，「2か所」以上である割合がやや増加している。少しずつではあるが，複数の派遣元企業に登録する派遣労働者が増えてきていることが推測できる。

派遣労働者は，複数の派遣元企業に登録することにより，派遣元企業から仕事を紹介してもらえる可能性を高めることで，自らの就業機会を拡大し雇用を安定させることができる可能性がある。仮にある派遣元企業から継続して仕事を紹介されなくても，他の派遣元企業に登録することによって仕事を紹介してもらえるかもしれない。しかし，その場合でも，現在就業中の仕事の契約終了と次の仕事の紹介のタイミングが一致しないことが多く，次の仕事開始までに空白期間が生じない継続した仕事を確保することは難しい。

さらに，技能水準の低い派遣労働者は，ある派遣元企業から紹介された派遣先企業で期待どおりの仕事成果を発揮できず，次は他の派遣元企業から他の派遣先企業を紹介してもらい仕事に従事する，ということを繰り返しても，次第にどの派遣元企業からも仕事を紹介されなくなり，その結果，次第に派遣労働者としての就業機会を失うことになるのである。

3 派遣労働者としての就業期間の長期化

　第1節および前節において，派遣労働者の雇用の不安定性について見てきたが，派遣労働者の多くは派遣元企業と短期の労働契約を結んでいるものの，派遣労働者として就業している期間の長い，つまり派遣労働を通じてキャリアを形成している派遣労働者が増えてきている。「派遣労働者実態調査」(2004年，2008年，2012年)において，事務職の登録型派遣労働者について，派遣労働者として働いてきた通算期間を図5-4に示した。これを見ると，2004年から2008年，2012年と，派遣労働者として働いてきた通算期間の長い割合が増加している。たとえば，派遣労働者として5年以上の割合を見ると，2004年は20.1％，2008年は31.3％，2012年は49.9％と大きく増加していた。今や派遣労働という働き方は，仮に1つの派遣先企業での就業期間が短期的であったとしても，当該労働者のキャリアを通じて見た場合には短期的・臨時的な働き方にはなっていない傾向が見て取れる。

　ただ，派遣労働者としての就業期間の長期化は，たしかに派遣労働者として長期的に就業する労働者が増えていることを示しているが，これは調査時点において結果として長期的に派遣労働者としての就業を続けている派遣労働者に

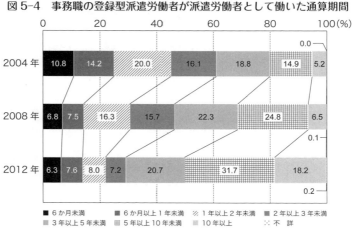

図5-4　事務職の登録型派遣労働者が派遣労働者として働いた通算期間

（出所）　厚生労働省「派遣労働者実態調査（派遣労働者票）」の調査票情報を集計。

限られていることに留意が必要である。別の言い方をすれば，実際には，すでに述べたように，派遣労働者として働き始めても，派遣先企業での就業を継続できなかったり，他の派遣先企業の仕事をみつけられなかった派遣労働者が存在することに留意しなければならない。調査時点で派遣労働者として就業する者の中には，本人が派遣労働者として就業することを希望している者もいれば，本来は他の就業形態で働くことを希望しているにもかかわらずやむなく派遣労働者として就業する者も含まれているが，いずれもその時点で派遣労働者として就業機会を得ている労働者である。前述のように，派遣労働者として働き始めても派遣先企業において期待どおりの成果を発揮できず派遣元企業から仕事を紹介してもらえなくなった派遣労働者や，そもそも事務職としての技能や職務経験が不足しており，派遣元企業に登録したものの仕事を紹介してもらえない派遣労働者は含まれていない。

　ここで，「派遣労働者実態調査」(2004年，2008年，2012年) において，事務職の登録型派遣労働者について，過去に派遣就業を経験した派遣先企業の数を図5-5に示した。これを見ると，いずれの調査においても，過去に就業した派遣先企業の数として最も多くの割合を占めているのは「1か所」である。ところが，2004年から2008年，2012年にかけて，その割合は大きく減少している。2004年には過去に就業した派遣先企業の数が「1か所」と「2か所」以上の割合がほぼ同じであったが，2012年には「2か所」以上の割合が7割となっ

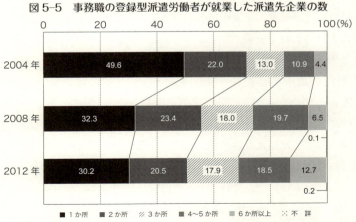

図5-5　事務職の登録型派遣労働者が就業した派遣先企業の数

（出所）厚生労働省「派遣労働者実態調査（派遣労働者票）」の調査票情報を集計。

た。派遣労働者のキャリアにおける派遣就業期間が長期化するのに伴い，複数の派遣先企業で就業した経験を持つ派遣労働者が徐々に増加していることが推察される。

　派遣労働者の就業期間が長期化し，労働者にとって派遣労働という働き方が1つのキャリアとなることは，派遣労働者の中にも雇用が安定している者が含まれていることを示すとともに，派遣労働という働き方に重要な課題を生じることになる。それが派遣労働を通じて技能を蓄積できる機会があるのかという，能力開発機会の問題である。労働者は長期的なキャリアを通じて自らの能力や技能を向上させていく必要がある。学校教育を終えてすぐに仕事に活かせる技能を持っている労働者はそう多くないし，そうした技能を持つ労働者にとっても，賃金や付加給付などをより多く得ようとするならば，長期的なキャリアの中で技能を獲得し蓄積していく必要がある。したがって，派遣労働という働き方が労働者にとって長期的なキャリア形成となる働き方の1つとなっているのならば，この働き方を通じて労働者が能力や技能を蓄積していけるのかという問題を検討しなければならない。

4　派遣労働者と仕事のマッチング

　従来の研究において，派遣労働者は能力開発機会に恵まれていないことが指摘されている。派遣労働者は正規労働者と比較して企業から提供される教育訓練機会が少ないという指摘である。厚生労働省が実施した「就業形態の多様化に関する総合実態調査」(2010年) を見てみよう。事業所調査において社内教育訓練制度の適用割合を見ると，「正社員」44.5％ に対して，「派遣社員」31.0％ となっている。自己啓発制度の適用割合は「正社員」23.1％，「派遣社員」5.3％ である。同調査の「正社員」「派遣社員」には，事務職以外の職種の労働者を対象とした場合も含まれ，また「派遣社員」の中には登録型派遣以外の派遣労働者を対象とする場合も含まれるため，単純に比較できないことに留意しなければならないが，これらの就業形態に基づく比較からは，総じて派遣労働者は正規労働者よりも教育訓練機会が少ないことがわかる。

　その背景には，派遣先企業が派遣労働者の技能を活用することを目的として

いることがある。派遣労働者にはそれまでに蓄積した技能を派遣先企業の仕事で発揮することが期待されているのである。これは専門性の高い技能を有する派遣労働者の場合にしばしば指摘される点であるが，事務職の派遣労働者にも見られることである。

派遣先企業において技能を発揮することを求められていることについて，営業事務に従事する派遣労働者（女性，30代後半）は以下のように述べている。

「これまで派遣先を5～6社経験してきましたが，派遣先の社員はみな派遣スタッフを即戦力と見ているように感じます。派遣先に行った初日からすぐに仕事ができないと，派遣先にも迷惑がかかりますし，派遣会社の評価も悪くなってしまいます。私はこれまで経験した仕事を考えてみて自信を持ってできると思った仕事以外は引き受けないようにしています」

派遣元企業は，派遣労働者が技能を発揮できるか否かを，それまでの就業経験から判断することが多い。事務職の経験が不足している場合に，派遣労働者と派遣先企業の仕事のマッチングが難しいことについて，派遣元企業C社のコーディネーターは以下のように述べている。

「未経験のスタッフをマッチングするのは難しいです。派遣先としては即戦力に来てほしいと思っているわけですから，多少の経験不足は仕方ないにしても事務の仕事を全く経験していないスタッフを派遣先に出すわけにはいきません」

しかし，事務職の仕事が未経験の場合に，派遣労働者が全く仕事を紹介されないかといえばそうではない。派遣先企業の状況によっては未経験の派遣労働者を派遣することもある。派遣元企業A社のコーディネーターは以下のように述べている。

「派遣先の中には事務未経験者でも構わないというケースもあります。正社員の補充が間に合わないとか，派遣先が急いで人員を必要としているときには未経験のスタッフでも紹介できることもあります」

ここからわかるように，派遣労働者には技能を発揮することが求められることが多いものの，派遣労働者は技能を蓄積する必要はなく技能を発揮しさえすればよいという見方は必ずしも正しくない。派遣労働者には技能を発揮する機会とともに，技能を蓄積する機会も必要である。なぜ派遣労働者にとって技能の発揮と蓄積の両面が必要になるのだろうか。派遣労働者が派遣元企業から派遣先企業の仕事を紹介される過程を見れば，それを理解できる。

登録型の派遣労働者は派遣元企業に登録することによって仕事の紹介を受けられる。派遣労働者は自分の年齢や性別，学歴などの個人属性に関する基本情報に加えて，仕事内容・労働時間・勤務地などに関する希望と，技能や職務経験についても派遣元企業に登録している。事務職の派遣労働者に必要な技能は，一般事務であればパソコンソフトを活用して書類作成などを行ういわゆるOAスキルであり，経理事務であれば簿記や会計知識，貿易事務であれば船積み書類の作成や受発注・出荷対応などが含まれる。派遣元企業は過去の職務経験をたずねるだけでなく，実際にパソコンを利用したOAスキルのテストを行うことによって派遣労働者の技能水準を把握することもある。また，実際に派遣労働者との面談を通じて本人の希望や将来のキャリアの見通しを把握するだけでなく，当該派遣労働者のコミュニケーション力などを確認する。その後，派遣元企業は，これら派遣労働者の登録情報をふまえて，派遣先企業の仕事を探すことになる。これが派遣元企業による派遣先企業の仕事と派遣労働者のマッチングである。

派遣先企業の仕事と派遣労働者のマッチングにあたっては，派遣元企業が派遣労働者の希望や適性，過去の職務経験などをふまえて派遣先企業の仕事を探すこともあれば，派遣先企業の仕事遂行に必要な要件をふまえて派遣労働者を探すこともある。派遣元企業は両方のルートで派遣先企業の仕事と派遣労働者のマッチングを図るが，通常は派遣先企業の仕事要件をもとに派遣労働者を探す場合が多いようである。派遣元企業は，自社に登録した派遣労働者の中から派遣先企業の仕事要件を満たす技能や職務経験を保有する派遣労働者を探し，その技能を保有する派遣労働者に仕事を紹介することになる。したがって，派遣労働者には，派遣先企業の仕事を遂行できるだけの技能と，それを裏づける職務経験がなくてはならない。そこで必要になるのが派遣労働者の能力開発機会である。

5 技能の習得機会

　派遣労働者にとって派遣先企業で就業するうえで必要な技能を習得する機会の1つは，派遣元企業が提供する教育訓練である。多くの場合，派遣労働者は，派遣先企業で就業する前に派遣元企業が提供する教育訓練を受けることで，派遣先企業の仕事を遂行できるようになることが想定されている。派遣先企業において事務職の仕事に従事する派遣労働者に対して，派遣元企業はさまざまな教育訓練を提供している。たとえば，OAスキルをはじめとして簿記資格や会計知識，貿易知識，英語，ビジネスマナーなど，派遣元企業が提供する教育訓練の種類は幅広い。こうした派遣元企業が提供する教育訓練の多くは，就業中の派遣労働者だけでなく登録する派遣労働者に対して，一部の専門的な教育訓練を除いて無料で提供されていることが多い。

　派遣労働者にとって必要な技能は，多くの派遣先企業の仕事に活用できる汎用的な技能や知識である。派遣元企業は，登録した派遣労働者が自社の教育訓練を通じてさまざまな派遣先企業で就業できるようになることを期待している。ただし，登録型派遣の場合には，派遣労働者は必要な技能を習得してもそのまま同じ派遣元企業に雇用され続けるとは限らない。技能を習得した後も今の派遣元企業と雇用関係を継続すれば問題ないが，習得する技能が多くの派遣先企業で広く活用できるものであれば，派遣労働者は他の派遣元企業に登録してよりよい労働条件の仕事があればそれを引き受け，他の派遣元企業と雇用関係を結んでしまう可能性がある。この場合，教育訓練を施した派遣元企業にとっては，派遣労働者に投資した費用を回収できないことになる。多くの派遣先企業で活用できる汎用的な技能ほど，派遣元企業として教育訓練費用を回収できない可能性は高まるので，派遣元企業からすれば自らが提供するのではなく，派遣労働者本人に費用を負担してもらうことが望ましい。派遣労働者が独学で学ぶか，もしくは派遣元企業が教育訓練を提供するとしても，その費用を有料として派遣労働者本人に負担させたいのである。

　こうした汎用的技能の費用負担については，人的資本理論（human capital theory）における企業特殊的技能との対比から推論することが可能である。Becker（1975）により提唱された人的資本理論は，労働者の知識や技能を意味

する人的資本を特定の企業のみで活用できる企業特殊的技能（firm-specific skill）と特定の企業に限定せず多くの企業で活用できる汎用的技能（general skill）に区別して，企業と労働者による技能習得のための投資費用の負担とそこから得られる便益の関係について次のように論じている。企業特殊的技能の場合，企業と労働者は技能開発費用を折半するとともに，企業特殊的技能の開発後は労働者の生産性向上に伴う賃金の上昇分についても企業と労働者が折半する。企業にとっては，技能開発費用を半分負担した代わりに，生産性向上に伴う労働者の賃金上昇の負担が半分で済む。一方，労働者にとっては，技能開発費用が半分で済む代わりに，賃金上昇分が半分となる。企業特殊的技能は特定企業でのみ活用できる技能であるため，企業と労働者との間に長期的な関係が構築される場合，技能開発の費用と便益を企業と労働者で折半することによって，企業は労働者に対する技能開発投資のインセンティブを持ち，労働者もまた企業特殊的技能の習得に動機づけられる。他方で汎用的技能の場合，その開発費用はすべて労働者個人が負担し，その代わりに技能開発後は生産性向上に伴う賃金の上昇分をすべて労働者が受け取る。汎用的技能は多くの企業で活用できる技能であるため，企業には技能開発費用を負担するインセンティブがない。労働者は汎用的技能の開発費用をすべて負担する代わりに，開発後の便益もすべて得られることになる。

　こうした人的資本理論の基本的な枠組みに従えば，派遣先企業と派遣元企業がいずれも派遣労働者の技能蓄積には消極的となることが予想できる。前述のように事務職種の派遣労働者に必要とされる技能は，多くの派遣先企業で活用できる汎用的技能であるため，派遣先企業と派遣元企業のいずれにも技能開発投資を行うインセンティブがない。派遣労働者の技能開発投資を行ってもその便益を回収できないからである。他方で，派遣先企業の仕事に企業特殊的技能が必要になると仮定した場合にも，派遣先企業と派遣元企業は派遣労働者に対する技能開発投資のインセンティブを持たないか，仮にあっても弱いものとなる。派遣先企業は，派遣労働者を正規労働者に比べて短期的に活用する労働者と位置づけており，派遣労働者とは長期的な関係を構築しない。派遣元企業も同様に，同じ派遣先企業における派遣労働者の雇用を短期的なものと位置づけていることに加えて，いずれは他の派遣先企業に派遣労働者を配置することを想定しているから，企業特殊的技能を開発することにインセンティブを持ちに

くいのである。このように，人的資本理論の枠組みによれば，派遣労働者が習得する技能が汎用的技能・企業特殊的技能のいずれの場合にも，派遣元企業と派遣先企業は技能蓄積に消極的になることが予想されるのである。

　しかしながら，実際には，派遣元企業の多くは，自社に登録する派遣労働者に対して無料で教育訓練を行っているという。その理由の1つは，派遣元企業として，派遣先企業に対して労働者派遣サービスを提供するうえで，最低限の質を保証するためである。敬語の使い方や来客応対，電話応対などの基礎的なビジネスマナーや，派遣労働の仕組みや労働法に関する知識，コンプライアンスや情報セキュリティに関する知識などである。もう1つの理由は，派遣元企業が質の高い派遣労働者を確保するためである。派遣先企業が求める技能水準の高い派遣労働者を安定的に派遣するためには，OAスキルをはじめとして簿記資格や会計知識，貿易知識，英語などの能力が高く技能を蓄積しやすい派遣労働者，すなわち教育訓練効果の高い派遣労働者に登録してもらうことが必要となる。技能蓄積に関心が高いことの多いそうした派遣労働者に，自社に登録することが魅力的に映る必要があるため，無料の教育訓練を整備しているのである[2]。

　派遣労働者は，派遣元企業に登録すれば，派遣元企業が提供する教育訓練を受講することによって，派遣先企業の仕事に必要とされる技能や知識を習得することが可能となる。派遣労働者の能力開発機会は少ないといわれるが，派遣元企業が提供する教育訓練を見ればそれは必ずしも正しくない。

　派遣労働者に対して無料で教育訓練を実施していることについて，派遣元企業B社の営業担当者は以下のように述べている。

> 「派遣スタッフのスキル・トレーニングを揃えるのは費用面では負担になるのですが，スタッフの中にはスキルアップやキャリアアップに意欲が高い方も多いので，そうしたスタッフに登録していただくには教育訓練を無料にするのもやむをえないです」

---

[2]　木村（2010a）は，派遣元企業による教育訓練は，派遣労働者を通じた労働サービスの質的な差別化よりも，むしろ登録者を惹きつけたり就業中の派遣労働者をつなぎとめたりするのに機能していると指摘している。

ただし、派遣労働者に対する教育訓練を整備しているのは、多数の派遣先企業を取引先としている企業規模の大きい派遣元企業であるのも事実である。中小規模の派遣元企業の場合には、教育訓練を用意することが派遣労働者を確保するうえで必要であるとしても、教育訓練を整えるだけの費用を負担できないとの判断から、それを提供していないところもある。

　派遣労働者に対する教育訓練を充実させることの難しさについて、派遣元企業 D 社の営業担当者は、以下のように述べている。

　「当社の規模ですと大手（の派遣会社）さんのように教育訓練を無償で提供するのは、予算面を考えると厳しいです。派遣スタッフは他の派遣会社にも登録していますから、せっかくスキルアップさせても当社のスタッフとして派遣できるかはわかりません。ある程度の規模の派遣会社でないと教育訓練を充実させるのは難しいと思います」

　派遣労働者に対する教育訓練は派遣労働者の登録数を増やす効果が期待できる一方で、他の派遣元企業との差別化を図ることが難しいことについて、派遣元企業 A 社の営業担当者は以下のように述べている。

　「当社の教育研修にはワードやエクセルといった OA スキルから簿記や英語、秘書検定の資格取得対策、フラワーアレンジメントのような趣味に近いものも揃えています。無料の講座も多いです。他の派遣会社も同じようなメニューになっていますので、他社さんとの違いを出すにはメニューを増やしたり無料の講座にしたいところですが、それでは費用がかさんでしまうのが悩ましいところです」

　このように派遣元企業による教育訓練は提供されているものの、派遣労働者にとって難しいのは、それらの教育訓練を通じて派遣先企業の仕事に必要な技能を十分に習得できないことである。「派遣労働者実態調査」(2008 年、2012 年) において、事務職の登録型派遣労働者が現在派遣先企業で就業している業務の技術・技能を習得した主な方法を図 5-6 に示した。これを見ると、派遣労働者が派遣先企業の仕事を遂行するために必要な技能を習得する最も有

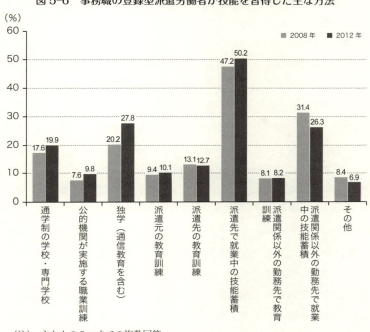

図 5-6 事務職の登録型派遣労働者が技能を習得した主な方法

(注) 主なもの3つまでの複数回答。
(出所) 厚生労働省「派遣労働者実態調査(派遣労働者票)」の調査票情報を集計。

効な機会は,派遣先企業で経験する仕事を通じた技能蓄積である。いずれの調査においても,「派遣先で就業中の技能蓄積」が最も多く,5割程度ある。派遣先企業や派遣元企業における教育訓練も一定の役割を果たしているものの,派遣先企業における仕事経験と比較するとその効果は小さい。同様に,通信教育を含む派遣労働者自身の独学や通学制の学校・専門学校,公的機関が実施する職業訓練も,就業中の技能蓄積には及ばない。同調査では,派遣先企業で就業中の技能蓄積について,現在の派遣先企業における仕事経験か,それとも過去に就業した派遣先企業における仕事経験か,あるいはその両方の仕事経験なのかの区別はなされていないものの,派遣労働者が今現在の派遣先企業での仕事遂行に必要な技能を習得する機会となるのは,派遣先企業における仕事経験そのものなのである。

また,「派遣先の教育訓練」と「派遣元の教育訓練」を比較すると,わずかな差であるものの,派遣先企業での教育訓練のほうが派遣元企業のそれよりも,

今現在の派遣先企業の仕事遂行に必要な技能の習得につながる効果が大きいようである。前述のとおり派遣元企業における教育訓練が派遣先企業で広く活用できる技能を習得するためのものであるのに比して，派遣先企業における教育訓練は今の仕事により直接的に役立つ技能習得の機会となっているのであろう。ただし，これは必ずしも派遣元企業の教育訓練の効果が低いことを示すものではないことに留意しておく必要がある。

　さらに，「派遣関係以外の勤務先で就業中の技能蓄積」の割合が3割程度あり，現在の派遣先企業の仕事に必要な技能は，派遣労働を通じた仕事経験だけでなく，派遣労働以外の就業形態の仕事経験によって蓄積されている。残念ながらこのデータからは派遣労働者としての仕事経験と派遣労働以外の就業形態での仕事経験のいずれが当該派遣労働者にとってより有効な技能習得方法であったのかは判断できない。しかしながら，派遣労働者にとって派遣先企業での仕事を遂行するのに際して必要な技能は，教育訓練よりもむしろ就業中の仕事経験を通じて蓄積されていることが改めて確認できるのである。

　派遣先企業で経験する仕事自体が派遣労働者の技能蓄積に役立つということは，派遣先企業の多くが派遣労働者に対して仕事経験を通じた能力開発機会に寄与していることを示している。たとえば，派遣元企業による派遣先企業の仕事と派遣労働者のマッチングにおいて，派遣労働者が事前に必要な技能を十分に保有していないことがある。この場合，派遣元企業が教育訓練を通じて派遣労働者に事前に必要な技能を習得させたうえで，さらに派遣先企業においても派遣労働者を受け入れてから上司や同僚が実務を直接指導することで必要な技能を習得させている。事務職の仕事に必要な技能は汎用的な技能であるが，派遣先企業の業種や事業，製品等によって業務遂行に必要な知識が異なることが多い。製造業と金融業では必要とされるOAスキルは同じでも，業務上の専門知識は異なる。このため，派遣労働者は就業先である派遣先企業において上司や同僚に直接的に業務遂行の指導を受けたり，派遣先企業が提供する教育訓練を受講する機会を得ることによって，派遣先企業の仕事に必要な技能や知識を習得していくのである。このように，派遣労働者にも派遣元企業による教育訓練や，派遣先企業による業務指導が行われていることからも，派遣労働者の能力開発機会が少ないという指摘は必ずしもあてはまらない。

　派遣先企業における仕事経験が自身の技能蓄積となることについて，経理事

務に従事する派遣労働者（女性，30代前半）は以下のように述べている。

「簿記の資格を持っていても，実際にスキルアップになるのは，派遣先の仕事を経験するのが一番ではないでしょうか。派遣会社の研修もそれなりに充実しているとは思いますが，無料の研修は基礎的なレベルに限られますし，経理事務のスキルアップをしたいなら派遣先の社員に教えてもらいながら実務経験を積むのが効果的だと思います」

また，事務職の派遣労働者として就業するうえで，OAや経理などの技能に加えて，派遣先企業での人間関係を良好に維持するコミュニケーション・スキルが重要であることについて，一般事務に従事する派遣労働者（女性，40代前半）は以下のように述べている。

「一般事務の仕事はワードやエクセルのスキルが優れていても務まりません。派遣先の社員とうまくコミュニケーションをとって，上司の指示を適切に理解して仕事をすることが求められます。そうしたスキルは実際に仕事をしないと身に付かないし，派遣先での仕事を経験しながらレベルアップしていくしかないと思います」

6 仕事経験の連関の難しさ

　派遣労働者の技能蓄積の機会が派遣先企業の仕事経験であることは，派遣労働者の能力開発にとってさらに難しい課題を提起することになる。派遣先企業の仕事を経験しながら，派遣労働者はいかにして自分の技能を蓄積していけるのかという課題である。とくに派遣労働を通じて長期的なキャリアを形成する労働者が増えてきたことをふまえると，この問題はとりわけ重要な意味を持つ。もし企業が正規労働者に技能を蓄積させようと考えれば，その企業は正規労働者により高度な仕事を与えたり，異動や配置転換によりそれまでとは異なる仕事を与えたりすることが考えられる。しかしながら，派遣労働者の場合には，雇用関係を結ぶのは派遣元企業であることから，派遣元企業が，取引先である

派遣先企業の仕事を与えながら，派遣労働者の技能を蓄積しなければならないということになる。

　これは派遣元企業にとってはきわめて難しい課題である。そもそも派遣元企業は，派遣労働者の技能蓄積に積極的ではない。派遣元企業にとって望ましいのは，一定の技能を蓄積した派遣労働者が自社に登録し，その労働者を派遣先企業に派遣することである。もちろんそうした技能を保有する派遣労働者は多くないから，派遣元企業としては本来ならば労働者本人の費用負担であるべきことを理解したうえで，派遣先企業で必要な技能を事前に習得しておくための教育訓練を用意している。派遣元企業としては，この教育訓練の費用負担に加えて，さらに派遣労働者の技能蓄積に関する追加的な能力開発機会を提供することは想定していない。

　仮に派遣元企業が派遣労働者に対して追加的な能力開発機会を提供するとしても，それはあくまでもある派遣先企業における職務遂行のためであり，派遣労働者本人の長期的なキャリア形成のためではない。派遣労働者に対しては，事前の教育訓練を施した後は，必要に応じて派遣先企業において指導を受けながら，当該派遣先企業で仕事成果を発揮することを期待している。また，そもそも派遣先企業はある特定の仕事を遂行してもらうためだけに労働者派遣を依頼しているのだから，派遣元企業が派遣先企業に対して，派遣労働者の技能蓄積につながる仕事を与えてくれるように依頼しても，それがかなえられることは少ないのである。

　もし派遣元企業が派遣労働者に対して異なる派遣先企業の仕事を提供しながら技能蓄積を支援しようとしても，それは相当に難しい。派遣元企業は，派遣先企業の仕事の内容や難易度などを派遣先企業のようには十分に把握していないため，仮に派遣労働者を他の派遣先企業の仕事に配置しようとしても，それが当該派遣労働者の技能蓄積に寄与するのかは不確実である。さらに，派遣労働者の技能蓄積のために他の派遣先企業の仕事が適切であることがわかったとしても，その仕事を適切なタイミングで派遣労働者に紹介できるとは限らない。派遣労働者は現在の派遣先企業において労働契約期間が終了するまで就業を継続する必要があり，他の派遣先企業に配置できるタイミングが，そのときの労働契約期間の終了時とは一致しないかもしれない。こうした結果，派遣元企業が派遣先企業の仕事を連関させながら派遣労働者の技能の蓄積につなげること

は非常に難しいものとなっている。

派遣元企業が派遣労働者に対して技能蓄積となる仕事を与えていく難しさについて，派遣元企業B社のコーディネーターは以下のように述べている。

「スタッフさんのキャリアを考えれば，本人のスキルアップになる仕事を紹介してあげたいところですが，現実にはそれは難しいです。派遣先の仕事をしっかりできるスタッフさんを派遣することが最優先ですから。いくら本人のスキルアップになると思っても，今派遣先で就業しているスタッフさんに他の派遣先の仕事を紹介することはいたしません」

また，上述のタイミングの問題について，同じ派遣元企業の別のコーディネーターは以下のように述べている。

「スタッフさんのスキルアップのためにいい仕事がみつかっても，ちょうどよいタイミングで仕事を紹介できないこともあります。正社員の場合には本人の能力開発を考えて適切な時期に異動させたりすることもできるのでしょうが，派遣の場合には派遣先からのオーダーがあって初めて仕事を紹介できるので，スタッフさんのキャリアを見通して仕事を紹介することはそもそも難しいと思います」

他方で，派遣先企業もまた，派遣労働者に対して継続的に高度な仕事経験を与えたり，教育訓練を提供することには積極的ではない。派遣先企業が本来期待するのは，その企業における，ある限定的な仕事を遂行できる技能を有する派遣労働者が派遣元企業から派遣されてくることである。派遣先企業の上司や同僚が派遣労働者に対して業務指導したり，教育訓練を提供したりするのは，派遣先企業の仕事を遂行するうえで必要だからであり，派遣労働者本人の長期的な技能蓄積のためではない。それどころか，派遣先企業が派遣労働者を受け入れて自社の業務に従事させるのは，正規労働者であれば必要となる教育訓練の費用や時間を減らすことにある。派遣先企業は派遣労働者に対して業務指導や教育訓練を含めて，能力開発機会を積極的に提供することは想定していない。派遣先企業が派遣労働者に対して技能蓄積となる仕事を与えていくことの難

しさについて，卸売業の営業マネジャーは以下のように述べている。

> 「われわれとしては，派遣で来ていただく方には即戦力としてすぐにパフォーマンスを発揮してほしいと考えています。他社で貿易事務の経験がある方に来ていただきたいですし，新入社員のように1から指導する必要があるなら，わざわざ派遣を使う意味がありません」

こうした結果，派遣労働者が派遣就業を通じて継続的な能力開発機会を得ることは難しくなる。派遣労働者の能力開発機会は派遣先企業と派遣元企業の双方から提供されているが，それは短期的な観点から現在の派遣先企業の仕事遂行に寄与するものに限られており，長期的なキャリア形成につながることは少ないといえる[3]。

---

3) 松浦（2009a）は，派遣労働者のキャリア形成支援のためのマッチングにおける課題として，派遣労働者の育成について派遣先企業の協力や支援を得られないことや，派遣先企業の意向と派遣労働者の希望が合致しない場合に，派遣元企業が派遣先企業の意向を優先し，派遣労働者のキャリア形成に目を向けられないことなどをあげている。

第6章
仕事の自律性と労働時間

　本章は，派遣労働という働き方における仕事の自律性と労働時間について論じる。先行研究において，派遣労働者の仕事の自律性については，正規労働者よりも自ら希望する仕事を選択し技能や専門性を活かして働くことができることが指摘されてきた。また，労働時間についても，派遣労働者は仕事と生活を両立できることから労働時間の柔軟性が高いとも指摘されてきた。派遣労働における仕事の自律性と労働時間の実際はどうであろうか。

1　仕事の選択可能性

　派遣労働者は，登録した派遣元企業から仕事を紹介され，それを引き受けることによって派遣先企業の仕事に従事する。派遣元企業の多くは自社のホームページを通じて派遣先企業の仕事を紹介しているため，派遣労働者はそれを見ればその派遣元企業が保有する仕事の内容や労働時間，勤務地といった基本的な労働条件を知ることができ，その中から自分の希望に合致する仕事を探すことができる。また，派遣労働者は，派遣元企業への登録時に，派遣元企業から自分の希望する仕事内容や労働条件をたずねられることが一般的であるので，それを伝えておけば，派遣元企業にそれに合致する仕事を探してもらえる。さらに，複数の派遣元企業に登録すれば，それぞれの派遣元企業が派遣労働者の希望に合う仕事を探して紹介してくれるため，自分の希望に合う仕事の選択肢が増える。

こうした結果，派遣労働者は，派遣元企業を通じて，自分の希望する内容の仕事や勤務地の仕事を選んだり，自分の都合に合う労働時間の仕事を選んだりすることができる。一般に，正規労働者については，無期労働契約のもとで，雇用主である企業には，仕事の割り振りや，仕事内容の変更，他の部署への異動や配置転換に関する広範な人事権が認められていることから，仮に正規労働者が事務職の仕事を続けたい，特定の勤務地で就業したいという希望を持っていても，それとは異なる職種の仕事や勤務地への変更を命じられることも多いとされる。また，正規労働者は，フルタイム勤務を前提として残業を命じられることもあり，その労働時間は必ずしも限定的ではない。これまでも指摘されてきたように，こうした正規労働者の働き方と比べれば，派遣労働者は仕事内容や労働時間，勤務地などについて自分の希望に合うものを選ぶことができる可能性が高いと考えられ，派遣労働という働き方は正規労働に比べて仕事の選択可能性が高いといえる。

　なお，派遣労働者に紹介される仕事が実際に労働者自身の希望をすべて満たしているとは限らないが，それでも派遣労働者は自分の希望をふまえて仕事が紹介されていると認識し，派遣元企業から紹介された仕事を引き受けるか否かの意思決定をすることを通じて，派遣労働という働き方は，仕事の選択可能性が高いという感覚を持っている。

　派遣労働は自分の希望する仕事を選べる可能性が高いということについて，営業事務に従事する派遣労働者（女性，40代前半）は以下のように述べている。

　　「派遣のいいところは，自分で仕事や（就業先の）会社を選べることだと思います。ホームページで仕事を探して派遣会社に問い合わせて紹介してもらったこともあります。派遣会社が仕事を紹介してくれますので，自分が気に入ったら引き受ければいいのです。営業事務といっても会社が違えば仕事も異なりますし，私は通勤時間がなるべく短いほうがいいので，勤務地も考慮に入れて選びます。正社員で働いていたときと比べて仕事を選んでいるという感覚はあります」

　しかしながら，たしかに派遣労働者は自分の希望する仕事内容や労働条件を派遣元企業に伝えることができるが，果たして派遣元企業がそうした労働者の

希望に合う仕事を紹介できているかについては留意する必要がある。前章でも述べたように，派遣元企業が派遣労働者と派遣先企業のマッチングにおいて重視するのは，派遣労働者が派遣先企業の仕事を期待どおりに遂行できるかという技能水準や職務経験である。派遣労働者がそうした技能水準や職務経験を満たすか，もしくは派遣元企業の教育訓練によって技能水準を満たせると判断されない場合には，仮に本人の希望に合う仕事であったとしても派遣元企業がそれを紹介することはない。派遣元企業が派遣労働者に紹介する仕事の多くは，当該派遣労働者が派遣先企業の求める仕事遂行の期待水準を満たせると判断できるものとなっている。この点で，派遣元企業は，派遣労働者が希望する仕事を自社の取引先である派遣先企業の中から広く探して紹介しているわけではない。派遣元企業が，派遣先企業の仕事とその仕事を遂行できる技能を有する派遣労働者をマッチングしているということは，派遣労働者にとって，必ずしも自分の希望に合致した仕事を派遣元企業から紹介してもらえることを意味しない。派遣労働は仕事の選択可能性が高く，派遣労働者は自ら希望する仕事を選ぶことができるとされるが，それは派遣先企業の仕事を遂行できると判断された派遣労働者に限られたことであり，また，そうした派遣労働者にとっても，選択肢となる仕事群は，派遣元企業が派遣労働者の技能や職務経験をふまえて事前に絞ったものになっているのである。

　派遣労働者に仕事を紹介する際に，派遣先企業の要件と派遣労働者の希望をどのように考慮しているかについて，派遣元企業A社のコーディネーターは以下のように述べている。

「マッチングの際には，最初に派遣先のオーダーに合うスタッフさんがいるかをデータベースで探します。スキルや経験の条件を満たすスタッフさんをリストアップして，その後でご本人の希望する勤務地や勤務時間などが合うスタッフさんから順に仕事を紹介していきます」

　同じく派遣労働者に仕事を紹介する際に，派遣労働者本人の労働条件に関する希望をどの程度考慮するのかについて，派遣元企業C社のコーディネーターは以下のように述べている。

「派遣先の仕事ができるスタッフさんを探すのが私たちの仕事ですから，スキルの要件を満たすスタッフさんからお声をおかけするのは当然だと思います。本当なら派遣先の仕事をいくつか提示して，その中からスタッフさんに希望に合うものを選んでいただくのがいいのですが，マッチングにはスピードも要求されますので，なかなか実現できていません」

　派遣元企業による派遣労働者に対する仕事の紹介についてもう1つ留意すべきことがある。それは，仮に派遣労働者が派遣先企業の仕事遂行に必要な要件を満たしており，その仕事内容や労働条件が派遣労働者の希望に合致していたとしても，派遣労働者がうまく仕事を引き受けられるタイミングでなければ，派遣労働者は派遣元企業から仕事を紹介してもらえないということである。
　たとえば，派遣元企業が自社に登録している派遣労働者の中から派遣先企業の要件を満たす派遣労働者をみつけても，当該派遣労働者が他の派遣先企業において就業中である場合には新たな仕事を紹介することはほとんどない。その理由としては，まず派遣労働者が他の派遣先企業の仕事を引き受けることになれば，派遣元企業には当該派遣労働者の代わりとなる派遣労働者を新たに探す必要が生じるからである。就業中の派遣労働者に他の仕事を紹介することは，派遣元企業にとってマッチングの業務がさらに1つ増え，そのコストを高めることになるため，そうしたことは通常行われない。
　また，派遣元企業にとっては，就業中の派遣労働者をそのまま同じ派遣先企業に派遣しておくことが，他の派遣元企業との競争上望ましいということもある。事務職の派遣労働者は登録型派遣が一般的であることから，初めて派遣労働者を活用する派遣先企業は，いずれの派遣元企業から派遣労働者を受け入れても質的にそれほど大きな差はないと考えている。このため，派遣先企業がいったん派遣労働者の活用を始めれば，当該派遣労働者の仕事成果が期待水準を下回らない限りにおいて，他の派遣元企業の派遣労働者と置き換えようとはしない。そのような派遣労働者を他の派遣先企業に移してしまえば，派遣元企業は，代わりの派遣労働者について他の派遣元企業と派遣料金などをめぐって改めて競争しなければならなくなる。派遣元企業から見れば，それよりも，就業中の派遣労働者はそのままにしておくことのほうが望ましいことになる。
　さらに，就業中の派遣労働者がその派遣先企業での仕事内容や労働条件に不

満を感じていない場合には，当該派遣労働者をそのまま同じ派遣先企業に継続的に就業させることが，派遣元企業による就業中のフォロー業務の負荷を減らす意味でも有効になる。派遣元企業の業務は，営業担当者が派遣先企業の仕事を開拓し，コーディネーターがそれと派遣労働者をマッチングするだけではない。派遣元企業は，派遣労働者が派遣先企業で就業を開始した後も定期的にフォローを行っている。ここで派遣労働者に対するフォローというのは，派遣労働者から就業先の派遣先企業における仕事内容や職場環境に関する苦情や要望を聞き，その改善を図るための活動を意味する。派遣労働者の苦情や要望は多岐にわたる。たとえば，賃金の低さはその代表例である。前述のとおり派遣労働者の賃金に対する不満は大きく，仕事量や技能水準に照らして，また派遣先企業で同じ仕事に従事する正規労働者などと比較して，自らの賃金が低いことに不満を感じている。こうした不満を受けて，派遣元企業は，当該派遣労働者の賃上げを検討したり，もしくは賃金を上げていくために派遣先企業に対して仕事の高度化やそれに伴う派遣料金の上昇を交渉していくことになる。

　賃金の不満に関わる問題は，派遣元企業にとって収益に直結することから派遣労働者の要望に応えるのが容易ではないという実情は第4章で検討したとおりであるが，それでもこれは派遣元企業が直接関与できる問題である。それに対して，派遣労働者の要望の中で派遣元企業が直接関与できない問題の解決はいっそう難しい。たとえば，派遣先企業の上司の指示の仕方，同じ職場で働く正規労働者や派遣労働者との人間関係，職場における物理的な環境などについての苦情や要望は，派遣元企業が直接的に関与して改善することが難しく，派遣先企業に働きかけることによって改善を図るしかない問題であるが，派遣元企業にとって派遣先企業は顧客であるため，その働きかけ自体が難しいことになる。就業中の派遣労働者の派遣先企業における苦情や要望への対処は，派遣元企業に労力を要する仕事になる。反対にいうと，派遣労働者が派遣先企業の仕事内容や労働条件，職場環境などに不満なく就業していれば，派遣元企業から見て派遣労働者のフォロー業務の負担が少なくて済むことから，派遣元企業はそうした状態が継続するように派遣労働者を同じ派遣先企業に継続就業させ，もし派遣労働者にとってより望ましい仕事がみつかっても紹介しようとはしないのである。

　こうしたことから，派遣元企業は，すでに派遣先企業で就業中の派遣労働者

に他の派遣先企業の仕事を積極的に紹介することはしない。派遣先企業が労働者派遣契約を更新する可能性が高く，かつ就業中の派遣労働者の継続活用を希望する場合であれば，派遣元企業は当該派遣労働者をそのまま同じ派遣先企業に派遣しておくことを考える。したがって，派遣労働者が自分の希望により合う仕事を派遣元企業に紹介されるのは，派遣先企業が自社の仕事に労働者派遣を活用したいタイミングと，派遣労働者がその仕事を引き受けられるタイミングが一致している場合である。派遣労働者は，派遣元企業から常に最適な仕事を紹介してもらえるとは限らないのである。

派遣先企業で就業中の派遣労働者に仕事を紹介する可能性について，派遣元企業A社のコーディネーターは以下のように述べている。

> 「基本的に派遣先で就業中のスタッフさんにお仕事を紹介することはしません。仕事の要件からするとそのスタッフさんが最適だったとしても，もし他の派遣先に移ることになったら，（スタッフがそれまで就業していた）派遣先のためにまた別のスタッフさんを探さなければなりません。そのような手間のかかることはしません」

派遣労働者に新しい仕事を紹介するよりも，派遣労働者には就業中の派遣先企業で長く就業してもらうことが派遣元企業にとって望ましいということについて，派遣元企業B社の営業担当者は以下のように述べている。

> 「スタッフさんを他の派遣先に移すというのは結構手間のかかることなんです。スタッフさんには派遣先の上司の方に評価されて同じ派遣先で長く働いていただければ，よほどのことがなければ他の派遣会社のスタッフに換えられることもないですし，（労働者派遣）契約も更新されていくので私たちにとっては一番ありがたいのです」

なお，派遣元企業は，自社から派遣就業中の派遣労働者に対して積極的に他の派遣先企業の仕事を紹介することはしないが，自社に登録しているものの現在は自社から派遣されていない場合には仕事を紹介する。しかしそうした場合に派遣労働者が就業中の派遣先企業を離れてその仕事を引き受けることは多く

ない。派遣先企業で就業中の場合，他の派遣元企業から紹介された仕事を引き受けにくい事情について，一般事務に従事する派遣労働者（女性，30代前半）は以下のように述べている。

　　「契約の途中で他の派遣先に行くわけにはいかないので，タイミングが合って，しかも数カ月前から前もってお知らせいただければ仕事を引き受けられるかもしれませんが，実際にはなかなか難しいです。今の派遣先にも迷惑をおかけしてしまいますし，他の派遣会社から電話があってもお断りしてしまうことが多いです」

　派遣元企業としては，派遣労働者と派遣先企業のマッチングを通じて，なるべく多く成約することに注力する。木村（2010a）は，登録型派遣事業の売上が「売上＝派遣単価×派遣労働者数×派遣労働時間」という式で計算できるとし，一定の期間内で売上高を増加させるために，派遣元企業は，派遣料金，派遣する労働者数，派遣する労働者の労働時間の少なくとも1つを増加させる必要がある[1]。すでに述べたように，派遣労働者が従事する仕事の難易度が高くならない限り，派遣元企業が派遣先企業に対して派遣料金の増額を交渉することは難しい。また，新しい派遣先企業の開拓は他の派遣元企業との競争があるために容易ではなく，同じ派遣先企業に派遣する派遣労働者の人数を増加させることも当該派遣先企業が労働者派遣を追加的に必要としなければ実現することは難しい。派遣労働時間についてもまた，派遣労働者の多くがフルタイム勤務であり，残業をするにも限度があることから，契約期間内の労働時間を長くすることは容易でない。だからこそ，派遣労働者が同じ派遣先企業での就業を継続することは，その契約期間中に派遣元企業の売上を増加することに直結はしないものの，派遣労働者と派遣先企業のマッチングや，派遣先企業に対する営業活動，派遣労働者に対するフォロー業務などを効率的にすることから，派遣元

1）　木村（2010a）は，派遣単価を増額するためには教育訓練を通じて登録する派遣労働者の技能水準を向上させることや募集・採用活動を強化して技能水準の高い派遣労働者の登録を増やすこと，派遣する派遣労働者数を増加させるためには多くの派遣先企業を確保するために営業活動を通じて新たな派遣先を獲得すること，さらに派遣労働時間を増大させるために労働時間の長い仕事に派遣することをあげている。

企業にとって望ましいものとみなされているのである。

2 仕事の裁量

　派遣労働者が自分の希望する仕事を選択できている可能性が高いという点で，派遣労働という働き方は正規労働と比較して仕事の自律性が高いとされてきた。しかし，仕事の自律性には実のところ多様な側面がある。1つには前節で検討したような仕事の選択可能性の高さがあげられるものの，これ以外にも，派遣労働者が派遣先企業での就業を開始した後の仕事の自律性もある。その代表的なものが，仕事における裁量の大きさや責任の重さである。

　以下では，まず仕事の裁量について見ていくことにしよう。仕事の裁量とは，自分の仕事について労働者自身がどの程度の判断や意思決定ができるかという程度を指す。そもそも，派遣労働者が派遣元企業と雇用関係を結びながら派遣先企業の指揮命令を受けて就業する労働者派遣の仕組みからすれば，派遣労働者がすべて自分自身の判断に基づいて仕事を遂行できるとは想定しにくい。派遣先企業の上司の指揮命令のもとで業務を遂行するという点で，派遣労働者の仕事の裁量には当然，一定の制約があることになる。

　厚生労働省の「派遣労働者実態調査」（2004年，2008年，2012年）の中に，残念ながら，派遣労働者の仕事の裁量に関する質問項目は設定されていない。そこで，労働政策研究・研修機構（JILPT）の「派遣社員のキャリアと働き方に関する調査」（2010年）を見ることにしよう。同調査では，派遣労働者が現在派遣先企業で行っている仕事の裁量について「ほとんど指示に従い行う，主として定型的な仕事が多い」「おおむね指示を仰ぎながら，本人の判断もある程度必要な仕事である」「たまに指示を受ける程度で，おおむね本人の判断による仕事である」「ほとんど指示を受けることなく，本人の判断によって行われる仕事である」という4段階でたずねている。主な事務職種として「事務用機器操作」「財務処理」「取引文書作成」「一般事務」に相当する「一般・営業事務・データ入力等（事務用機器操作中心業務）」「一般・営業事務（自由化業務）」「経理・会計」「貿易・国際事務・取引文書作成」に従事する派遣労働者の回答を，図6-1に示した。

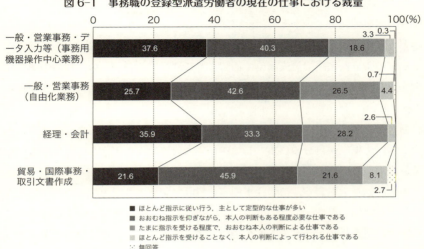

図6-1 事務職の登録型派遣労働者の現在の仕事における裁量

(出所) 労働政策研究・研修機構（JILPT）「派遣社員のキャリアと働き方に関する調査（派遣労働者調査）」。

　これによれば，事務職に従事する派遣労働者の多くは，それほど大きな仕事の裁量を与えられていない。それぞれの業務における仕事の裁量について，「ほとんど指示に従い行う，主として定型的な仕事が多い」と「おおむね指示を仰ぎながら，本人の判断もある程度必要な仕事である」の回答割合の合計により，派遣先企業の上司から指示を受ける程度が派遣労働者本人が自分で判断できる程度より大きい労働者を見ると，いずれの職種でもおよそ7～8割を占めていた。職種によって回答割合には若干の差があり，「一般・営業事務・データ入力等（事務用機器操作中心業務）」が最も高いものの，全体として，事務職に従事する派遣労働者の仕事の裁量はそれほど大きくないことが推察される[2]。

---

[2] 同調査では，派遣先企業の事業所に対しても，当該事業所に従事する派遣労働者の仕事の裁量についてたずねている。派遣労働者が従事する業務が主にオフィスワーク系の業務であると回答した派遣先事業所の回答を見ると，「ほとんど指示に従い行う，主として定型的な仕事」(47.3%)，「おおむね指示を仰ぎながら，本人の判断もある程度必要な仕事」(38.6%)，「たまに指示を受ける程度で，おおむね本人の判断による仕事」(10.3%)，「ほとんど指示を受けることなく，本人の判断によって行われる仕事」(0.8%) となっており，事務職種の派遣労働者を活用する派遣先事業所の8割超において，派遣労働者は

ここで派遣労働者の仕事の裁量についていくつかの側面を見ていくことにしよう。仕事の裁量というとき，その対象は必ずしも1つではない。派遣労働者がどのような仕事を遂行するのかという仕事の内容に関する裁量もあれば，仕事をどのような順序や優先順位で何時までに遂行するのかという仕事の順序に関する裁量，仕事をどのように行うのかという仕事の遂行方法に関する裁量もある。

　そこでまず，仕事の内容に関する裁量について見ることにしよう。仕事の内容とは，労働者が自分の仕事として遂行する業務をどのような内容にするのかや，どのくらいの範囲にするのかを，自分でどの程度設計できるかということである。派遣労働者が，この仕事内容の設計に関する裁量を与えられていることは，まずないと考えてよい。前に少し述べたように，派遣労働者が従事する仕事は，派遣先企業がもともと正規労働者に従事させていた仕事を派遣労働者に任せる仕事として切り替えたり，短期的に労働力が必要となった場合に正規労働者やパートタイム労働者を直接雇用せずに派遣労働者を活用する仕事としたものが多い。事務職の派遣労働者の場合には，後者のような一時的・臨時的な仕事よりも，前者のように従来から定常的に行われてきた仕事が新たに派遣労働者の仕事として再設計されたものが一般的である。

　仕事の再設計とは，派遣先企業が派遣労働者に任せる仕事の内容を定義し直すことを意味する。仕事の設計や再設計は，職場における上司の役割の1つであり，部下となる労働者に対して，職場組織としての業務の効率化を重視しながら，同時に個別の労働者の技能形成や動機づけ，さらには中長期的な人材育成やキャリア形成などを考慮して仕事を割り振るのが一般的であろう。しかし，派遣先企業がこうした観点から仕事の設計や割り振りを行うのは，主として長期雇用や内部育成を前提とする正規労働者に対してである。それとは対照的に，派遣労働者に対してこうした観点は考慮されない。その代わりに重視されているのが，職場としての業務効率化に加えて，仕事内容の明確さである。派遣労働者に任せる仕事内容は，派遣元企業との労働者派遣契約に明記され，それが派遣料金の算出根拠にもなるため，派遣先企業にとって重要な関心事であり，したがって，派遣労働者の仕事内容は同じ派遣先企業で事務職に従事する正規

派遣先事業所の上司の指示を仰ぐ必要のある仕事に従事していることがわかる。

労働者の仕事内容よりも具体的なものになる。この結果，派遣労働者にとっても，派遣先企業で従事する仕事内容は事前に明確になっていることになる。それは派遣元企業との労働契約にも明記されるため，派遣労働者は，派遣先企業での就業中に自分の仕事内容を設計したり変更したりすることはできず，仕事の内容について派遣労働者の裁量は小さいものとなる。

ただし，派遣労働者の仕事内容に関する裁量の小ささは，派遣先企業にとっても仕事を割り振る際の裁量の小ささにつながることに留意しておく必要がある。通常，労働者の仕事の裁量が小さい場合には管理する側である経営や上司に裁量があることが多い。しかし，派遣労働の場合，派遣先企業は派遣労働者に任せる仕事を再設計できるものの，実際に派遣労働者を受け入れた後には，労働者派遣契約の見直しをしない限りは，事前に労働者派遣契約に定めた仕事内容を変更することはできない。労働者派遣契約期間中は，派遣先企業は契約に定めた仕事内容の範囲でしか派遣労働者に命じることができないのである。派遣労働者の仕事内容が事前に規定されていることは，派遣労働者にとっての仕事の裁量を小さくするとともに，派遣先企業にとっても派遣労働者に対して命じる仕事内容を制約するのである。

また，もう1つ留意する必要があるのは，仕事内容に関する裁量の小ささが必ずしも派遣労働者の動機づけを低下させるとは限らないことである。自分の希望する仕事を選択したいと考える派遣労働者にとって，自分の仕事内容が労働契約により具体的に規定されていることは，むしろ望ましく，反対に，派遣先企業での就業中に，労働契約で定められた仕事内容に含まれていない業務を命じられることに不満を持つことが多い。通常，仕事内容に関する裁量は大きいほうが労働者の動機づけにつながるとされるが，派遣労働者にはそれがあてはまらないこともあるのである。

派遣先企業における仕事内容に関する裁量が小さいことについて，一般事務に従事する派遣労働者（女性，20代後半）は以下のように述べている。

「事務職は上司の指示を受けて仕事をすることが普通ですから，仕事（の内容）を自分で決められないというのは，派遣も正社員もそう変わらないと思います。事務職というと定型的な業務をしていると思われがちですが，そのようなことはありません。担当業務の中には毎日することが決まって

いるものもあれば，急に上司から頼まれてする業務もあります。私は定型的な業務であることよりも，（労働）契約書に書いていないことを指示されるほうがストレスです」

派遣労働者の仕事内容に関する裁量が小さいことのよさについて，経理事務に従事する派遣労働者（女性，30代前半）は以下のように述べている。

「派遣のいいところは仕事の範囲が決まっていることだと思います。派遣会社からお仕事を紹介されるときにはどのような仕事なのか詳しく聞いてからお引き受けしています。派遣先によっては（労働）契約にないことまで指示する上司がいるので，私はすぐに（派遣会社の）営業担当にクレームしています」

派遣先企業として派遣労働者に任せる仕事内容の設計について，製造業の営業課長は以下のように述べている。

「派遣さんにどのような仕事を任せるのかは重要なことであると認識しています。もちろんどの仕事を任せるかによって派遣料金も違ってくるわけですが，派遣さんには契約にない仕事を指示してはいけないといわれていますので，仕事内容が（労働者）派遣法に違反することにならないか注意しています」

次に，仕事の順序に関する裁量を見ることにする。仕事の順序に関する裁量とは，労働者が自分の仕事をどのような順序で行うのか，どのような優先順位で行うか，何時までに行うのかを自分でどの程度判断したり決められるかということである。派遣労働者は，派遣先企業において仕事の内容だけでなく，仕事遂行の順序や優先順位，期限についても自分で判断して決定することはできないことが多い。とはいえ，派遣労働者が従事する仕事は定型的なものもあれば，非定型的なものもある。労働契約に明示された仕事内容の中に業務を遂行する順序や優先順位，期限などがすべて定められていることもあれば，労働契約の中に明示されている仕事内容に該当するものの，順序や優先順位，期限ま

では定められていないものもある。事務職の仕事が定型的なものだけでなく非定型的なものを一部含むことは，派遣労働者の仕事に限らず，正規労働者でも同様に見られることである。事務職の場合，仕事の順序に関する裁量は，同じ職種に従事する派遣労働者と派遣先企業の正規労働者との間でそれほど大きな違いはない。

　この両者に違いが生じるのは，上司からの指示を受けたり上司に対して指示を仰ぐ頻度である。派遣労働者は自分の仕事の順序や優先順位，期限について，上司の指示を仰ぐことが正規労働者と比較して多く，派遣先企業も，派遣労働者に対して仕事の順序や優先順位，期限などを指示することが多い。派遣労働者の多くは，正規労働者と比較して派遣先企業における就業期間が短いことから，自分に与えられた仕事が職場の中でどのような位置づけにあり，他の労働者の仕事とどのように連関しているのかを，正規労働者ほどには知っていない。このため，派遣先企業の上司からすると，正規労働者ならば仕事内容を1度指示すればその順序や優先順位，期限を理解できるのとは異なり，派遣労働者には仕事内容とともに，その順序や優先順位，期限などをより詳細に説明する必要が生じる。これは，派遣労働者の側から見ても同様であり，仕事の順序や優先順位，期限を，その都度，派遣先企業の上司に確認しながら仕事を進めていくことになるため，これらに関する派遣労働者の裁量は小さい。このように，上司の指示を受けたり指示を仰いだりすることの頻度の高さは，派遣労働者が「仕事を任されている」という感覚を持ちにくいことにつながる。派遣労働者は，自分の仕事の進め方を管理されていると認識するため，自分に仕事を任されていると感じにくくなるのである。

　派遣先企業における仕事の順序に関する裁量について，一般事務に従事する派遣労働者（女性，30代後半）は以下のように述べている。

　　「派遣先によって仕事の進め方が違いますから，その派遣先に長く勤めないと仕事の優先順位はわからないと思います。事務職は書類の作成から会議のアレンジ，出張手続きといったように，上司からいろいろな業務を頼まれるので，どの仕事を優先するのがよいのか，私は上司の指示を仰ぐようにしています」

派遣先企業における仕事の順序に関する裁量について，営業事務（女性，30代前半）に従事する派遣労働者は以下のように述べている。

　　「派遣なのに自分で勝手に判断してミスするのが一番よくありません。担当業務の進捗状況は上司に都度説明していますし，追加で業務を指示された場合にはどの業務から先に終えたらよいのか必ず上司に確認しています。以前正社員で働いていた頃は，上司にここまで細かく確認しませんでしたし，派遣は仕事を任されていないなと感じることがあります」

　最後に，仕事の遂行方法に関する裁量を見ることにする。派遣労働者は，派遣先企業で従事する仕事をどのような方法で行うのかについても，自分で判断したり決定したりできないことが多い。派遣先企業は，派遣労働者に仕事を任せるうえで，事前に仕事の内容や順序だけでなく，仕事の遂行方法についても決めていることが多い。たとえば，事務職の派遣労働者であれば，契約書として用いるフォーマットや参照すべき社内規程や資料といった一連の作業方法が一通り決められており，派遣労働者は，派遣先企業が事前に定めた方法で業務を遂行することが多い。ただし，事務職の場合，たしかに派遣労働者に与えられている仕事の遂行方法に関する裁量は小さいが，この点は派遣先企業の正規労働者とそれほど大きくは違わない。
　派遣労働者と正規労働者を比較した場合に違いがあるのは，仕事の遂行方法に関する創意工夫や改善に対する期待の程度である。派遣先企業は，正規労働者に対しては仕事の遂行方法の改善を期待しており，自社の業務をより効率化したり，業務上のミスが生じないような方法の提案を求めていることが多い。一方，派遣労働者がそういった取り組みを期待されることは，ほとんどない。派遣労働者に求められているのは，派遣先企業における仕事を派遣先企業が設定した遂行方法に即して正しく遂行することである。
　こうした派遣先企業における仕事の遂行方法に関する創意工夫や改善に対する期待の低さは，派遣労働者にとって，自分が派遣先企業に雇用された従業員ではなく，派遣元企業という他社から派遣された外部者とみなされていることを強く認識させることになる。仕事の遂行方法に関する裁量という，仕事を進めるうえでの表面的な点では正規労働者と大きな違いがなくとも，派遣先企業

の上司からの期待の低さは、派遣労働者に正規労働者と自分との違いを感じさせることになるのである。

派遣先企業において派遣労働者に期待されている役割について、一般事務に従事する派遣労働者（女性、30代後半）は以下のように述べている。

「派遣先では社員さんとほとんど同じ仕事をしていますけど、派遣はいわれたことをきちんとすることが求められます。業務プロセスを効率的にするとか、契約書のフォーマットを見直すとか、社員さんのようなことは期待されていません」

3　仕事の責任

前節で詳しく見たような、仕事の裁量に関する派遣労働者と正規労働者の違いにより、派遣労働者は、自分に裁量が与えられていないとともに、自分の仕事に対して責任が重くないと感じている。ただ、留意しなければならないのは、ここでいう派遣労働者の仕事の責任の重さとは、あくまでも労働者本人が仕事の責任をどのように見ているかであって、派遣労働者自身の責任感が低いのではないということである。したがって、派遣労働者の仕事の責任が重くないというのも、仕事に対する派遣労働者の責任意識が低いといったような労働者本人に帰属する問題ではない。

派遣労働者が感じる仕事の責任の重さは、仕事遂行の裁量と大きく関連している。一般に仕事の責任の重さは、その仕事に付与される裁量や権限と対応しているとされる。労働者は仕事において大きな裁量や権限を与えられると、その分大きな責任を感じるのである。派遣労働者は、派遣先企業からさほど仕事の裁量を与えられていないため、それに応じて自分の仕事の責任が重くないとみなしているのである。

派遣労働者の仕事の責任の重さについて、貿易事務に従事する派遣労働者（女性、30代前半）は以下のように述べている。

「派遣の仕事は正社員と比べて責任はそれほど重くないと思います。派遣

は仕事を任されていないので当然かもしれません。正社員と同じような仕事をしていてもやっぱり責任は違ってくると思います」

一方で，派遣労働者の仕事の責任の重さと責任意識の違いについて，一般事務に従事する派遣労働者（女性，30代前半）は以下のように述べている。

「派遣の仕事は正社員と比べて責任が軽いという人がいますが，私はそうは思いません。どの派遣先に行っても，自分に与えられた仕事はしっかりこなそうと思っています。派遣は派遣先の社員ではないので最終的には責任を負えないというのなら納得しますが，少なくともきちんと仕事をするのかどうかは正社員か派遣かの問題ではなく個々人の問題だと思います」

　派遣労働者が自分の仕事に対して責任が重くないとみなす理由は，ほかにもある。それは派遣労働者が仕事を遂行するうえで必要な情報が少ないということである。派遣労働者は，派遣先企業の仕事に従事しているにもかかわらず，直接雇用された労働者ではないという理由によって，仕事遂行に必要な情報を共有できないことが多い。たとえば，派遣労働者は，派遣先企業の正規労働者であれば役職に就いていなくとも通常共有できる情報を，入手する権限を与えられていないことが多い。派遣労働者は仕事遂行上必要な情報を，派遣先企業の上司や同僚の了解を得たうえで，あるいは上司や同僚を介して入手することになる。また，派遣労働者は，派遣先企業における会議や打ち合わせに参加できないこともある。たとえば，派遣先企業で行われる定例のミーティングに，事務職の正規労働者は参加しても，派遣労働者は参加しないといったことである。このようにして，派遣労働者は派遣先企業において正規労働者と同じようには情報を提供されず，情報共有の範囲外に置かれていることが多い。
　これは情報共有という点にとどまらず，派遣先企業における他者からの支援という点にも表れる。事務職の派遣労働者は，派遣先企業において正規労働者とともに仕事に従事し，他の正規労働者と協働しながら仕事を遂行することも多い。派遣労働者が派遣先企業の正規労働者と同じ仕事に従事する場合も少なくないが，実際の仕事遂行においては，正規労働者と派遣労働者では他の労働者からの支援を得られる程度にも違いが生じる。派遣労働者にとって派遣先企

業の正規労働者と協働することはそれほど容易なことではない。派遣先企業の正規労働者と異なり，派遣労働者は派遣先企業における就業期間が長くないから，派遣先企業の上司や同僚となる正規労働者との人間関係を構築できていない。派遣先企業の仕事遂行において，自分の就業先となる部署だけでなく，それ以外の部署の社員と協働する必要がある場合には，派遣労働者にとってこの人間関係の問題はより大きくなる。

　これらのことも，派遣労働者が仕事の責任を感じにくい結果につながっている。

　また，派遣労働者は，派遣先企業の仕事に従事しながらも，派遣先企業の正規労働者と同じように扱われないことに疎外感を感じることになる。正規労働者よりも仕事の裁量が小さく，仕事を改善する機会を与えられず，仕事遂行に必要な情報も共有されず，さらに協働して仕事を遂行する場合に他者の支援を得ることが難しいことによって，派遣労働者は派遣先企業の仕事に従事しながらも，派遣先企業の一員であるという意識を持てないのである。派遣先企業の中には，派遣労働者に付与するメールアドレスを通常の正規労働者とは異なるものに設定することで，派遣先企業の中で正規労働者と派遣労働者を区別しているところもある。さらに，派遣先企業の中には，個別の派遣労働者に対してさえ「派遣さん」という呼称を用いるなど，派遣労働者を派遣先企業の正規労働者と区別する扱いをすることすらある。こうした派遣先企業での扱いは，派遣労働者にとって，派遣先企業に対する所属意識を持ちにくくさせ，結果として職場での疎外感や仕事に対する不満を高めてしまうことになる。

　派遣労働者の場合に仕事遂行に必要な情報や他者支援が少ないことについて，一般事務に従事する派遣労働者（女性，20代後半）は以下のように述べている。

> 「派遣だとミーティングに呼んでもらえなかったり，仕事をするうえで支障があることもあります。派遣先の情報管理の問題もあるので仕方ないのでしょうが，やっぱり派遣は社員のようには扱ってもらえないな，と思うことはよくあります」

　ただ，派遣労働者は派遣先企業と雇用関係がないため，派遣先企業の従業員ではない。したがって，派遣労働者が雇用関係のない派遣先企業に対して所属

意識を持つことはそもそも難しいという面もある。派遣労働者が雇用関係を結んでいるのは，派遣元企業である。派遣労働者が派遣先企業に対して所属意識を持てないとすれば，その代わりに雇用関係にある派遣元企業に対して所属意識を持つことも考えられる。しかし，派遣労働者にとっては派遣元企業に対する所属意識を持つこともまた難しい。なぜなら，労働者の企業組織に対する所属意識は，単に雇用関係があるというだけでは生じないからである。労働者の所属意識は，実際にその企業の仕事に従事するとともに，その仕事を取り巻く他の労働者との関わり合いを通じて生じる。ところが，派遣労働者は派遣元企業に雇用されているものの，実際に就業するのは派遣先企業であり，派遣元企業の仕事に従事しているわけではなく，また派遣元企業の従業員とともに仕事をしているわけでもない。派遣労働者は雇用関係を結ぶ派遣元企業から派遣されて仕事に従事しているが，派遣労働者にとってはいずれの派遣元企業から派遣されているかということはそれほど大きな問題ではない。派遣労働者の所属意識にとっては，就業先となる派遣先企業の仕事や職場の人間関係がより重要であり，派遣元企業はそれほど意識されないのである。

派遣元企業への所属意識を持ちにくいことについて，一般事務に従事する派遣労働者（女性，30代前半）は以下のように述べている。

「派遣先では他の派遣会社から来ているスタッフもいるので，自分は○○（派遣会社名）から派遣されているスタッフという意識はありますけれど，だからといって派遣会社の一員という感覚はありませんね。たしかに派遣会社と労働契約は結んではいますが，普段は派遣先で働いているわけですし，（派遣会社の）営業担当と同じ会社の社員だと意識したことはありません」

派遣先企業と派遣元企業に対する所属意識の差について，営業事務に従事する派遣労働者（女性，30代前半）は以下のように述べている。

「派遣先の一員として働こうとは思っていますが，自分は社員ではないので，派遣先の社員と同じ気持ちで一緒に仕事をすることは難しいのだと思います。派遣会社は派遣先の仕事を紹介してくれましたが，それ以外は

（労働）契約更新のときくらいしか接点がありません。普段仕事をしていて派遣会社のことはほとんど意識しません」

　以上のように，派遣労働者は，派遣先企業における自分の仕事の責任をそれほど重くないとみなしている。これは，派遣先企業から仕事の裁量をそれほど与えられていないことに加えて，派遣先企業の正規労働者であれば可能な，仕事を遂行するうえで必要な情報を入手したり他者からの支援を得たりすることが難しいことによる。そして，このようにして正規労働者と同じように扱われないことが，派遣労働者の派遣先企業に対する所属意識を低くしたり，時に疎外感を感じさせる要因となっている。これまで，派遣労働者の仕事の自律性は高いと指摘されることが多かったが，派遣労働者が選択できる仕事はあくまでも派遣元企業が紹介する範囲に限られていることや，仕事内容や仕事の順序，仕事の遂行方法に関する裁量が小さいこと，さらには仕事の責任に関わる情報共有や他者支援が少ないことなども考慮に入れると，派遣労働者の仕事の自律性は決して高いとはいえないのである。

4　労働時間の長さ

　派遣労働者の労働時間の実際はどのようであろうか。派遣労働者の労働時間について，これまでは，労働時間の柔軟性が高いことが主張されることが多かった。ただ，実のところ，労働時間の柔軟性とは多様な意味を持つ。たとえば，労働時間の長さが労働者から見て適切な時間となっていることを意味することもあれば，労働者自身が労働時間を自由に変更したりコントロールできることや，あるいは労働者から見て労働時間とそれ以外の時間のバランスがうまくとれていることなどの意味で用いられることもある。

　以下では派遣労働者の労働時間について，いくつか異なる側面を見ていくことにしよう。最初に労働時間の長さを見ることにする。「派遣労働者実態調査」（2012 年）と「派遣社員のキャリアと働き方に関する調査」（2010 年）における，派遣労働者の週当たりの実労働時間を図 6-2 に示した。「派遣労働者実態調査」によると，事務職の登録型派遣労働者の週当たりの労働時間は「30～40

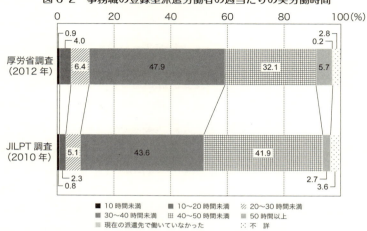

図 6-2 事務職の登録型派遣労働者の週当たりの実労働時間

(注) 1) 厚労省調査は 9 月最後の 1 週間における実労働時間数，JILPT 調査は週単位の平均的な労働時間数（いずれも残業時間を含む）。
2) JILPT 調査は「オフィスワーク系」業務に従事する派遣労働者の回答結果。「現在の派遣先で働いていなかった」の選択肢はなし。

(出所) 厚生労働省「派遣労働者実態調査（派遣労働者票）」の調査票情報の集計，および労働政策研究・研修機構（JILPT）「派遣社員のキャリアと働き方に関する調査（派遣労働者調査）」。

時間未満」の割合が最も多く，「40〜50 時間未満」と合計した割合は 8 割になる。この労働時間には，就業規則で定められた所定労働時間に加えて，残業時間も含まれているが，30〜50 時間未満の回答が多いことから，派遣労働者の多くが法定労働時間の 1 日 8 時間，週 40 時間に近い労働時間を所定労働時間とするフルタイム勤務で就業していることが推察される。

ただ，残念ながら，「派遣労働者実態調査」には 2012 年調査を除いて労働時間に関する質問項目が設定されていない。2012 年調査の結果が派遣労働者一般に見られるものなのかは，2010 年の「派遣社員のキャリアと働き方に関する調査」結果との比較で確認しよう。JILPT によるこの調査において，一般事務，経理事務，貿易事務などのオフィスワーク系業務に従事する派遣労働者の週当たりの労働時間は「30〜40 時間未満」の割合が最も多く，「40〜50 時間未満」と合計した割合が 8 割を超えていた[3]。さらに同調査では，派遣労働者の

---

[3] 図では区分していないが，「35〜40 時間未満」（39.8％）と「40〜45 時間未満」（35.1％）を合計した「35〜45 時間未満」が 8 割弱を占めている。

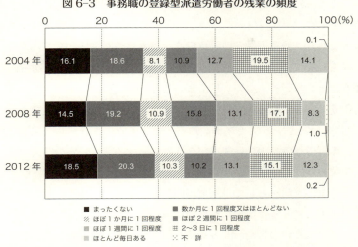

図6-3 事務職の登録型派遣労働者の残業の頻度

(注) 2004年調査の「数か月に1回程度又はほとんどない」は「1か月以上に1回程度又はほとんどない」。
(出所) 厚生労働省「派遣労働者実態調査（派遣労働者票）」の調査票情報を集計。

週当たりの労働日数もたずねているが，オフィスワーク系業務に従事する派遣労働者の週当たりの労働日数は「5日」(93.1%)が9割以上を占めていた。これらの調査結果からすれば，事務職の派遣労働者の多くは，週5日のフルタイム勤務に従事しているとみなしてよいであろう。

派遣労働者の派遣先企業における労働時間は，派遣元企業との労働契約に規定される。たとえば，フルタイム勤務の場合，労働契約において，午前9時から午後6時までを就業時間(所定労働時間)，午後0時から1時までを休憩時間とし，1日当たり8時間勤務のように定めるのである。いわゆる残業時間は，この所定労働時間を超える時間を指す。前述のように，事務職の派遣労働者の週当たりの実労働時間は30〜50時間未満の範囲に集中しており，さらに35〜45時間未満がその中心である。このことを前提に週当たり40時間を目安とすると，残業時間はそれほど多くないと考えられる。

残業の頻度はどうだろうか。「派遣労働者実態調査」(2004年，2008年，2012年)において，事務職の登録型派遣労働者の現在の派遣先企業における残業の頻度を図6-3に示した。これを見ると，「まったくない」「数か月に1回程度又はほとんどない」とする割合が3〜4割程度，「ほぼ1か月に1回程度」まで

を含めると4～5割程度，さらには「ほぼ2週間に1回程度」までを含めると5～6割程度になるのに対して，「ほとんど毎日ある」とする割合は1割程度にとどまっており，派遣労働者の半数近くが1カ月の間にほとんど残業をしていないか，もしくはあっても1～2回程度であることがわかる。派遣労働者の残業の頻度はそれほど多くないと見てよいだろう。

　このように，事務職の派遣労働者の労働時間は，所定労働時間を1日8時間，週40時間を目安とするフルタイム勤務となっている。ただし，残業時間は長くない。派遣労働者の中には残業が全くないとする者も一定の割合で含まれており，残業の頻度もそれほど多くない。派遣労働者の労働時間は，フルタイム勤務であることを前提として，残業時間が短いことや，残業の頻度が少ないという点で労働者にとって望ましいものであるといえよう。

　なお，週当たりの実労働時間と残業の頻度が必ずしも連動しないことを補足しておこう。派遣労働者の中には，残業をほとんどしない労働者とほぼ毎日もしくは2～3日に1回程度残業している労働者がいるが，この違いは労働時間の長さとは関連しない。なぜなら残業の有無は，派遣先企業における所定労働時間の長さによるからである。たとえば，所定労働時間が8時間の場合には，週当たりの所定労働時間が40時間となるため，実労働時間40時間は残業時間がないことを意味する。一方，所定労働時間が7時間の場合には，週当たりの所定労働時間が35時間となるため，実労働時間が40時間であっても残業時間が5時間発生していることになる。そして，その週当たり5時間の残業が，1日1時間の残業の合計ならば，残業が毎日あることになり，1日2～3時間の残業の合計ならば，残業の頻度は2～3日に1回程度ということになる。実労働時間が同じ場合でも，所定労働時間の設定や1日当たりの残業時間によって残業の頻度が多い場合があるのである。

　さらに，派遣労働者の労働時間は，派遣元企業との労働契約で事前に定められていることから，正規労働者のように，当日に上司から急に残業を命じられることは少ない。派遣先企業において突発的な業務に対応するのは正規労働者であり，派遣労働者が対応することは想定されていないのである。

　派遣労働者として就業する場合に残業時間が短いことや急な残業を命じられることが少ないことについて，一般事務に従事する派遣労働者（女性，30代後半）は以下のように述べている。

「派遣のいいところは残業時間が短いことです。残業時間が月当たりどのくらいあるかもあらかじめ提示されていますし，定時で退社することも多いです。正社員だったら，夕方になって急に仕事を頼まれたりすることもあるのでしょうが，派遣ならそうしたことはありません」

派遣元企業との労働契約によって派遣先企業での労働時間が決まっていることのよさについて，一般事務に従事する派遣労働者（女性，30代前半）は以下のように述べている。

「今の（派遣先の）仕事は就業時間が9時から17時半と決まっているので，夕方以降の予定も立てやすいです。正社員の頃のように残業することもほとんどありません。当時は周囲を気にして自分の仕事が終わっても早く帰りづらいこともありましたが，派遣であればとくに遠慮することもなく帰れます」

5　労働時間の裁量

　派遣労働者の労働時間は実労働時間で見れば長時間労働になることは少ない。しかしこれは必ずしも派遣労働者の労働時間に関する裁量が大きいことを意味しない。派遣労働者の労働時間は，派遣元企業との労働契約において事前に定められているため，前述のように週当たりの実労働時間は長くならないものの，他方で短くすることもできない。派遣労働者は，派遣先企業における労働時間を自分の判断で柔軟に変更することはできないのである。
　派遣労働者の労働時間は，派遣先企業により管理されるものの，雇用関係にある派遣元企業の就業規則に従うことになる。派遣先企業における労働時間管理制度に派遣元企業の就業規則が対応していない場合に問題が生じることがある。たとえば，派遣先企業の就業規則にフレックスタイム制度が導入されていても，派遣労働者が雇用されている派遣元企業の就業規則においてフレックスタイム制度が定められていなければ，その派遣労働者は派遣先企業における就業期間中にフレックスタイム制度を利用することができない。派遣先企業の労

働時間管理制度に派遣元企業の規定が対応していない場合に，派遣労働者は派遣先企業の労働時間管理制度に基づいて就業することができないのである。

　派遣先企業においてフレックスタイム制度のような柔軟な労働時間管理制度が導入されている場合には，派遣元企業は自社の就業規則において派遣労働者にもその制度を適用できるように定めればよい。実際に，派遣元企業の中には就業規則にフレックスタイム制度を規定し，派遣先企業における労働時間管理制度に基づいて派遣労働者が就業できるようにしているところもある。

　このような就業規則上の整備をしても，派遣労働者にとって難しいのは，育児や介護などを理由に一定の時期に限定してフルタイム勤務から短時間勤務へと労働時間を変更したい場合である。同じ派遣先企業で就業するうえで，派遣労働者が育児や介護といった事情により一時的に短時間勤務に切り替えることは難しい。これは派遣先企業と派遣元企業双方に理由がある。

　派遣先企業が派遣元企業に派遣労働者の派遣を希望する場合，派遣先企業は事前に，派遣労働者を受け入れる期間における派遣労働者の人数と労働時間を想定しているため，それを柔軟に変更することは管理費用が高くつくとみなされている。以下で具体的に見てみよう。たとえば，労働者派遣契約において，派遣労働者を2名として，就業時間を9時から17時（休憩時間を12〜13時）と定めている場合，派遣労働者には1日当たり7時間のフルタイム勤務が想定されており，これは派遣労働者と派遣元企業との間の労働契約にも反映されている。

　そうした派遣労働者が短時間勤務を希望した場合に，派遣先企業としてはこれを必ずしも好まないことが多い。たとえば，派遣労働者から1日4時間の短時間勤務を希望されれば，残りの3時間を就業できる他の派遣労働者を派遣元企業から派遣してもらわなければならない。しかし，これによって派遣労働者の総労働時間を同じにすることができても，派遣先企業としては，派遣労働者の業務分担を再調整したり，新たに受け入れた派遣労働者に仕事内容を習得させたり職場に適応させるコストは小さくないと認識している。したがって，派遣先企業としては，フルタイム勤務をすることを前提に受け入れた派遣労働者を短時間勤務に切り替え，派遣労働者を増やしてそれに対応したりすることには消極的になるのである。

　他方で，派遣元企業もまた派遣労働者の短時間勤務への変更に対しては消極

的である。派遣元企業としては，派遣先企業がフルタイム勤務の派遣労働者を活用したいという要望がある場合に，それまで就業していた派遣労働者の短時間勤務の希望を受け入れることは，当該派遣労働者が就業しない時間帯について，他の派遣労働者を登録者の中からみつけて新たに配置しなければならない。そうでなければ，短時間勤務を希望する派遣労働者を他の派遣先企業の仕事に移して，フルタイム勤務が可能な派遣労働者を新たに派遣しなければならない。派遣元企業からすれば，就業中の派遣労働者の短時間勤務の希望を受け入れようとすると，派遣労働者と派遣先企業の仕事のマッチング業務が増えてしまうことになる。こうして，派遣元企業もまた派遣労働者の短時間勤務への切り替えには消極的となる。

同じ派遣先企業で就業を継続したいと考える派遣労働者に短時間勤務を適用することの難しさについて，派遣元企業B社の営業担当者は以下のように述べている。

> 「スタッフさんが短時間勤務をしたい気持ちはわかるのですが，そのスタッフさんが働かない時間に他のスタッフさんをみつけるのは大変です。派遣先からはフルタイムで働けるスタッフをお願いされていますし，もともと短時間の仕事ならご紹介できるかもしれませんが，フルタイムのところでは難しいと思います」

こうした結果，派遣労働者が同じ派遣先企業における派遣就業中にフルタイム勤務から短時間勤務に変更することは難しくなる。もっともこれは同じ派遣先企業で就業を継続する場合であり，契約更新のタイミングで他の派遣先企業に就業する場合には，派遣先企業が短時間勤務での派遣労働者の受け入れを希望していれば，派遣労働者は短時間勤務の仕事に従事することもできる。しかし，この場合は反対に，派遣先企業は1日4時間といった短時間を前提とした派遣労働者の活用を想定しているため，派遣労働者が当該派遣先企業において短時間勤務からフルタイム勤務への変更を希望した場合にもかなわない可能性が高い。派遣労働者にとっては，同じ派遣先企業での就業を前提とした場合に，フルタイム勤務と短時間勤務を柔軟に変更することが難しくなっているのである。

6 有給休暇の取得

　派遣労働者の労働時間の裁量が必ずしも大きくないことは，有給休暇の取得にも表れる。派遣労働者にも有給休暇を取得する権利が与えられ，実際の取得日数も低くはないものの[4]，有給休暇を蓄積したり，柔軟に取得したりすることが容易ではない。派遣労働者の有給休暇は，正規労働者と同様に，派遣元企業との労働契約が6カ月以上となった場合に，就業日数に応じて付与される。また，同様に初回の有給休暇の発生日から同じ派遣元企業の労働契約がさらに1年以上継続していれば次の有給休暇が付与される。有給休暇の付与それ自体の仕組みは正規労働者と何ら変わりはない。

　しかし，派遣労働者の有給休暇の特徴は，有給休暇の付与を計算する根拠が派遣元企業における勤続期間に基づくことである。派遣労働者の有給休暇は，就業先である派遣先企業での就業期間には関係しない。有給休暇は雇用される派遣元企業における勤続期間に応じて付与され蓄積される。したがって，仮に派遣労働者が異なる派遣元企業の仕事を引き受けて就業し，各々の派遣元企業における勤続期間が短期になり6カ月に満たない場合には，有給休暇が付与されないことになる。また，仮にある派遣元企業のもとで有給休暇を蓄積していても，他の派遣元企業の仕事を引き受けてそれまでの派遣元企業における勤続期間が中断してしまうと，それまで蓄積した有給休暇が消滅してしまうことになる。

　そして，より重要なのは，派遣労働者が有給休暇を取得する際に派遣先企業と派遣元企業の双方に配慮しなければならないことである。本来有給休暇は労働者の権利であるため，派遣労働者が有給休暇の取得予定日を雇用主である派遣元企業に提示した場合に，派遣元企業は有給休暇の取得時期の変更に関わる時季変更権を行使しない限り，これを拒むことはできない。そして，派遣先企業は有給休暇取得の決定を受け入れるしかない。派遣労働者に有給休暇を付与しているのは，派遣先企業ではなく派遣元企業だからである。

　4）「派遣労働者実態調査（派遣労働者票）」（2012年）の調査票情報を独自集計したところ，事務職の登録型派遣労働者の過去1年間の有給休暇取得日数の割合は，「10〜14日」が30.1％，「5〜9日」が22.7％であった。

ところが，派遣労働者は，実際には派遣元企業への自らの申し出だけで有給休暇を取得できているわけではないようである。派遣元企業からすれば，派遣労働者が有給休暇を取得することによって，派遣先企業における仕事遂行に支障が生じることは避けたいからである。派遣元企業は，派遣先企業の仕事の繁忙さなどを必ずしも十分に知ることができないため，派遣元企業による有給休暇取得の承諾は，おのずと派遣先企業の要望を反映したものとなる。なお，派遣先企業から派遣元企業に支払う派遣料金は，派遣労働者の実労働時間によって決まることから，派遣労働者が有給休暇を取得した場合にはその分だけ派遣元企業が派遣先企業から受け取る派遣料金が少なくなる。その点で，派遣先企業からすれば，派遣労働者が有給休暇を取得することは当該労働者による作業量が減るだけであり，費用面の問題は生じない。

　ただし，派遣労働者の多くは，派遣先企業で有給休暇を取得しづらいと感じている。というのも，派遣労働者の多くが，派遣先企業において自分の仕事の効率性を高めることを要求されており，有給休暇を取得することはその支障になると考えているからである。これまでも確認してきたように，派遣労働者が同じ派遣先企業での就業を継続するには，派遣先企業が派遣元企業との労働者派遣契約を更新し，さらに自分と派遣元企業の労働契約が更新されなければならない。そのためには，派遣労働者は派遣先企業から仕事遂行に必要な技能を有しており期待どおりの仕事成果を発揮する労働者であると評価されなければならない。自分の雇用の安定には，そうした派遣先企業の評価が重要であることを理解している派遣労働者は，有給休暇の取得に躊躇することが多い[5]。

　また，有給休暇は派遣元企業との労働契約期間によって派遣元企業に蓄積されていくが，就業中の派遣先企業において就業開始半年未満の間は，派遣労働者はより休暇を取得しづらいと感じるようである。このことについて，一般事務の派遣労働者（女性，20代後半）は以下のように述べている。

　　「有休が貯まっているので使おうと思うのですが，今の派遣先に来てから

---

[5]　「派遣社員のキャリアと働き方に関する調査」（2010年）において，一般事務，経理事務，貿易事務などのオフィスワーク系業務に従事する派遣労働者の「現在の派遣先における問題点」を見ると，「賃金が低い」（29.7％），「能力や経験を十分に活かせない」（14.7％）に続いて，「有給休暇が取りにくい」（14.2％）が3番目にあげられている。

まだそれほど時間が経っていないのでちょっと休みづらいなとは思います。この派遣先で長く働こうと思っているので，もう少し慣れてからなら有休をとれるんじゃないかとは思っています」

7 労働時間の密度

　派遣先企業は派遣労働者に対して，契約期間中は一定の労働時間を就業することを期待している。これは，派遣労働者の派遣先企業における労働時間の裁量を小さくすることだけでなく，労働密度を高めることにもつながっている。労働密度とは，一定の労働時間内にどれだけ多くの仕事量を遂行するかという時間当たりの労働量を意味する。

　派遣労働者の労働密度は概して高くなる可能性が高い。なぜなら，派遣先企業は，事務職の派遣労働者を活用する理由の1つとして，人件費の削減を重視しており，コストに対する意識が高いからである。派遣先企業は，派遣労働者が一定の労働時間内に期待どおりの仕事成果を発揮することを求めている。仮に派遣労働者の仕事成果が期待を下回ることがあれば，派遣元企業に対して他の派遣労働者に交替することを要求する。さらに，仕事成果が期待どおりであったとしても，派遣先企業から派遣元企業に支払う派遣料金が多くの場合，時間当たりの単価となっていることから，派遣先企業は一定の費用の中で派遣労働者の時間当たりの生産性をより高めることを志向するようになり，派遣労働者の仕事量は徐々に増えていく可能性が高いのである。派遣労働者の派遣料金は基本的に仕事の内容や難易度によって決まることから，仕事の内容が変わったり，仕事の難易度が高くなれば派遣料金は高くなる。しかし，同じ仕事を任せている限りは，派遣労働者の仕事量を増やしても派遣料金の単価の上昇には直接的に結びつくことはない。

　もっとも，派遣労働者を雇用する派遣元企業が，派遣先企業において派遣労働者の労働密度が高くならないように関与することも可能である。しかしながら，派遣元企業がこれに関与することは少ない。派遣元企業は，派遣先企業における派遣労働者の職務遂行を直接観察できないからである。また，派遣元企業が派遣先企業に対して交渉力を持てない場合にはいっそう関与することが難

しくなる。

　派遣労働者の労働密度が高くなる可能性について，一般事務に従事する派遣労働者（女性，30代前半）は，以下のように述べている。

　　「今の派遣先に来て仕事自体は特段変わっていないのですが，ここに来た当初よりもだいぶ忙しくなったような気がしています。勤務時間内でできないわけではありませんが，以前よりも急ぎで資料作成を頼まれることも多いですし，書類を作成したり処理する量も増えてきているように思います」

　こうした結果として，派遣労働者の労働時間に対する知覚はやや複雑なものとなる。事務職の派遣労働者の実労働時間はフルタイム勤務を前提とした場合にそれほど長いわけではない。派遣労働者は，残業時間が少なく，その頻度も少ないという点で，派遣先企業において仕事に従事する時間と，家庭生活や仕事以外に従事する時間との間でよいバランスが確保されていると感じている。しかし他方で，派遣労働者は同じ派遣先企業で就業することを前提とすると，労働時間を柔軟に変更することができない。派遣労働者の労働時間は派遣元企業との労働契約によって定められており，派遣労働者はその労働時間どおりに就業することが求められている。また，派遣労働者は派遣先企業で有給休暇を取得することを躊躇している。さらに，派遣労働者は派遣先企業から所定労働時間内に高い生産性を発揮する期待を受けていると考えており，これらのことに不満を感じている。このように，労働時間のさまざまな側面を見ると，派遣労働者の労働時間の柔軟性はこれまで主張されてきたように必ずしも高いとはいえないのである。

第3部
派遣労働者が困難に対処する方策

> ### Overview
>
> 　第3部では，事務職に従事する派遣労働者に対する聞き取り調査に基づいて，派遣労働者が派遣労働を通じて経験する困難にどのように対処しているのかを検討していく。第2部で見たように，派遣労働者は，賃金が上昇しにくかったり付加給付が少ないといった経済的側面だけでなく，雇用が不安定であったり，長期的な能力開発機会が少なかったり，仕事の自律性が低いといった非経済的側面においても困難を経験している。労働時間についても労働時間の裁量が小かったり有給休暇を取得しにくいといった困難があった。第3部では，派遣労働者がこうした困難にどのように対処しているのかを検討していく。
>
> 　派遣労働者が困難に対処する方策は大きく3つある。第1の方策は，派遣労働を通じて経験した困難を受け入れて派遣労働を継続していく方策である。第2の方策は，困難を回避し他の就業形態へ移行を図る方策である。そして第3の方策は，派遣労働を継続しながら，困難を自ら克服していく方策である。これら3つの方策の検討を通じて，派遣労働の特徴が，労働者を取り巻く外部環境によってどの程度規定され，その一方で労働者自身の認識や行動によってどの程度改変・改善できる可能性があるのかを明らかにする。

第7章
派遣労働の受容

派遣労働者のジレンマ

　本章は，派遣労働者が派遣労働を通じて経験する困難に対処する第1の方策として，派遣労働者がその困難を受容することによって派遣労働を継続していくという方策について論じる。聞き取り調査の結果においては，この困難を受容する方策を採用する派遣労働者が最も多くの割合を占めていた。派遣労働者の多くは，派遣労働における困難を経験した場合に必ずしもそれを解決しようとするわけではない。その多くは困難を受け入れ，自らを納得させて派遣労働を続けるのである。

　なぜ派遣労働者は経験する困難を受け入れて働き続けるのだろうか。それは，派遣労働者が自身の働き方の中にジレンマを経験することによる。ジレンマはどのようなものであろうか。また，そのジレンマを生じる要因や背景は何であろうか。本章では，派遣労働者が経験するジレンマを労働者の就業志向に注目して論じる。

1 派遣労働者の就業志向

　労働者は1人ひとり働くことを通じて実現したい価値を持っているだろう。本書では，これを就業志向と呼ぶ。この就業志向に注目することによって，派遣労働という働き方が正規労働や他の非正規労働と比較して何を実現しやすく，また実現しにくいのかをより理解することができるであろう。今回の事務職の登録型派遣労働者に対する聞き取り調査を通じて，その就業志向をおよそ3つ

表 7-1 聞き取り調査対象の派遣労働者の就業志向と主な属性

類型	生活志向	技能志向	関心志向
就業志向	仕事と生活の両立	技能・専門性の向上	関心の持てる仕事に従事
派遣労働を開始したきっかけ	出産・育児の終了に伴う就業への復帰	学卒時に正規労働の就業機会を得られなかった	事務の仕事を偶然みつけた
性別	女性	女性・一部男性	女性
年齢	30～40代	20～30代	20代
学歴	大学卒・短大卒	大学卒	大学卒・高校卒
結婚，子供	既婚，子供あり	未婚	未婚
過去の就業経験	正規就業経験あり	非正規就業（学生時代）	非正規就業経験あり
主たる家計負担	配偶者	自分自身	親
現在の職種	一般事務・経理事務・貿易事務	一般事務・一部経理事務	一般事務
派遣先企業での仕事	相対的に上級レベルに従事（正規労働者との仕事の重なりは多い）	初級から中級レベルに従事	初級レベルに従事（正規労働者との仕事の重なりは少ない）
今後のキャリア希望	派遣労働を継続，労働条件が維持されるなら正規労働に転換	技能や専門性が向上する限り派遣労働を継続，近い将来は正規労働に転換	とくに考えていない，就業を無理に継続するつもりはない

に類型化した。

　第1の就業志向類型は，仕事と生活の両立を重視する派遣労働者であり，これを「生活志向」と名づけた。第2の就業志向類型は，仕事を通じた技能や専門性の向上を重視する派遣労働者であり，これを「技能志向」と名づけた。第3の就業志向類型は，関心の持てる仕事に従事することを重視する派遣労働者であり，これを「関心志向」と名づけた。聞き取り調査対象者47名のうち，各類型に相当する人数は，生活志向26名（55.3%），技能志向16名（34.0%），関心志向5名（10.6%）である。

　以下で，各類型の派遣労働者にどのような特徴があるのかを見ていく。年齢や学歴，家族などの属性，派遣労働者として働き始めたきっかけ，これまでのキャリアや現在従事している仕事，さらには将来の働き方についての展望などについて概観する。派遣労働者の就業志向は，これらの要因に影響を受けていることをうかがい知ることができるだろう。それぞれの類型の特徴を一覧にしたものが，表7-1である。

(1) 生活志向の派遣労働者

　第1に，生活志向に分類された派遣労働者は，仕事と生活の両立を重視して派遣労働者として就業している。生活志向の派遣労働者が派遣労働を開始したきっかけは，出産・育児が一段落して再び就業することが可能となったことである。生活志向の派遣労働者は，全員が女性であり，年齢は30代後半から40代が中心となる。彼女らの多くは大学や短期大学を卒業している。また，生活志向の派遣労働者は既婚が多く，子供がいる割合も他の類型に比べて多い。このため，出産・育児は一段落しているものの，就学中の子供がおり家事を中心として，一部の派遣労働者は親の介護も抱えているなど，仕事のみに時間を割くことはできず，家庭生活のために一定の時間を確保する必要がある。ただし，生活志向の派遣労働者の場合，主たる家計負担者は派遣労働者本人ではなくその配偶者である。配偶者とは夫であり，彼らの多くは正規労働者として企業にフルタイムで就業しており安定的な収入を得ている。このため，生活志向の派遣労働者は，経済的な面では自分の収入についての精神的圧力は少ない。

　生活志向の派遣労働者の中には，派遣労働者として就業を開始する前に正規労働者として就業した経験のある者も多い。彼女らは大学や短期大学を卒業後に，いわゆる一般職と呼ばれる事務職の正規労働者として企業に就業しており，結婚・出産・育児などの事情によりその企業を退職するまで正規労働者として事務職のキャリアを積んでいる。

　生活志向の派遣労働者は，過去のそうした経験から，他の類型と比較して技能水準が高いことも特徴である。現在の派遣先企業で従事している職種を見ると，一般事務に加えて経理事務や貿易事務など，事務職の中で専門性の高い職種の仕事に従事している。また，一般事務や経理事務といった同じ職種の中で仕事の難易度を比較しても，生活志向の派遣労働者は他の類型よりも相対的に難易度の高い仕事に従事している。このことから，彼女らの仕事内容が派遣先企業の正規労働者と同じであったり，類似している割合が多くなる。また，彼女らが就業する派遣先企業は総じて規模の大きな企業である割合が多い。

　さらに，生活志向の派遣労働者は，今後も引き続き事務職の派遣労働者として就業することを想定している。仕事と生活の両立が図れるという条件が満たされれば，今の派遣先企業において就業を継続することを希望しており，他の派遣先企業に変わることはそれほど望んでいない。もし仕事内容と労働時間が

変わらないのであれば，現在の派遣先企業で正規労働者に転換したいとも考えている。

　前述のように，生活志向の派遣労働者は，出産・育児が一段落して再び就業するうえで，仕事と生活の両立を図ることができる働き方として派遣労働を開始している。このため，生活志向の派遣労働者は，積極的な理由で派遣労働を選択しているとみなされるが，これには留意が必要である。それは彼女らが仕事と生活の両立を図るには派遣労働しかない状況にあるからである。生活志向の派遣労働者の多くは，出産・育児は一段落したものの，就学中の子供がいるため，平日に残業をすることは難しい。配偶者の夫は正規労働者としてフルタイム勤務をしており，残業も多く定時退社できる日は少ない。このため，生活志向の派遣労働者は，短時間勤務をするほどではないが，残業の少ない就業形態を選択する必要がある。

　ただ，生活志向の派遣労働者の多くは，過去に正規労働者として就業した経験を持っており，仮に就学中の子供の世話などのために一定の時間までに帰宅する必要がなければ，正規労働者として就業したいと考えている。彼女らは正規労働者として企業内で管理職として昇進したいという希望を持っているわけではないが，正規労働者として同じ事務職の仕事でもより責任のある仕事を任されて働きたいとは考えている。生活志向の派遣労働者は，仕事と生活の両立を図るために派遣労働者として働いているが，それは必ずしも積極的な理由とは言い切れないのである。

　出産・育児などによりいったん会社を辞め，その後再び就業に復帰する際に派遣労働を選択したことについて，一般事務に従事する派遣労働者（女性，30代前半）は以下のように述べている。

　「小学生の子供がおりますので6時には帰宅して夕食の準備をしなければなりません。夫は仕事で遅く帰宅することが多いので，私は基本的に残業ができません。派遣はフルタイムで働けますが，残業することもほとんどないので都合がいいのです。以前は一般職で働いていましたし，派遣であればその経験が活かせると思います」

　生活志向の派遣労働者が派遣労働を選択した理由として，親の世話をあげる

者もいる。営業事務の派遣労働者（女性，40代前半）は以下のように述べている。

「娘は中学生ですので，もう手はかかりませんが，夫の両親も高齢ですし夕方には自宅に戻れるようにしたいと思っています。今の派遣先の就業時間は9時半から夕方5時半までですが，派遣は残業もなくこの就業時間どおりに働けるので続けたいと思っています」

生活志向の派遣労働者は仕事と生活の両立を重視しているものの，同時に仕事に対する意識も高い。仕事に対する意識とは，自分自身の事務職としての職務経験や技能を活かしたいという考えや，事務職の中でもより責任の重い仕事に従事したいという考えである。これについて貿易事務に従事する派遣労働者（女性，30代後半）は以下のように述べている。

「出産と育児で会社を辞めるまで正社員として働いていましたから，もう1度働くなら当時と同じような（事務の）仕事をしたいという気持ちはありました。貿易事務の経験がありましたから，派遣なら当時の経験を活かせると思ったのです。今の派遣先では重要な取引先も任せていただいています。正社員の頃のように残業してバリバリ働きたいわけではないので，派遣は自分に合っていると思います」

生活志向の派遣労働者の多くは派遣労働を継続したいという希望を持ちながら，正規労働に転換したいと考えている者も少なくない。ただし，彼女らは仕事と生活の両立を重視していることから，正規労働に転換する際にはとくに労働時間の柔軟性を確保できることを条件としている。これについて一般事務の派遣労働者（女性，30代前半）は以下のように述べている。

「正社員になれば今よりも責任のある仕事を任せてもらえると思いますし，それはいいことなのですが，その代わりに残業もしなければならなくなるのが困るのです。今の派遣先で正社員になったら，忙しい他の部署に異動になるかもしれません。通勤時間の問題がありますので，勤務地が変わら

ないのはもちろんですが，勤務時間や部署も今と同じままでいいのであれば正社員になりたいと思っています」

(2) 技能志向の派遣労働者

第2に，技能志向に分類された派遣労働者は，仕事を通じて技能や専門性を向上させることを重視して派遣労働者として就業している。事務職という職種を反映してこの類型も女性が中心となるが，男性も一部含まれている。年齢は20代後半から30代前半が中心であり，大学を卒業した者が多い。この類型は，生活志向の派遣労働者と比較して年齢層が若く未婚が多い。技能志向の派遣労働者の場合，主たる家計負担者は派遣労働者本人であり，派遣労働を通じて自分の生活を支えていく必要がある。

技能志向の派遣労働者の多くは新卒時から派遣労働者として就業している。この類型の派遣労働者が派遣労働を開始したきっかけは，大学在学中の就職活動において正規労働者として就業する機会をみつけることができずに，当時やむなく派遣労働者として働くことを選択したことによる。派遣就業時に新卒であったことから，派遣労働を開始するまでに正規労働者として就業した経験はなく，契約社員と呼ばれるような直接雇用の有期フルタイム労働者として就業した経験を持つ者も多くない。彼・彼女らが経験しているのは，在学中のいわゆるアルバイトのような有期パートタイム労働者としての仕事経験にとどまる。事務職の職務経験はほとんどないことから，事務職としての技能水準は高くない場合が多い。

技能志向の派遣労働者は，一般事務を中心に従事しているものの，一般事務の中では生活志向の派遣労働者よりも難易度の低い仕事に従事している割合が多い。経理事務に従事している派遣労働者も一部いるが，経理事務の中での仕事の難易度は相対的に低いものにとどまる。仕事の難易度がそれほど高くないことから，その仕事内容が派遣先企業の正規労働者と重複する程度はあまり大きくない。技能志向の派遣労働者は，今後も技能や専門性を向上できる限り，派遣労働者として就業することを希望しているが，近い将来には正規労働者として就業したいと考えている。ただし，正規労働者として就業できる企業としては，現在の派遣先企業には必ずしもこだわっていない。

技能志向の派遣労働者は，大学を卒業した時点で正規労働者としての就業機

会を得られなかったことから，本来は正規労働者として就業したいという希望があったにもかかわらず，やむなく派遣労働を開始したが，これをいわゆる不本意就労の派遣労働者として派遣労働を消極的な理由から選択したといえるのかについては，留意が必要である。技能志向の派遣労働者は，学生時代にアルバイトとして経験した販売職やサービス職などの仕事を通じて，そうした職種で正規労働者になっても自らが想定した技能や専門性を身に付けたり向上させたりすることはできないので，事務職に就くほうが思い描くキャリアを歩めるのではないかと考えた。そこで彼・彼女らは，事務職の正規労働者として就職することを目指したが，残念ながら事務職の正規労働の就業機会をみつけることはできなかった。もっとも，職種や仕事内容にこだわらなければ，正規労働者としての就業機会があったかもしれないが，技能志向の派遣労働者は，自分の想定する技能や専門性を蓄積し発揮していくことができる働き方として，事務職以外の正規労働と事務職の派遣労働を比較した結果，派遣労働を選択したのである。こういった経緯から，彼・彼女らの派遣労働という働き方の選択は，必ずしも消極的な理由からだけではないのである。

　こうした志向は，典型的には一般事務に従事する派遣労働者（女性，20代後半）の以下のような発言に見て取ることができる。

　　「就職活動の頃は一般職（の正規労働者）として働きたいと思っていましたので，当時は仕方なく派遣で働き始めました。営業職や販売職になることは考えていなかったので，事務職で働こうと思ったら派遣しかありませんでした。今の仕事は大手のメーカーの一般事務ですが，将来的には正社員として働きたいと思っています。正社員の一般職であれば，業界とか会社にはこだわっていません」

　同様に，学卒時に正規労働者の仕事に従事できなかったことが派遣労働を開始した直接的な理由であるものの，現在は技能や専門性を派遣労働を通じて向上させたいと考えている技能志向の派遣労働者も多い。経理事務に従事する派遣労働者（女性，30代前半）は以下のように述べている。

　　「私が大学を卒業する頃は大手（企業）の事務職として就職するのはとて

も厳しかったです。事務職になるなら派遣で働くという方法があると聞いて（派遣就業を）始めたのがきっかけです。最初は一般事務でしたが，その後簿記の資格をとったりして今は経理事務として働いています。しばらくは派遣で他の会社の仕事を経験して，もっとスキルアップしたいと思っています。いつかは正社員になりたいです」

しかし，技能志向の派遣労働者の中には，人数は少ないものの，技能蓄積の観点から積極的に派遣労働を選択した者もいた。経理事務に従事する派遣労働者（女性，20代後半）は以下のように述べている。

「正社員になっても一般職だったらずっと同じ会社で総合職の補助業務を続けることになるのではないでしょうか。私は事務の仕事の中でも専門性を身に付けていきたいと思いました。派遣であれば簿記の資格を取得していろいろな会社で経験を積んでいけますし，経理事務のスペシャリストとして働いていきたいと思っています」

事務職の派遣労働者は女性がそのほとんどを占めるものの，わずかながら男性の派遣労働者もいる。彼らの就業志向は技能志向であった。経理事務に従事する派遣労働者（男性，20代後半）は以下のように述べている。

「本当は正社員として就職できればよかったのですが，希望した会社には行けなかったので，アルバイトよりは派遣のほうが多少はスキルが身に付くと思って派遣で働き始めました。大学在学中に簿記の資格を持っていたので，最初から経理事務の仕事に就くことができました。派遣だといろいろな会社で実務経験が積めるのがいいですね。将来は公認会計士を目指そうと思いまして，専門学校に通い始めました」

(3) 関心志向の派遣労働者

第3に，関心志向に分類された派遣労働者は，関心の持てる仕事に従事することを重視して派遣労働者として就業している。関心志向の派遣労働者は，高校や大学を卒業後，自分に合う仕事を探しながらいくつかの職種の仕事を経験

する中で，事務職の仕事に関心を持った。関心志向の労働者が派遣労働を開始したきっかけは，派遣元企業を通じて偶然に事務の仕事をみつけることができたからである。この類型は全員が女性であり，年齢は20代が中心で，未婚が大半を占めた。また，その家計負担者の中心は労働者本人ではなく親であり，親と同居している割合も多かった。

　関心志向の派遣労働者の多くは，派遣労働者として就業を開始する前に，有期フルタイム労働者や有期パートタイム労働者として就業しているが，事務職の経験はそれほどない。職種は一般事務が多く，経理事務や貿易事務などの職種に従事する派遣労働者はほとんどいなかった。一般事務の中でも他の類型の派遣労働者と比較して，難易度の低い仕事に従事している。この結果，派遣労働者の仕事が派遣先企業の正規労働者と類似している割合は低い。関心志向の派遣労働者は，今後希望する働き方はそれほど明確になっておらず，今後のことはわからないと考えている割合も多い。派遣労働者として就業してもよいと考えているが，積極的に派遣労働を希望しているわけでもなく，他方で正規労働者になることを希望してもいない。今後結婚や育児など何らかの事情が発生すれば派遣労働者として就業することをやめてもよいと考えている。

　こうしたことから，関心志向の派遣労働者の就業理由を，積極的か消極的かという対比で捉えることは難しい。関心志向の派遣労働者が派遣労働を選択している理由はそれほど明確ではない。その中で多い理由は，事務の仕事に従事することを漠然と希望する中で，派遣元企業を通じて事務職の仕事に従事できる機会を得たというものである。これについて一般事務に従事する派遣労働者（女性，20代後半）は以下のように述べている。

　　「就職活動を振り返ると，一般職として就職するのは難しかったと思います。販売や接客（の仕事）もいろいろ経験しましたが，契約社員でしたし，ノルマもあったりして仕事はかなり厳しかったです。事務の仕事に就きたいと思って探していましたが，派遣会社に登録したら事務の仕事を紹介してもらえました。事務は未経験でしたが，今の派遣先で働くことができてよかったです」

　関心志向の派遣労働者が従事する仕事は一般事務が多く，他の類型と比較し

て技能水準が高くない仕事となっている。彼女らは事務の仕事には関心があるものの，技能志向の派遣労働者のように技能や専門性を向上しようという考えは持っていない。これについて一般事務に従事する派遣労働者（女性，20代後半）は以下のように述べている。

> 「スキルアップしようとか正社員になろうとか，そこまではっきりした目標はないです。事務職の仕事は社員さんのサポートだと思いますし，普通に今の仕事を続けていければいいと思っています」

関心志向の派遣労働者は未婚が多く，他の類型と比較して年齢層も若い。彼女らは，派遣労働を続けることや将来の働き方について明確に描いているわけではない。一般事務に従事する派遣労働者（女性，20代前半）は以下のように述べている。

> 「先のことはよくわかりません。事務の仕事は好きなので続けたいですが，別に派遣にはこだわりません。結婚したら仕事はしないかもしれませんし，そのときにまた考えたいと思います」

ここで，派遣労働者の就業志向の類型について，いくつか補足しておこう。第1に，3つの類型の派遣労働者の属性上の特徴は，各類型の典型的なものであり，各類型にはそれとは異なる属性を有する派遣労働者がいる。たとえば，生活志向の派遣労働者の多くは，出産・育児の終了に伴う就業復帰をきっかけとして派遣労働を開始した30〜40代であったが，中には結婚を契機として派遣労働を開始した者や20代でこの就業志向を持つ者もいた。また，技能志向の派遣労働者の多くは，大学を卒業時に正規労働者としての就業機会を得られなかった者であるが，中には高校卒業後に正規労働者の就業経験を有する者や，有期パートタイム労働者としての経理事務の就業経験を活かしながら技能や専門性をより向上させたいと考えている派遣労働者もいた。さらには，関心志向の派遣労働者の大半は20代で，その主たる家計負担者が親である者が多いが，30代の者や，自らが主たる家計負担者である者もいた。このように，3類型の中には，一部，属性が異なる者が含まれているが，多くの派遣労働者は上述の

ような典型的ともいえる特徴を有していた。

　第2に，3つの類型の就業志向の内容は，より広義なものである。たとえば，生活志向の派遣労働者の多くは，就業時点における仕事と生活の両立を図ることを重視しているが，中には，必ずしも現在の仕事と生活の両立ということではなく，キャリアを通じて仕事と生活を両立させたいと考えている派遣労働者もいた。ある生活志向の派遣労働者は，数年後に海外に留学することを計画しており，留学資金を蓄えるために派遣労働者として就業していた。この派遣労働者は，派遣就業と並行して語学学校に通ったりしていたことから，仕事と語学学習の両立を図ろうとしている点でも生活志向とみなすことができたが，派遣労働者本人の希望を丁寧に解釈すると，仕事に専念する期間と仕事以外の生活に専念する期間を区別し，これらを両立することを重視しているということであった。

　第3に，派遣労働者の就業志向は，必ずしも3つの就業志向のいずれか1つではなく，複数の就業志向を持っている場合がある。たとえば，派遣労働者の中には，3つの就業志向のうち，技能志向と関心志向の2つを持っているとみなせる者がいた。この場合には，技能志向と関心志向の中間的な志向を持つと考えられるものの，いずれの就業志向がより強いのかという観点から，事務職という仕事に技能や専門性を見いだしている派遣労働者は技能志向に，逆に事務職という仕事に興味や関心を持っている派遣労働者は関心志向に分類した。

　第4に，そもそも労働者の就業志向が多様であることからすれば，派遣労働者が3類型以外の就業志向を持っていることにも当然ながら留意する必要がある。たとえば，仕事を通じて多くの収入を得ることを重視する派遣労働者もいるであろう。ただ，今回の調査においては，そうした志向の派遣労働者においても，上述したような生活志向や技能志向，関心志向のほうをより強くあわせ持っていた。また，多くの収入を得ることを最重視する労働者は，多様な就業形態の中でも，賃金や付加給付をより多く得られるであろう正規労働を選択しようとすると考えられるが，中には派遣労働者として就業している者がいるかもしれない。このような労働者の就業志向の多様性をふまえれば，派遣労働者の中に3つの就業志向に分類できない者がいる可能性があり，また就業志向を3類型よりも細分化して分類することもできるが，今回の調査対象となった派遣労働者については，おおよそ3類型の中に位置づけることができると考えた

のである。

2 派遣労働者が経験するジレンマ

　前節で見たとおり、今回聞き取り調査を行った派遣労働者を、その就業志向により、生活志向、技能志向、関心志向という3つに類型化することができた。そして、彼・彼女らが派遣労働という働き方に関して経験しているジレンマについてもまた、この類型ごとに違いを見て取ることができる。この場合のジレンマとは、前章までで見てきた派遣労働という働き方をさまざまな仕事の質の側面から捉えたときに、ある側面はメリットとして、またある側面はデメリットと強く認識されることである。

　以下で見るように、派遣労働者は、正規労働や派遣労働以外の他の非正規労働と比較して、派遣労働という働き方にメリットとデメリットの双方を見いだしている。それぞれの類型の派遣労働者が経験するジレンマを一覧にしたのが表7-2である。

(1) 生活志向の派遣労働者のジレンマ

　生活志向の派遣労働者は、派遣労働という働き方を正規労働と比較して、派遣労働には、正規労働よりも残業時間が少ないというメリットがある一方で、正規労働よりも賞与や退職金などの付加給付が少ないというデメリットがある

表7-2　派遣労働者が経験する働き方のメリットとデメリット

就業志向		生活志向	技能志向	関心志向
正規労働との比較	メリット	残業の少なさ	技能や専門性を活かせる仕事機会の多さ	仕事の責任が重くないこと
	デメリット	賞与・退職金などの付加給付の少なさ	就業先での能力開発機会の少なさ	失業リスクの高さ
他の非正規労働との比較	比較対象	有期パートタイム労働	有期フルタイム労働	有期フルタイム労働　有期パートタイム労働
	メリット	賃金水準の高さ	技能や専門性を習得する教育訓練の多さ	就業機会を得ることの容易さ
	デメリット	労働時間の裁量の小ささ	正規労働への転換可能性の低さ	仕事の裁量の小ささ

とみなしている。

　生活志向の派遣労働者が重視するのは，仕事と生活の両立である。彼女らの多くは，出産・育児を終えて再びフルタイムで就業する機会として派遣労働を選択している。彼女らには就学中の子供がいるため，フルタイムで就業することはできても，夕方以降残業することは難しい。正規労働を選択すれば，急な残業を指示されることがあり，それを拒否できない場合も多く事前に労働時間の見通しが立ちにくい。これに対して，派遣労働であれば，派遣元企業から仕事を引き受ける時点で，派遣先企業の仕事において週もしくは月当たりどの程度の残業時間が発生するのかが提示されており，それを了解したうえで派遣先企業の仕事に従事することになる。残業が全くないわけではないが，正規労働に比べて派遣労働という働き方では労働時間が限定されている。就学中の子供を抱えた生活志向の派遣労働者は，フルタイム勤務をしながら残業時間が限定されている点で，派遣労働にはメリットがあるとみなしている。

　しかしながら，その一方で，生活志向の派遣労働者は，正規労働と比較して派遣労働は賞与や退職金などの付加給付が少ないことがデメリットであると考えている。生活志向の派遣労働者は，経理事務や貿易事務などの専門性の高い職種や，同じ職種でも派遣労働者の中で相対的に難易度が高い仕事に従事している。その結果，派遣先企業の正規労働者と同じ仕事に従事することも多い。彼女らは，派遣先企業の正規労働者と同じ仕事に従事しながら，派遣労働者であるために正規労働者のように賞与や退職金などの付加給付を得ることができないことをデメリットであるとみなしている。

　派遣労働と正規労働を比較した場合のメリットとデメリットについて，経理事務に従事する派遣労働者（女性，30代後半）は以下のように述べている。

> 「正社員だったら夕方急に仕事を頼まれたらきっと断れないです。派遣は基本的に定時で退社できますし，残業もほとんどありません。今の派遣先で働く前にも，派遣会社の営業担当から，残業は月10時間程度だといわれて，それなら働けますということで始めました」
> 「同じ会社で働いていて，正社員と仕事もほとんど変わらないのに，派遣というだけでボーナスがもらえないというのは納得がいかないです。派遣も正社員と同じように派遣先のために貢献しているんですから，派遣にも

ボーナスがあっていいと思うのです」

同様に,一般事務に従事する派遣労働者(女性,30代後半)は以下のように述べている。

「正社員だったら繁忙期や月末月初は連日残業になるのでかなり忙しいです。派遣も多少の残業はありますが,彼女たちのように長くなることはありません。今の派遣先は派遣には残業させないことにしているようですし,残業が少ないと生活にも余裕があるし1週間のスケジュールも立てやすいです」
「正社員には年2回賞与がありますし,通勤手当や住宅手当も支給されます。私と同じくらいの年齢であれば退職金もそれなりの金額を受け取れるのでしょう。正社員と仕事の内容もそれほど変わらないし,若い正社員に比べたら私のほうが経験もあるし取引先のこともよく知っているのに,これだけ差があると不満です」

もう一方で,生活志向の派遣労働者は,派遣労働という働き方を正規労働だけでなく,他の就業形態とも比較している。生活志向の派遣労働者は,派遣労働には他の非正規労働,とくに有期パートタイム労働よりも賃金水準が高いというメリットがある一方で,有期パートタイム労働よりも出社・退社時間を自由に設定したり,有給休暇を柔軟に取得したりするといった労働時間の裁量が小さいというデメリットがあるとみなしている。生活志向の派遣労働者が重視するのは,仕事と生活の両立である。労働時間を重視しようとした場合に,彼女らが他の非正規労働の中で念頭に置くのは,有期パートタイム労働である。有期フルタイム労働は,彼女らの中では正規労働に近いものとして捉えられ,残業を指示される可能性が高いものとして,非正規労働の中の比較対象には含まれていない。就学中の子供がいる場合に,仕事と生活の両立を図るための就業形態として有期パートタイム労働が認識されるとき,生活志向の派遣労働者は,有期パートタイム労働の事務職は賃金の低い単純な仕事に従事することになると考えており,派遣労働のほうが自分の技能や経験を活かして高い賃金を得られると考えている。

しかしながら、その一方で、生活志向の派遣労働者は、有期パートタイム労働と比較して派遣労働は労働時間の裁量が小さいと感じている。生活志向の派遣労働者にとっての労働時間の裁量とは、労働者自身の判断で当日の出社時間や退社時間を変更したり、有給休暇を柔軟に取得することを意味する。彼女らは、フルタイム勤務であることは事前に理解しているが、実際に働いてみると、毎日フルタイム勤務することに加えて、出社時間や退社時間などの融通が利かないと感じるようである。また、彼女らは、派遣元企業に雇用されることで有給休暇を取得する権利を有するが、派遣先企業で実際に有給休暇を取得しづらいとも感じている。派遣労働者の有給休暇の権利は、就業先となる派遣先企業ではなく雇用元である派遣元企業に蓄積されているにもかかわらず、派遣労働者が派遣先企業で長期的に就業していない場合には、派遣労働者が自ら有給休暇を取得することをためらってしまうのである。

派遣労働と有期パートタイム労働を比較した場合のメリットとデメリットについて、貿易事務に従事する派遣労働者（女性，30代後半）は以下のように述べている。

「子供がいるので残業はできないのですが、だからといって近所のパートさんにはなりたくないんです。正社員として輸出業務の経験もありますし、その経験を活かしてそれなりの時給をもらいたいのです。パートで貿易事務の仕事はちょっとみつからないですし、派遣だと時給も結構高いと思います」

「今の派遣先はフレックス制度があるのですが、派遣会社にはその制度がないので、私は同じ時間に出社しています。今の派遣先に来て数カ月しかたっていないので、ちょっと有休とりたいとはいえません」

このように、生活志向の派遣労働者が経験するジレンマの特徴は、労働時間と賃金・付加給付に対して関心が高いことであるといえる。もっとも、生活志向の派遣労働者の主たる家計負担者は、配偶者である夫であることが多く、彼らは正規労働者として就業している。このため、家計負担における生活志向の派遣労働者の重要性はそれほど高くない。しかしながら、彼女らの多くは就学中の子供の教育に必要な費用が今後徐々に高くなっていくことを想定しており、

派遣労働者は自分の家計負担における重要性は配偶者を超えることはないものの，自分の負担度合いが少しずつ高くなると考えていた。実際，本調査における生活志向の派遣労働者はフルタイム勤務をしており，自らが扶養控除の対象となるように年収を103万円以内に調整している者はいなかった。

こうしたことから，生活志向の派遣労働者には，自分の派遣労働という働き方を正規労働や有期パートタイム労働と比較してそれぞれにメリットとデメリットがあることを理解し，そのジレンマの中で現在の派遣労働という働き方を受けとめて働き続けている傾向を見いだすことができる。

(2) 技能志向の派遣労働者のジレンマ

技能志向の派遣労働者は，派遣労働という働き方を正規労働と比較して，派遣労働には正規労働よりも自分の技能や専門性を活かせる仕事の機会を多く得られるというメリットがある一方で，正規労働よりも就業先での能力開発機会が少ないというデメリットがあるとみなしている。

技能志向の派遣労働者が重視するのは，仕事を通じて自分の技能や専門性を向上し蓄積していくことであった。彼・彼女らは，事務職としての技能や専門性を向上させていくには，その技能や専門性を発揮できる機会をより多く得られることが大事であり，そのためには正規労働者のように同じ企業で就業を継続するよりも，派遣労働者として異なる企業で就業することが望ましいと考えていた。正規労働者であれば，たとえば経理事務を通じて自分の技能や専門性を発揮したいと思っていても，企業による異動や配置転換の命令によって，営業事務や一般事務の仕事に従事することを受け入れなければならないこともある。また，同じ経理事務の仕事であっても，正規労働者は派遣労働者よりも仕事内容が明確になっていないことが多いことから，自分の希望する仕事内容以外のことも遂行することになるかもしれない。技能志向の派遣労働者は，希望しない仕事を経験する可能性のある正規労働と比較して，派遣労働は仕事の選択可能性が高く，さまざまな派遣先企業で自分の技能や専門性を活かせる機会を得られることにメリットを感じていたのである。

しかしながら，派遣労働者は，派遣先企業の正規労働者と比較して，就業先での能力開発機会が少ないと感じている。正規労働者であればOJTによって日常の業務指導を通しても能力開発機会が得られたり，技能や専門性を高める

ためにより高度な仕事に従事できたり，派遣先企業の教育訓練についてもより多く受講できるはずであるが，派遣先企業に直接雇用されない派遣労働者であるがゆえにそうした機会が得られないと感じている。

派遣労働と正規労働を比較した場合のメリットとデメリットについて，一般事務に従事する派遣労働者（女性，20代後半）は以下のように述べている。

「派遣のいいところは，自分のスキルを活かせる仕事を選べることです。一般事務から経理事務にスキルアップして，いろいろな派遣先で事務職のスキルを活かして仕事をしていくには正社員よりいいと思います」
「もし派遣先の社員だったら上司や先輩の方たちがもっと熱心に仕事を教えてくれるように思います。経理部に異動になったら1から経理の実務も教えてくれるようにも思うんです。派遣は仕事ができるのが当たり前なので，それまで経験のない仕事には就きにくいです」

また，技能志向の派遣労働者は，派遣労働には他の非正規労働，とくに通常契約社員と呼ばれる有期フルタイム労働との比較では，技能や専門性を習得するための教育訓練機会が多いというメリットがある一方で，有期フルタイム労働よりも正規労働に転換する機会が少ないというデメリットがあるとみなしている。

技能志向の派遣労働者にとって，派遣元企業の教育訓練を通じて事務職の技能や専門性を蓄積できることはメリットと捉えられている。派遣元企業には事務職としてキャリアを積んでいくうえで必要な技能や専門性を蓄積できる教育訓練が多数用意されており，派遣労働者は自分が希望すればそれを自由に受講することができる。しかもそうした派遣元企業の教育訓練は無料であることが多い。技能志向の派遣労働者にとっては，事務職としてのキャリアを想定した場合に，派遣元企業が提供する教育訓練機会は，有期フルタイム労働よりも豊富で魅力的であると見られている。

しかしながら，他方で，技能志向の派遣労働者は有期フルタイム労働と比較して，就業先の派遣先企業において昇進試験などによる正規労働に転換する機会を与えられることが少ないと捉えているようである。技能志向の派遣労働者は，派遣労働を通じて技能や専門性を蓄積して将来的には正規労働者として就

業することを希望しているケースが多いが，その派遣先企業の正規労働者となることは，すでに当該派遣先企業で直接雇用され，同じようにフルタイム勤務をしている他の非正規労働者よりも難しいと感じている。

派遣労働と有期フルタイム労働を比較した場合のメリットとデメリットについて，営業事務に従事する派遣労働者（女性，30代前半）は以下のように述べている。

> 「派遣会社の研修は事務のスキルを身に付けるのであれば非常にいいと思います。ワードやエクセルの研修もレベル別にありますし，簿記検定や貿易実務の研修もあります。契約社員だったら派遣先（契約社員の就業先）の研修しかないと思うので，派遣のほうが研修が充実しています」
>
> 「派遣から正社員になるのはかなり難しいように思います。今の派遣先には契約社員から正社員になるための試験があるようですが，派遣にはそうしたことはないようです。派遣社員はやっぱり派遣先の社員ではないので，正社員になろうと思ったら契約社員のほうがいいのかもしれません」

同様に，一般事務に従事する派遣労働者（女性，30代前半）は以下のように述べている。

> 「正社員で事務職の研修は多くないと思いますから，契約社員はもっと少ないように思います。派遣はOAスキルの基本であれば派遣会社の研修を無料で受講できますし，有料の研修も含めればたくさんの種類があります。自分で通信教育をするよりもいいと思います」
>
> 「今の派遣先（での就業）も長いので，派遣会社の営業担当には正社員になりたいという希望を伝えていますが，難しいようです。このまま正社員になれないなら，他の派遣先の仕事に変わろうかなとも思いますが，まだ決断できていません。パートや契約社員から正社員になれる制度がある会社もあると聞きましたが，派遣社員の制度は聞いたことがありません」

このように，技能志向の派遣労働者のジレンマの特徴は，技能や専門性の発揮や蓄積の機会に対して関心が高いことだといえそうである。技能志向の派遣

労働者は，派遣労働には，さまざまな企業で就業することを想定した場合には多くのメリットがある一方で，同じ企業で長く就業することを前提とした場合にはデメリットが多いと感じているのである。

　技能志向の派遣労働者について留意しておくべきことは，彼・彼女らは他の就業形態と自らのそれを比較はしているが，そのほとんどが派遣労働以外の就業経験を有していないことである。技能志向の派遣労働者の多くは，学生当時にアルバイトとしての就業経験を持っているものの，学卒後はそのまま派遣労働者として就業を開始した割合が多いため，正規労働や有期フルタイム労働などとの比較においては，それらの就業形態を直接知っているわけではない。生活志向の派遣労働者の多くが正規労働者としての経験を持ち，その自分自身の経験とも照らし合わせながら派遣労働のメリット・デメリットを考えているのと比べると，技能志向の派遣労働者の比較対象となっている正規労働や有期フルタイム労働は，派遣先企業で彼・彼女らが目にした働き方が中心となっている。

　また，技能志向の派遣労働者は，学卒時に正規労働者としての就業機会を得られずに派遣労働を開始したという経緯があるため，彼・彼女らが比較対象とする就業形態は，フルタイム労働となっている。技能志向の派遣労働者にとって，パートタイム労働の働き方は，学生当時のアルバイトと同じ位置づけとなっており，彼・彼女らが希望する就業形態の選択肢にはそもそも含まれていないようであった。技能志向の派遣労働者が正規労働や有期フルタイム労働と比較して感じているメリットやデメリットは，こうした比較対象のもとに生じたものなのである。

(3) 関心志向の派遣労働者のジレンマ

　関心志向の派遣労働者は，派遣労働という働き方を正規労働と比較して，正規労働よりも仕事の責任が重くないというメリットがあるが，他方で正規労働よりも失業の可能性が高く雇用が不安定であるとみなしていた。

　関心志向の派遣労働者が重視するのは，当面，自らが関心の持てる事務職の仕事に従事することである。彼女らは，自分の興味・関心のある仕事に，適度に楽しく，あるいは不快な思いをせずに従事したいと考えているため，責任が重いと感じられる仕事は，彼女らには心理的負担となる。仕事の責任の重さは，

労働者にとって自分の仕事に対する誇りや自信，さらには満足につながることもあるが，関心志向の派遣労働者には必ずしも心地よいものではない。また，関心志向の派遣労働者は，技能や専門性を高めようという考えは強くなく，さらに短期的なキャリアを想定しているから，あえて責任のある仕事を経験しようとも思わないのである。これらの点で，仕事の責任がそれほど重くないことは，関心志向の派遣労働者にとってメリットと認識されているようである。

他方で，関心志向の派遣労働者は，正規労働者よりも失業する可能性が高いことをデメリットと感じていた。そもそも派遣労働は有期労働契約であるため，労働契約が更新されず雇い止めとなる可能性があり，無期労働契約である正規労働と比較して，失業のリスクは高い。関心志向の派遣労働者は，無理に就業を継続しようとは考えていないが，これまでの契約社員やアルバイトの就業経験から，有期労働契約を結んで働き続ける限り，失業の不安を抱えることを知っている。彼女らは，事務職としては初心者で技能や専門性が高くなく，事務職の中でも難易度の低い仕事に従事していることが多いが，これもまた彼女らに自分が契約更新されない可能性のある仕事に従事していると感じさせることになる。正規労働と比較して失業のリスクが高いことは，就業継続を重視しない関心志向の派遣労働者にとってもデメリットと認識されているようである。

派遣労働と正規労働を比較した場合のメリットとデメリットについて，一般事務に従事する派遣労働者（女性，20代前半）は以下のように述べている。

「事務の仕事は好きなのですが，責任が重い仕事はあまりしたくありません。その点で，派遣はそれほど責任が重いということはないので気が楽です。派遣であれば上司の方にいわれたことをミスなくすれば問題ありません」

「派遣は契約更新されないこともあるので，それはそれで不安はあります。正社員は安定していてうらやましいです」

また，関心志向の派遣労働者は，他の非正規労働と比較して，就業機会をみつけやすいことをメリットと感じているが，他方で仕事の裁量が低いことをデメリットと感じている。

関心志向の派遣労働者は，派遣元企業を活用することで新しい仕事をみつけ

やすいことを他の非正規労働と比較してメリットがあると感じている。関心志向の派遣労働者には，これまで事務の仕事をみつけるにあたって，自ら企業の募集情報で探したりすることに苦労してきた者が多い。たとえば，自分の希望する仕事であっても勤務地が遠いなどの理由で断念したり，応募しても当該企業による選考の結果，不採用に終わったりといったことを経験している。これは，自分の技能と経験を考慮した場合に，どのような企業であれば就業機会を得られる可能性が高いのかを見極めるのが難しかったからなのだという。しかし，派遣労働であれば，事前に派遣元企業に自分の希望を伝えておくことで，派遣元企業からいくつかの仕事を紹介してもらえ，その中から自分の希望に合う仕事を選べるということがメリットとみなされている。

　他方で，実際に仕事に従事してみると，派遣労働者が派遣先企業においてそれほど仕事の裁量が与えられないことを認識している。関心志向の派遣労働者は責任の重い仕事に従事したいわけではないが，派遣先企業において直接雇用される労働者と比較して，仕事遂行の順序や方法が事前に決まっており自分で考える裁量が少ないことや，派遣元企業から派遣される労働者であることから，情報共有や他者からの支援といった面において区別された扱いを受けることをデメリットと感じている。

　派遣労働と他の非正規労働を比較したメリットとデメリットについて，営業事務に従事する派遣労働者（女性，20代後半）は以下のように述べている。

　　「派遣の場合は，派遣会社が仕事を紹介してくれるのがいいです。自分の事務の仕事を探すのはとても大変で，面接に行っても落とされることもあります。派遣であれば，派遣会社が私の希望もわかったうえで仕事を紹介してくれますし，何より早く仕事をみつけてくれるのがいいです」
　　「派遣というだけで，派遣先でなんか違う扱いをされることがあります。事務の仕事は派遣先の正社員とも一緒にすることが多いので，打合せにも参加したいです。契約（社員）もパートも私たちとそんなに違わないのに，派遣だけ別の扱いにされるのは嫌です」

　関心志向の派遣労働者のジレンマの特徴は，仕事の自律性と雇用の安定性に対して関心が高いことであるが，それ以上に仕事の自律性と雇用の安定性以外

についての関心が高くないことであるといえる。すなわち，賃金や付加給付，能力開発機会，労働時間についての制約が少ないのである。関心志向の派遣労働者の多くは未婚で親と同居しているため，家計負担が重くない。このため，関心志向の派遣労働者は経済的な負担を感じることが少なく，賃金や付加給付に対する関心がそれほど高くないのである。また，配偶者や子供がいないことから労働時間に対する要望も強くない。長時間労働とならないことや労働時間の柔軟性を確保する必要性が低いのである。さらに，長期的に就業することを想定していないため，能力開発機会についての関心も高くない。

なお，関心志向の派遣労働者にとって比較対象となる他の非正規労働は，有期フルタイム労働と有期パートタイム労働の両方がある。これは有期パートタイム労働と比較している生活志向の派遣労働者や，有期フルタイム労働と比較している技能志向の派遣労働者とは異なる点である。関心志向の派遣労働者にとって最も重要なのは，自分が興味や関心を持てる仕事に従事することであり，前述のように年齢層が相対的に若く，未婚で，親と同居しているなど，経済的負担や労働時間の制約が低いことから，他の非正規労働と比較する際にフルタイム労働とパートタイム労働の区別はそれほど重要ではないのであろう。

本章で，派遣労働者が派遣労働という働き方のジレンマを経験しながらも，その特徴を受け入れて就業していることを指摘した。これは，派遣労働という働き方に自らを適応させ，その困難を受容する方策といえるであろう。しかし，派遣労働者がみな，こうした働き方を受容しているわけではない。それについては，章を改めて議論することにしよう。

第8章

派遣労働の回避
正規労働者への転換とフリーランスとしての独立

　前章で見たように，派遣労働者の中には，自らの困難を受け入れて派遣労働を継続する者がいる一方で，派遣労働から他の就業形態への移行を図ることで派遣労働の困難を解決しようとする労働者がいる。これは派遣労働という働き方の困難を回避する方策であるといえよう。派遣労働者が移行を目指す就業形態は主に2つある。1つは派遣労働者から正規労働者への転換を図るものであり，派遣就業中の派遣先企業に雇用されることにより正規労働としての働き方を目指す。もう1つは，派遣労働者からフリーランスとしての独立を図るものであり，企業に雇用されない働き方の実現を目指す。ただし，これを目指す労働者の人数は正規労働者への転換を目指す労働者よりもかなり少ない。

　なぜこれらの派遣労働者は派遣就業を継続するのではなく正規労働者への転換やフリーランスとしての独立を図る方策をとるのだろうか。また，派遣労働者はどのようにして正規労働者への転換やフリーランスとしての独立を図るのだろうか。そして，派遣労働者はこの2つの方策によって派遣労働の困難を回避することができるのだろうか。本章では，派遣労働者が派遣労働という働き方の困難を回避しようとする2つの方策について論じる。

1　正規労働者への転換

(1)　同じ派遣先企業で長期間就業する方策

　派遣労働者は，派遣労働を通じて経験する困難を解決するために，派遣労働

から正規労働への転換を図ろうとする。ただし，派遣労働者はただちに正規労働者への転換を図るわけではない。派遣労働者はまず同じ派遣先企業で継続して就業することによって困難を解決しようとするのである。

　派遣労働者が同じ派遣先企業で長く就業するためには，仕事遂行において派遣先企業が期待する成果を発揮しなければならない。派遣労働者が派遣先企業の期待水準を下回る成果しか発揮できなければ，派遣先企業は派遣元企業に対して労働者派遣契約の打ち切りを伝えるか，労働者派遣契約を更新したとしても，派遣先企業はその派遣労働者ではなく，他の派遣労働者に交替することを派遣元企業に要求する。このことによって，当該派遣労働者は，派遣元企業との労働契約を更新できず雇い止めを経験することになってしまう。したがって，派遣労働者が同じ派遣先企業において長く就業しようと思うならば，派遣先企業が期待する水準の成果を発揮しなければならない。派遣労働者が期待する水準を発揮すれば，派遣先企業は派遣元企業との労働者派遣契約を更新し，その結果，派遣労働者と派遣元企業との労働契約も更新され，派遣労働者は同じ派遣先企業において就業を継続できるようになる。

　派遣労働者の労働契約には，期間の定めのある有期労働契約である点で期間満了に伴う雇い止めのリスクが常に存在している。しかし，派遣労働者が派遣先企業で期待どおりの成果を発揮していくことで，派遣労働者の労働契約は更新され，その結果当該派遣労働者の雇用は安定するようになる。とはいえ，それは必ずしも賃金の上昇や能力開発機会の獲得にはつながらない。

　というのも，派遣労働者が派遣先企業で期待どおりの成果を発揮しても，そのこと自体は，派遣先企業と派遣元企業が労働者派遣契約で定めた労働サービスの提供とそれに応じた派遣料金の関係を変えるものではないからである。派遣先企業からすれば，受け入れた派遣労働者が派遣料金に見合う成果を発揮することは当然のこととみなしている。したがって，派遣労働者が期待どおりの成果を発揮しても同じ仕事を継続している限り，派遣先企業は派遣料金を上昇させることに消極的であろう。また，既述のように派遣労働者の賃金は派遣料金からマージンを差し引いたものであるから，派遣元企業も，派遣料金が上昇しない中で派遣労働者の賃金を上昇させることには消極的にならざるをえない。派遣労働者は，期待どおりの成果を発揮することで同じ派遣先企業での就業を継続することはできても，それまでと同じ仕事に従事する限り賃金を上昇させ

ることは難しいのである。

　同じ派遣先企業に長く就業しても賃金が上昇しないことについて，営業事務に従事している派遣労働者（女性，30代前半）は以下のように不満を述べている。

　　「今の派遣先に来て1年になりますが，時給は1450円で全く変わりません。契約更新のたびに派遣会社に時給を上げてくれるように頼んでいますが，今のところ上がりそうにありません。仕事内容が同じだから時給を上げるのは難しいといわれました。派遣された当時に比べたら今のほうが確実にスキルアップもしていると思うし，時給が上がらないのはとても不満です」

　また，同じ仕事に従事する限り必要な技能は大きく変わることがないため，派遣労働者が派遣先企業で得られる能力開発機会に変化はない。派遣労働者は，就業開始当初は派遣先企業の業務知識を習得するための最低限の教育を受けられることがあるが，同じ仕事を継続している場合に，新しい技能を習得するために派遣先企業の上司や同僚による指導を受けたり，教育訓練の機会を提供されることは少ない。

　同じ派遣先企業で継続就業しても，当該派遣先企業において技能蓄積の機会が得られないことについて，金融事務に従事している派遣労働者（女性，20代後半）は以下のように述べている。

　　「今の派遣先では10カ月になります。仕事にも慣れましたし，自分のペースで仕事ができるようにもなりました。ただ，この派遣先では社員と派遣社員の仕事がはっきり分けられているので，派遣社員の担当は社員の補助的な業務です。とくに研修を受けることもありませんし，補助業務のままではスキルアップするのは難しいと思います」

　それでも，同じ仕事に従事し同じ派遣先企業での就業が継続することは，仕事の自律性や労働時間の柔軟性をいくらか改善する可能性がある。たとえば，同じ派遣先企業での就業期間が長くなることによって，派遣労働者の仕事の責

任の重さの感じ方に関係する，人間関係の構築はある程度進むであろう。派遣先企業の上司や同僚との人間関係が構築されるのに伴い，派遣労働者は派遣された当初よりも他者からの支援を受けられるようになり，それによって派遣先企業に所属意識を持てるようになる。また，同じ派遣先企業での就業継続を通じて，派遣当初は躊躇せざるをえなかった有給休暇の取得についても，次第に希望を出しやすくなるようである。

とはいえ，仕事の自律性や労働時間の柔軟性の改善には上限がある。派遣労働者の仕事や労働時間の裁量は，同じ派遣先企業で継続就業してもそれほど変化することはない。派遣労働者の仕事内容や労働時間は，派遣元企業との労働契約で定められているが，これは，派遣先企業と派遣元企業との間の労働者派遣契約で定められた内容に影響を受けるため，労働者派遣契約に変更がなく派遣労働者が同じ仕事に従事している限りは，大きく変わることはないのである。

同じ派遣先企業で継続就業しても仕事の裁量が大きくならないことについて，一般事務に従事している派遣労働者（女性，20代後半）は以下のように述べている。

「この3月で今の派遣先で働き始めてから1年になります。ずっと同じ仕事をするのはだんだん慣れてきて以前よりも速くできるようになるのはいいのですが，少し退屈な感じもしています。もっとこうしたほうが効率的に仕事ができるのに，とか思うこともありますが，そういう提案をするのは派遣には期待されていないと思います。正直モチベーションが下がっています」

派遣労働者が同じ派遣先企業に就業継続することによって，雇用を安定させるだけでなく，賃金の上昇や仕事を通じた技能蓄積を図ろうと思うならば，派遣労働者は自分が従事する仕事の難易度を向上させなければならない。派遣労働者がより高度な仕事に従事できるようになるには，派遣労働者は派遣先企業の仕事を期待どおりの水準で行っているばかりではならない。派遣先企業の期待を上回る成果を発揮する必要がある。

派遣先企業において期待を上回る水準の成果を発揮することは，派遣労働者にとっては短期的に見て合理的なものではない。派遣労働者の賃金は労働契約

期間中には同じであるため,その成果が派遣先企業の期待する水準を上回っても下回っても,派遣労働者が受け取る賃金額は変わらないからである。しかしながら,派遣労働者が派遣先企業の期待を上回る水準の成果を発揮することは,その労働契約期間中に賃金が上昇しなくとも,契約更新後の仕事内容が高度化し,その結果として賃金水準の上昇をもたらす可能性につながるのである。

すなわち,派遣先企業は,派遣労働者が期待を上回る成果を発揮した場合に,派遣元企業との労働者派遣契約を更新し,その派遣労働者を継続活用しようとするだけでなく,その派遣労働者に対してより高度な仕事を割り振ることを考えるようになる。派遣先企業からすれば,派遣労働者により高度な仕事を割り振ることは派遣料金の上昇を伴うが,派遣労働者がそれに見合う成果を発揮することを想定するようになるのである。

たとえば,派遣労働者の活用を開始したばかりの派遣先企業や,派遣労働者と正規労働者の業務配分の変更を検討している派遣先企業などにおいては,正規労働者の仕事を派遣労働者にシフトさせていく可能性が高いことから,派遣労働者から見ればより高度な仕事への従事につながる。そうした派遣先企業において,派遣料金が正規労働者の人件費を下回っている場合には,期待を上回る成果を発揮した派遣労働者の技能水準がより高度な仕事に多少不足していても,上司や同僚が指導や育成を行うことによって,派遣労働者により高度な仕事を任せてみようとするであろう。

一方,以前から派遣労働者の活用を行っている企業においては,通常は正規労働者から派遣労働者への仕事のシフトを終えていることから,上述のような正規労働者の業務範囲の見直しが行われない限りは,派遣労働者全体の仕事の範囲は大きく変わらない。しかし,そうした派遣先企業も,期待を上回る成果を発揮した派遣労働者に対して,派遣労働者間の業務配分を調整することでより高度な仕事を割り振ることを考えるようになる。

もっとも,複数の派遣労働者を受け入れている場合,派遣先企業としては,派遣労働者間の業務配分を調整するのではなく,派遣労働者の活用を業務の難易度で区別して,高度な仕事に従事する派遣労働者とそれ以外の派遣労働者に分けて活用するといったこともありうる。こうしたとき,仮に高度な仕事に従事する派遣労働者が必要となった際,それまで活用してきた派遣労働者が別の仕事で期待以上の成果を発揮していてもそのままその仕事に従事させておき,

高度な仕事を遂行できる技能要件を満たす派遣労働者を派遣元企業を通じて新たに確保することも可能である。

　しかし，こういった場合，派遣先企業は，期待以上の成果を発揮した派遣労働者により高度な仕事を割り振るのを優先することのほうが多いという。派遣先企業から見れば，新たに受け入れる派遣労働者が高度な仕事を遂行できるかどうかはわからない。それに比べれば，上司や同僚による指導・育成の必要があったとしても，自社で一定期間活用して成果を上げている派遣労働者のほうが安心できるのである。複数の派遣労働者が従事する仕事の難易度によほど大きな差がない限り，派遣先企業は，期待以上の成果を発揮した派遣労働者に対してより高度な仕事を割り振り，その結果，派遣元企業はより高い派遣料金で労働者派遣契約を更新できるようになり，派遣労働者の賃金が従来よりも上昇する可能性が高くなるのである。

　また，派遣労働者が派遣先企業に継続して就業することを希望し，期待を上回る成果を発揮することは，仕事を通じた技能蓄積の機会をより多く得られることにもつながる。前述のように，派遣先企業は，当該派遣労働者により高度な仕事を割り振るようになるため，それに伴い，派遣労働者が新たに割り振られたより高度な仕事を遂行できるように，上司や同僚による指導・育成を行うようになるのである。

　派遣労働者が期待水準以上の仕事成果を発揮した場合により高度な仕事を与えることについて，製造業の営業課長は以下のように述べている。

　　「万が一派遣で仕事ができないなんてことがあれば，派遣会社にクレームします。派遣なので基本的にはやってもらう仕事は決まっていますが，結構仕事ができるなと思えば少し難しいこともやってもらおうと思っています。やっぱり正社員はコストが高いので，派遣で仕事ができる人ならもっと仕事を任せようと思いますよ」

　派遣先企業における派遣労働者に対するより高度な仕事の割り振りは，派遣労働者が期待以上の仕事成果を発揮して初めて行われる。派遣労働者にとって高度な仕事の割り振りは技能蓄積の機会となるが，それは派遣労働者の長期的な人材育成を目的として行われるものではない。派遣先企業における高度な仕

事の割り振りは，むしろ能力の高いと判断された派遣労働者を有効活用しようとした結果である。派遣労働者の就業を継続させることについて，卸売業の営業マネジャーは以下のように述べている。

「派遣さん全員にあてはまるわけではありませんが，優秀な派遣さんにはより難しい仕事を担っていただきたいと思っています。業務の難易度が上がれば派遣料金も高くなるかもしれませんが，それでも人件費をトータルで考えたら正社員よりは安く済みます。派遣さんを正社員のように育成するという考えはありませんが，優秀な派遣さんにはもっと仕事をお願いしようと思っています」

(2) 同じ派遣先企業で長期間就業する方策の限界

しかし，派遣労働者が同じ派遣先企業で継続して就業しようと高い仕事成果を発揮しても，第2部で検討したような派遣労働者として経験する困難のすべてを解決することはできない。たとえば，派遣労働者は，いくら同じ派遣先企業で就業を継続しても，賞与や退職金などの付加給付を得られるわけではない。付加給付は，正規労働者のような派遣先企業が直接雇用する労働者には適用されても，派遣元企業という他社に雇用される派遣労働者には適用されないのである。

また，派遣労働者は，同じ派遣先企業で就業を継続しても，仕事の裁量が大きくなるわけではない。派遣労働者が従事する仕事自体はより高度になるため，それに必要な技能を蓄積する機会を得られるが，それは必ずしも仕事の裁量の拡大を伴わない。派遣労働者は，派遣先企業から仕事遂行の創意工夫や改善のための裁量を与えられず，自ら判断する余地は依然として少ない。また，派遣労働者は，他の企業に雇用される労働者であることから，情報共有も制限されたままである。さらに，派遣労働者は，同じ派遣先企業で就業を継続しても，労働契約上の労働時間は変わらないので労働時間の裁量を確保できるわけではない。

これに加えて，派遣労働者が同じ派遣先企業で継続して就業できたとしても，いずれ賃金の上昇や能力開発機会は限界に達することになる。なぜなら，派遣先企業が派遣労働者に任せる仕事の難易度は一定の範囲内に設定されているか

らである。派遣労働者が従事する仕事の難易度の上限は，正規労働者のそれと比較して低く設定されていることが多いであろう。

派遣先企業から見て派遣労働者は，直接雇用する労働者ではなく，そもそもは短期的に活用することを想定している。また，派遣労働者は，より希望に合った仕事をみつければ契約を更新せずに他の派遣先企業に移ってしまう可能性があることを考えると，彼・彼女らに企業特殊的技能が必要とされる高度な仕事は任せにくい。派遣先企業の中には，必ずしも高度でなくとも，リスク管理の観点から守秘義務に関する業務などを派遣労働者に任せるのは難しいと考えているところもある。その結果，正規労働者と比較して，派遣労働者が従事する仕事の難易度は低くなったり，仕事の範囲は狭くなることが多いであろう。結果として，派遣労働者が派遣先企業で従事する仕事の難易度はいずれ上限に達し，しかもその状態は正規労働者と比較してより早くに訪れる可能性が高いのである。

派遣労働者の仕事の難易度が正規労働者よりも低く設定され，能力開発機会に限界があることについて，一般事務の派遣労働者（女性，30代前半）は以下のように述べている。この派遣労働者は，今の派遣先企業において自分が担当する仕事が天井に達してしまったと感じている。

> 「今の派遣先では担当する仕事の範囲も広がってだんだん難しい仕事も任せてももらえるようになりました。でも，派遣の仕事は正社員よりも下といいますか，たぶん派遣で働いている限り，正社員よりも難しい，責任のある仕事を任せてもらえることはないのだと思います」

(3) 正規労働という働き方への期待

このように，派遣労働者は，派遣先企業の期待を上回る成果を発揮し，同じ派遣先企業で長期就業することで賃金の上昇や仕事を通じた技能蓄積を図り，その困難を部分的に解決することは可能であるが，それらはいずれ上限に達することになる。また，こうした中でも派遣労働者は，派遣先企業が直接雇用する正規労働者のように，賞与や退職金などの付加給付の支給，仕事遂行上の裁量の拡大，さらには労働時間の裁量を確保することは難しい。その結果，派遣労働者は，同じ派遣先企業に派遣労働者として継続して就業するのではなく，

その派遣先企業の正規労働者に転換することを希望するようになる。派遣労働者は，派遣先企業の正規労働者に転換することで，派遣労働の困難を解決できると考えるのである。

たとえば，派遣労働者は正規労働者に転換することによって派遣労働を続けるよりも賃金と付加給付を多く得られる可能性が高いと考えている。正規労働者になることによって，派遣労働者としては難しかった賃金の上昇を実現できると見ているのである。日本企業において正規労働者の賃金は，多くの場合，職能資格制度のもとで能力伸長や勤続年数に応じて上昇する。また，派遣先企業の正規労働者になることで，派遣労働者のままでは得ることが難しかった賞与や退職金を受け取ることができるようになる。派遣労働者から正規労働者への転換によって，こうした制度の適用対象になることで，派遣労働者として就業するよりもより多くの収入を得られるとみなされている。

次に，派遣労働者は，雇用の安定性と能力開発機会についても同様に，派遣労働者のときよりも改善される可能性が高いと考えている。まず，正規労働者に転換することは，それまでの派遣元企業との有期労働契約から，派遣先企業との期間の定めのない無期労働契約に変わることを意味するため，派遣労働者として経験していた有期労働契約満了に伴う雇い止めのリスクや不安から解消されることになる。また，派遣先企業の正規労働者になることによって，能力開発機会をより多く得られる可能性がある。派遣先企業において上司や同僚から仕事遂行を通じた指導や教育を受けることが増えたり，技能の蓄積のためにより高度な仕事を割り振られるようになったり，他の部署に異動して新しい仕事に従事することによって技能を蓄積する機会も与えられるかもしれない。正規労働者には長期的な育成が想定されていることが多く，派遣労働者よりも派遣先企業の中でより高度な仕事経験を与えられて，継続的に技能を蓄積していくことが期待できるようになる。

もっとも，派遣労働者が同じ派遣先企業で長く就業しても派遣労働の困難を解決できないと知った場合，正規労働者となる方法は，必ずしも同じ派遣先企業の正規労働者として転換することだけではない。たとえば，正規労働者としての就業機会を求めて転職活動をすることも考えられる。正規労働者を募集している企業に応募したり，職業紹介会社に出向いて正規労働者の仕事の斡旋を依頼するという選択肢もありえる。しかし，派遣先企業での就業を続けながら，

他の企業における正規労働者としての就業機会を探している派遣労働者は少ない。

　これにはいくつか理由が考えられる。たとえば，事務職の派遣労働者は，派遣先企業において通常フルタイム勤務しているので，正規労働者の就業機会を得るための就職活動の時間を十分に確保できないことがある。また，事務職の正規労働者の募集は，通常新規学卒者が対象となることが多いため，派遣労働者にとっての就業機会が限定されていることも考えられる。

　しかしながら，最も大きな理由は，事務職の派遣労働者にとっての正規労働に転換したいという希望は，同じ派遣先企業において長く就業することによって生じるからだと考えられるのである。事務職の派遣労働者は，正規労働者としての就業機会を得ることを最優先にして就業している者は少ない。派遣労働者の多くは，正規労働者となることによって派遣労働のデメリットを解決できるが，同時に派遣労働のメリットを失うことも理解している。派遣労働のデメリットが解決され，さらに派遣労働のメリットがなるべく失われない企業で正規労働者となることを望むならば，全く就業したことのない企業で正規労働者になるのではなく，むしろ継続した就業経験があり，正規労働者としての働き方を観察できている企業で正規労働者として雇用されることが，派遣労働者にとって最も安心できる選択肢になるのは当然ともいえよう。この結果，同じ派遣先企業で長く就業した派遣労働者にとって最も望ましい正規労働に転換する方策は，その派遣先企業で正規労働者として雇用されることになるのである。

　現在就業中の派遣先企業で正規労働に転換することを希望する理由について，一般事務に従事している派遣労働者（女性，40代前半）は以下のように述べている。

　　「正社員になるために転職活動をすることも考えてみましたが，平日は仕事もありますし，何より今の派遣先にも長く働いてきて，会社のこともよくわかっていますし，社員さんとも仲よくなりましたし，ここで正社員になるのが一番いいのです」

　同様に，営業事務に従事している派遣労働者（女性，30代前半）は以下のように述べている。

「今から他の派遣先企業に行って1から仕事を覚えるのは少し面倒です。今の派遣先には3年も勤務して業務知識も身に付けましたし，社内の人も取引先の人のこともよく知っているので，今の派遣先で正社員になれたらいいなと思っています」

　同じ派遣先企業で正規労働に転換することを希望する派遣労働者の多くは，長く当該派遣先企業で就業していることに加えて，職場の雰囲気や上司を含めた人間関係のよさを理由にあげる。仕事内容や自分の専門性よりも就業先の職場や人間関係などの組織的な側面を重視して，派遣先企業での正規労働への転換を希望することについて，一般事務に従事する派遣労働者（女性，30代後半）は以下のように述べている。

　「同じ派遣先で働き続けるかどうかは，派遣先の上司とか一緒に働く社員さんとの人間関係で考えることが多いと思います。今の派遣先であれば社員さんとの仕事もうまくできているので自分も社員になりたいと思いますが，以前の派遣先であれば全くそうした気持ちはなかったと思います。もともと損害保険会社で正社員として働いていましたので，そのときの業務知識を活かすこともできますが，今の派遣先で一般事務のままでも私は構いません」

(4) 正規労働に転換することの難しさ

　しかしながら，同じ派遣先企業で派遣労働から正規労働に転換することはそれほど容易ではない。それどころか，派遣労働者が正規労働に転換する機会は非常に少ないといえるであろう。なぜなら，派遣先企業において派遣労働者が正規労働者に転換するか否かは，派遣労働者本人が決定できることではないからである。正規労働者として雇用するかどうかの意思決定は派遣先企業によって行われる。派遣労働者が正規労働者に転換したいという希望を持っていても，派遣先企業が正規労働者として雇用することを望まなければ，派遣労働者はいくら同じ派遣先企業で長く就業していても正規労働に転換することはできない。

　派遣先企業が派遣労働者を正規労働者として雇用するのは，同じ労働者を派遣労働者よりも正規労働者として活用することにより多くの利点を得られると

考える場合である。たとえば，派遣労働者が同じ派遣先企業で継続して就業しており，派遣先企業の正規労働者と同じ仕事に従事している場合である。この場合，派遣先企業は派遣労働者に対して，正規労働者と同じ仕事を与えることにより，企業特殊的技能を蓄積する投資を行っていることになる。通常，労働者が企業特殊的技能を蓄積している場合には，企業にとってその労働者を長期的に活用していくことが望ましい。したがって，派遣先企業が企業特殊的技能を習得した労働者を正規労働者に転換せずに派遣労働者として活用し続けたり，他の派遣労働者と置き換えてしまうことは，人材開発投資の効率性を損なうことから望ましくないとみなされる。

しかし，この判断は，派遣労働者を正規労働者に転換させた場合に，派遣労働者が派遣先企業の職能資格制度における格付けや賃金水準のどの辺りに位置することになりそうかによって変わりうる。仮に派遣労働者の年齢が低く正規労働者に転換させた場合にも人件費がそれほど変わらないのであれば，派遣先企業はその派遣労働者を正規労働者に転換させる可能性が高いが，派遣労働者の年齢が高く正規労働者に転換した場合に人件費が高くつくとなると派遣先企業はその派遣労働者を正規労働者には転換させずに，そのまま派遣労働者として活用し続けるかもしれない。さらに，派遣労働者を正規労働者に転換させる場合に，派遣先企業が危惧するのは雇用リスクの大きさである。仮に派遣労働者が従事している仕事がなくなるようなことがあれば，派遣労働者のまま活用していれば労働者派遣契約を更新しなければよいが，正規労働者として活用していたら無期労働契約のために容易に解雇することはできず，当該労働者が従事する他の仕事をみつけなければならなくなる。企業からすれば，事務職のように相対的にそれほど専門性が高くないと見ている職種の労働者の雇用リスクはより大きく認識されることになる。この結果，事務職の派遣労働者が就業先の派遣先企業で正規労働者として雇用される機会は少なくなるのである。

派遣労働者を正規労働者に転換することの難しさについて，情報通信業の経理マネジャーは以下のように述べている。

「派遣から正社員にするのはリスクが高いと思います。派遣のメリットは当社として雇用のリスクがなくて，コストが安くて，それでスキルがある人を活用できることにあるので，当社で長く働いているという理由で正社

員にすることはないです」

とはいえ，多くの派遣先企業は派遣労働者の正規労働者への転換を制限するような規定を設けているわけではないので，中には評価の高い派遣労働者を正規労働者に転換させる例もある。しかしそれは派遣労働者本人の技能や専門性の高さによって決まるのではなく，どちらかといえば，当該企業の正規労働者の採用意欲の高さや人材確保の難しさに依存しているようである。このことについて，製造業の営業課長は以下のように述べている。

「よほど優秀な派遣さんであれば正社員にすることもあるかもしれませんが，通常はないですね。考え方としては，正社員を中途採用する計画がまずあって，でもいい人がみつからない場合に派遣さんを正社員転換するという順番です」

派遣労働者にとって派遣先企業の正規労働者となる方法は，必ずしも1つではない。派遣労働から正規労働に直接移行するのが難しくとも，いったん派遣先企業が直接雇用する労働者――有期フルタイム労働者である契約社員など――に転換して，その後正規労働者となることも考えられる。実際にも，転換の際にこのパターンがとられることは多いようである。これは，派遣先企業が，派遣労働者を直接雇用するうえでその人件費もさることながら，雇用リスクを重視していることの表れであるといえよう。派遣先企業は，当該派遣先企業で継続して就業し，さらに正規労働者と同じもしくは類似した仕事に従事する派遣労働者について，その企業特殊的技能の観点からすれば正規労働者に転換させることが望ましいとしても，転換後の人件費の高さや雇用リスクの大きさなどに鑑み，直接転換させることには消極的になりやすい。そうした派遣先企業にとっては，技能水準の高い派遣労働者を，まずは有期労働契約を結ぶ直接雇用の労働者に転換することで，雇用リスクを回避しながら，当該派遣先企業に内部化して活用するのが望ましいということになるのである。

また，派遣労働者が派遣先企業の正規労働者として雇用されるための方法として，紹介予定派遣と呼ばれる仕組みを活用することも可能である。紹介予定派遣とは，派遣先企業の直接雇用労働者となることを前提に派遣労働者として

の就業を開始し，一定の派遣就業期間（最長で6カ月間）を経て，派遣就業期間の終了時に派遣先企業と派遣労働者との間で合意があれば，直接雇用の労働者として採用されるという仕組みである。派遣労働者は，派遣就業期間中は派遣元企業と労働契約を結んで就業するが，その労働契約は，その後派遣先企業の労働者として直接雇用されることが決まった時点で終了する。派遣就業期間が派遣先企業にとっての試用期間に相当するため，派遣労働者が派遣先企業に採用となった場合には，試用期間を設けることなく正式採用となる。この紹介予定派遣という仕組みは，本来，正規労働者として就業機会を得ることを目指す労働者と，正規労働者の採用を目指す企業との間に，派遣労働という就業形態を介すことで，企業と労働者のマッチング機会を高めることを目的としたものであった。正規労働者の採用意欲のある企業からすれば，派遣労働を通じて労働者の採否について見極めることが可能となる。逆に，正規労働者としての就業機会を求める労働者からすれば，派遣労働を通じてその企業での就業経験を積み，さらに正規労働者としての就業を望むか否かを判断することが可能となる。

しかしながら，こうした目的とは裏腹に，労働者から見て紹介予定派遣はそれほど機能していない。というのも，本来，紹介予定派遣制度において，派遣就業期間は正規労働者として採用するか否かの見極め期間とされているにもかかわらず，実際には，正規労働者としての採用可能性が高い労働者には派遣就業機会が与えられ，そうでない労働者は派遣就業することもできないという結果を招いている。これはすなわち，この制度を利用する派遣先企業が，その労働者を将来正規労働者として雇用する可能性があるか否かを，派遣就業期間中ではなく，派遣就業開始時点で判断しているということであろう。また，紹介予定派遣においては，必ずしも派遣先企業と無期労働契約を結ぶ正規労働者になることが前提にはなっておらず，契約社員のような有期フルタイム労働者として雇用されることも選択肢に含まれている。このため，紹介予定派遣を利用して派遣労働を開始した派遣労働者が，派遣先企業の正規労働者ではなく，有期フルタイム労働者として雇用されることも多い。

紹介予定派遣を活用することの難しさについて，製造業の営業課長は以下のように述べている。

「正社員として採用することを前提というのであれば、通常の正社員採用とそれほど変わりません。いくら6カ月は派遣の試用期間があるといわれても、結局のところ、最初の面接のときに正社員としての能力や適性をしっかり見ることになると思います」

すでに述べたように、派遣労働者が就業先の派遣先企業で正規労働者に転換するには、当該派遣先企業が正規労働者を採用する意欲があることが前提となる。そうでない場合には、派遣労働者が派遣先企業において正規労働に転換する機会はほとんどないと考えてよい。さらに派遣労働者が正規労働に転換するには、正規労働者として働くことで派遣労働にはないメリットを得るとともに、派遣労働のメリットを失うことを受け入れるための条件が整うことが必要となる。就業先の派遣先企業で正規労働者に転換することができた一般事務の派遣労働者（女性、30代後半）は、自身の経験を振り返って以下のように述べている。

「上司の薦めもあって2年前に正社員に転換しました。正社員は派遣で働くよりも責任が重くなりますし、残業もしなければなりませんが、子供が中学に入るタイミングで、夫の親とも同居していましたから、チャンスをいただいたと思って正社員になりました。給料も増えましたし、今は事務職のまとめ役を期待されているので、（正社員に）転換してよかったと思っています」

なお、派遣労働者が派遣先企業に直接雇用されることは、派遣元企業にとって、自社の労働サービスを提供する派遣労働者を失うことになるため、好ましいものではない。とくに、技能水準が高くさまざまな派遣先企業で高い仕事成果を発揮できる派遣労働者の場合は、なおさらである。しかし、派遣元企業は、一時的には痛手になるものの、派遣労働者を雇用し続けるのが難しいことや当該派遣先企業との取引を今後も円滑に継続させることなどを考慮して、やむをえないと考えているようである。このことについて、派遣元企業B社の営業担当者は、以下のように述べている。

「派遣先に（スタッフを）引き抜かれるのは，われわれからすると痛いですが，当社としてスタッフさんを定年まで雇用し続けられるわけでもありませんし，派遣先との今後のことを考えると致し方ないと思います」

また，派遣元企業A社のコーディネーターは，以下のように述べている。

　「事務職（派遣）の仕事は年齢が30代半ばを過ぎると紹介しにくくなる面もありますので，派遣先から評価されて社員になれるのなら，スタッフさんにはよかったことだと考えるようにしています」

このように，派遣労働者が派遣労働を通じて経験する困難から回避する方策の1つに正規労働者への転換があるが，これを意図し実現している派遣労働者は必ずしも多くない。この結果，正規労働者への転換を図る方策をとった派遣労働者の多くは，派遣先企業において正規労働者に移行することができなかったり，正規労働に移行することを躊躇し断念したりすることによって，派遣労働を継続することになるのである。

2　フリーランスとしての独立

(1)　異なる派遣先企業を移動する方策

　派遣労働から他の就業形態への移行を図るためのもう1つの方策は，派遣労働をやめてフリーランスとして独立することである。本調査においては，事務職に従事する派遣労働者の場合，前述の派遣労働から正規労働に転換する方策と比較して，このフリーランスとしての独立を図る方策をとる派遣労働者の割合はきわめて少なかった。しかしこの方策を選択する派遣労働者が少ないことは，派遣労働者にとってこの方策の重要性が低いことを意味しない。事務職に従事する派遣労働者のうち最終的にフリーランスとなることができる割合がきわめて少ないということであり，それに至るまでの過程は派遣労働を継続する労働者にも見られるものである。

　派遣労働者は，派遣労働を通じて経験する困難を解決するために，派遣労働

からフリーランスとしての独立を図ろうとする。ただし，派遣労働者はただちにフリーランスとして独立するわけではない。派遣労働者は異なる派遣先企業を短期的に移動することで困難を解決しようとするのである。

　派遣労働者が異なる派遣先企業を短期的に移動しながら就業するためには，派遣労働者はなるべく多くの派遣先企業の仕事をみつけられるようにしなければならない。このため，派遣労働者は，複数の派遣元企業に登録する。複数の派遣元企業に登録すれば，それだけ自分自身に多くの派遣先企業の仕事が紹介される可能性が高くなるからである。

　しかしながら，派遣労働者が多くの派遣元企業に登録するだけで，異なる多くの派遣先企業で就業できるようになるわけではない。そのためには，どの派遣先企業に就業しても，先々で期待される成果を発揮しなければならない。派遣労働者が派遣先企業の期待水準を下回る成果しか発揮できなければ，派遣先企業は派遣元企業に対して労働者派遣契約の打ち切りを伝え，それによって派遣労働者は派遣元企業との労働契約を更新できず雇い止めを経験することになる。しかし，このこと自体は，派遣労働者に契約を更新する意思がなければ大きな問題にはならない。問題なのは，そうした場合に，派遣元企業から仕事を紹介してもらえなくなることである。派遣元企業は，ある派遣先企業で期待を下回る成果しか発揮できなかった派遣労働者を，他の派遣先企業に派遣することには消極的になるからである。

　反対に，派遣労働者が期待する水準の仕事成果を発揮している限り，派遣労働者がある派遣先企業を離れた場合も他の派遣先企業での就業を希望すれば，派遣元企業は新たな仕事を紹介する。そうしたことが続いた結果として，派遣労働者は，派遣元企業に異なる派遣先企業の仕事を紹介してもらいながら，継続して就業機会を確保できることになる。また，一定の技能水準にある派遣労働者には，多くの派遣元企業から仕事の紹介がある。その時点で紹介を受けた派遣労働者が他の派遣元企業に雇用され，他の派遣先企業において就業中であれば労働契約の締結には至らないが，基本的に派遣元企業は，自社に登録している派遣労働者の中に自社から派遣労働者として派遣できると判断した者がいれば，その者が希望する内容や労働条件の仕事を紹介することによって，自社が雇用する派遣労働者として活用したいと考えているからである。

　派遣労働者がどの派遣先企業においても期待される水準を下回らずに仕事を

遂行し続けることによって，多くの派遣先企業の仕事が紹介されるようになれば，その派遣労働者の雇用は安定していくであろう。ただし，それは必ずしも賃金の上昇につながらない。

異なる派遣先企業を移動する場合に賃金の上昇が図れないことについて，貿易事務に従事する派遣労働者（女性，30代前半）は以下のように述べている。

「派遣会社が時給の高い仕事を紹介してくれるとは限らないです。時給の高い会社しか行きたくないとか無理なことばかりいっていたら，派遣会社が仕事を紹介してくれなくなります。私の場合，前の派遣先での時給が1700円だったのですが，その次に仕事を探したときには時給のいい仕事はなかったみたいです。今の派遣先では1550円ですが，ブランクをつくりたくなかったので仕方なく引き受けました」

派遣元企業は，顧客である派遣先企業に派遣労働者を派遣するうえで，派遣労働者が派遣先企業の要求どおりに業務を遂行することを期待している。そのため，派遣元企業は，期待する水準を発揮している派遣労働者には，派遣料金に見合う成果を確実に発揮できると考えられる仕事を紹介して派遣しようとすることが多くなる。そうした仕事の派遣料金は通常はそれまでと同じ水準になるから派遣労働者の賃金は上昇せず，それどころか派遣料金の水準によっては賃金が下がることもある。したがって，派遣労働者が異なる派遣先企業での就業を通じて雇用を安定させるだけでなく，賃金の上昇を図ろうとするならば，派遣先企業の仕事において期待どおりの水準ではなくそれを上回る成果を発揮しなければならない。それが派遣労働者にとっては短期的に見て合理的なものではないということは前節でも説明したとおりだが，そのときにも指摘したように，それで現在の派遣先企業において賃金が上昇しなくとも，派遣元企業が紹介する他の派遣先企業の仕事の選択に影響を与えることによって，派遣労働者の賃金水準の上昇がもたらされる可能性があるのである。すなわち，派遣元企業は，派遣労働者が派遣先企業で期待を上回る成果を発揮した場合，通常は，その派遣先企業からの要望がある限り，その派遣労働者に同じ派遣先企業での就業を継続することを期待する。しかし，派遣労働者が異なる派遣先企業で就業したいという希望を示した場合，当該派遣労働者に期待する成果水準を上げ

て，より高い派遣料金の仕事を割り振ることを考えることがあるかもしれない。それによって，派遣元企業がマージンを差し引いても，派遣労働者の賃金が上昇する可能性があるのである。

　もっとも派遣元企業は，派遣労働者がある派遣先企業で期待を上回る成果を発揮していることを観察することはできない。しかし，派遣元企業は，派遣先企業における契約更新の有無や，これまで就業した派遣先企業や仕事内容を通じて，その派遣労働者の成果を推し量ることができる。それは，自社に登録はしていても，その時点では他社から派遣されて就業している派遣労働者についても同様であるため，そうした中に期待を上回る成果を上げていると思われる者をみつければ，派遣元企業は，その派遣労働者に対してより賃金水準の高い仕事を紹介しておくことによって，次の契約のタイミングには自社の派遣労働者として就業してもらいたい旨を派遣労働者に伝えたりすることがある。こういった形で異なる派遣先企業を移動していくことができれば，派遣労働者は，同じ技能水準で従事できる仕事の中でより賃金の高い仕事に就けるかもしれないのである。

(2)　異なる派遣先企業を移動する方策の限界

　しかしながら，派遣労働者は，高い仕事成果を発揮して異なる派遣先企業を移動しながら就業しても，付加給付や仕事の裁量，労働時間の裁量などといった面で派遣労働者として経験する困難を，すべて解決することはできない。これらの限界は，異なる派遣先企業を移動して就業しようとする派遣労働者にも，前節で検討した同じ派遣先企業で継続して就業しようとする派遣労働者にも共通したものである。

　しかし，異なる派遣先企業を移動して就業する派遣労働者にとって，より問題となるのは，そうすることで雇用の安定性や賃金の上昇につながっても，仕事を通じた技能蓄積の機会を得ることにつながらないことである。派遣元企業は，異なる派遣先企業で就業することを希望する派遣労働者に対して，同じ技能水準で遂行できる仕事のうち派遣料金の高い仕事を紹介する。派遣料金が高いことは派遣元企業の事業の収益上も望ましいことであり，派遣労働者にとっても賃金が高くなることが多い。しかしそうした仕事は，その時点の技能水準でも遂行可能な仕事であるために，他の派遣先企業の仕事に従事することが，

派遣労働者にとって新たな技能を習得する機会にならないのである。

　異なる派遣先企業を移動しても，新しい技能を蓄積しにくいことについて，経理事務に従事する派遣労働者（女性，30代前半）は以下のように述べている。

　　「いろいろな企業で働きたいと思っていますが，どこの派遣先に行っても仕事の内容はそんなに変わりません。派遣会社も時給が高いところを紹介してくれるので，それ自体はそんなに悪くないのですが，経理のスキルアップになっているかといえばそんな感じはしません」

　異なる派遣先企業を移動して就業することで派遣労働の働き方の困難を解決しようとする派遣労働者は，就業先の派遣先企業で正規労働に転換することを目指す派遣労働者と比較して，相対的に仕事内容や自分の技能発揮に対する関心が強く，経理事務や貿易事務のように，事務職の中でも専門性が高い職種の派遣労働者が多い。派遣先企業の職場や人間関係よりも，仕事内容や自分の専門性などの職務の面を重視して，異なる派遣先企業を移動しながら就業していることについて，貿易事務に従事する派遣労働者（女性，40代前半）は以下のように述べている。

　　「以前正社員として貿易事務の経験がありますので，そのスキルを活かして働きたいと思っています。貿易事務の仕事であれば，どの派遣先でも自分のやるべき仕事は変わりません。正社員との人間関係とか気にしませんね。私のほうが貿易事務の経験も豊富だし，正社員よりもスキルが高いと思うことも多いです。正社員より自分のほうが仕事ができるのに時給が低いのは納得できないので，派遣会社にはなるべく時給の高い仕事を紹介してくれるようにお願いしています」

　しかし，このように，派遣労働者がさまざまな派遣元企業から紹介される仕事の中から賃金水準の高い仕事を選んで就業していったとしても，同じ派遣先企業に長期間就業しようとした派遣労働者が直面するのと同様の理由で，派遣労働者でいる限り，いずれその仕事の難易度とそれに伴う賃金水準は上限に達してしまうのである。

(3) フリーランスとして独立することへの期待とためらい

　上述のような困難に立ち至った結果，派遣労働者は，異なる派遣先企業を移動するのではなく，フリーランスとして独立することを希望するようになる。

　派遣労働者は，派遣元企業に雇用されないフリーランスとして独立することで，派遣労働の困難を解決できるようになると考えるのである。たとえば，派遣労働者はフリーランスになることで，派遣労働を続けるよりもより高い収入が得られると考える。フリーランスという就業形態は，委託元となる企業や個人と業務委託契約を結ぶことになるので，派遣元企業にマージンをとられることもなく，派遣料金と同じ額を報酬として得られる。また，派遣労働者としては獲得することの難しかった仕事の裁量も大きくなる。フリーランスのような業務委託契約においては，派遣労働のように派遣先企業で自分に指示を与える上司や同僚は存在しないため，自分自身の裁量と責任で仕事を遂行できる。また，そうした仕事遂行方法についてより効率的になるよう創意工夫したり改善することもできる。さらに，労働時間についても派遣先企業の労働時間管理がなくなるため，その柔軟性はより高くなる。何時に仕事をして何時に休息をとるか，どの程度の休暇期間を確保するかについても，派遣元企業や派遣先企業の承諾を得る必要もなく，自分で判断して決定できる。異なる派遣先企業を移動して就業してきた派遣労働者にとって，フリーランスとなることへの期待は大きい。

　しかしながら，派遣労働者は，フリーランスになることで，派遣就業している限りは経験することのない困難があることも想定している。たとえば，フリーランスになることで，これまで派遣元企業から仕事を紹介してもらっていたものを，すべて自分で仕事を探さなければならない。仮に従来からの取引先があったとしても，仕事を失うリスクが高くなる。派遣就業時よりも収入は高くなるかもしれないが，仕事がなくなれば収入はなくなる可能性もある。また，フリーランスになることで，たしかに仕事の裁量は高くなるが，そのすべての責任を負わねばならない。そしてそれは，労働時間管理がなくなることで，委託された仕事の成果責任を果たすことをふまえると，労働時間の裁量は大きくなるものの，その労働時間は長くなりがちになる。派遣労働者として残業時間がなく長時間労働をせずに済んでいたメリットは決して小さくない。さらに，フリーランスとして就業するうえでは，技能を習得するための機会が必要であ

る。派遣労働者としても仕事を通じて技能を蓄積することは難しいが、それでも派遣元企業が教育訓練を提供するケースもある。フリーランスであれば、そうした技能習得の教育訓練費用も自己負担しなければならない。

フリーランスとして独立することの難しさについて、経理事務に従事する派遣労働者（女性、40代前半）は以下のように述べている。

> 「経理事務は事務職の中では資格も必要ですし、スキルは高いと思うのですが、公認会計士ならまだしも、経理事務のレベルでフリーランスになるのは難しいのではないでしょうか。フリーランスになったら自分で仕事を探さなくてはいけませんし、スキルアップも自分で全部しなければならなくなると思います。派遣で働いていれば派遣会社の研修も、有料のものもありますが、たくさんある中から自分で選んで受講できますし、スキルアップできる仕事を紹介してくれると思います。フリーランスになることはないです」

同様に、英文事務に従事する派遣労働者（女性、30代前半）は以下のように述べている。

> 「日本語と英語の翻訳であればある程度はできますので、あえて派遣でなくてもいいかなとは思っています。でもフリーランスになると、安定したお仕事はいただけない可能性もあります。派遣であれば時間給ですから収入も安定しています。繁忙期に翻訳の仕事が立て込むのは嫌ですし、それであれば派遣のままのほうがいいのかもしれませんね」

フリーランスとして独立することは、派遣先企業の正規労働者に転換することとは異なり、派遣労働者が自分自身で決定できる。しかしながら、異なる派遣先企業を移動する派遣労働者の多くは、事務職としての技能や専門性を向上させ、フリーランスとして仕事の自律性や労働時間の柔軟性を高めることを将来のキャリアの選択肢として想定するものの、派遣労働を通じて得られていた雇用や収入の安定性が失われることを考慮に入れた結果、フリーランスにならず引き続き派遣労働者として就業を継続することを選択している。フリーラン

スとして独立することができた派遣労働者は，派遣労働をやめてフリーランスとして働くことのメリットとデメリットを理解したうえで，雇用や収入の安定性を確保できる見通しを持って，フリーランスとして独立したのだといえよう。かつて英文事務に派遣労働者として就業した経験があり，その後フリーランスとして独立した翻訳業者（女性，30代前半）は以下のように述べている。

>　「英文事務の派遣をしていた頃から，空いた時間で翻訳の仕事を引き受けていました。当時は外資系企業でフルタイムで働いていましたから，翻訳の仕事はもっぱら週末にこなしていました。日本語の論文を英語に翻訳するのが中心で，たまに書籍の翻訳もありました。最初は単発のものが多かったと記憶しているんですが，クライアントに評価していただけたのか，その後リピートの仕事が入ってきました。フリーランスになったのは報酬よりも自分の都合に合わせて作業ができるからですね。継続してお仕事をいただけるようになってきたので，派遣はお断りして翻訳の仕事をメインにすることにしました」

　このように，派遣労働者が派遣労働を通じて経験する困難から回避するもう1つの方策として，フリーランスとしての独立を図る方策があるが，これを実現している派遣労働者はきわめて少ない。この結果として，異なる派遣先企業を移動しながら派遣労働の困難を解決しようとする派遣労働者のほとんどは，フリーランスとなることを選択せずに，派遣労働を継続することになる。
　こうして，派遣労働を通じて経験する困難を回避する方策をとる派遣労働者の多くは，正規労働者に転換することも，またフリーランスとして独立することも難しく，結果として派遣労働者としての就業を継続することになるのである。

第9章
派遣労働の克服

雇用関係とネットワーク

　第7章に示した派遣労働の受容方策において，派遣労働者は，派遣労働の困難それ自体を受け入れて自分を納得させようとし，また前章に示した派遣労働の回避方策において，派遣労働者は，困難を経験せずに済むように他の就業形態に移行しようとしていた。これらの方策はいずれも，派遣労働者が派遣労働の困難を自らは克服できないものとして反応したものであるといえる。

　しかしながら，派遣労働者の中には，その割合は少ないが，派遣労働という働き方の困難を派遣労働を続けながら自ら克服しようとする労働者もいる。これはいわば派遣労働を克服する方策といえる。この方策とはどのようなものだろうか。この方策によって派遣労働者はその困難を解決できるのだろうか。以下で見ていこう。

1 派遣元企業との長期的雇用関係の構築

(1) 同じ派遣元企業から継続的に仕事を引き受ける方策

　派遣労働を通じて経験する困難を受容するのでもなく，また困難を回避もせず，派遣労働者自らが派遣労働を続けながら困難を克服しようとする場合，派遣労働者にとって重要になるのは，派遣元企業との長期的関係を構築することである。登録型派遣労働者にとって，派遣元企業との関係はきわめて短期的で不安定である。派遣労働者は派遣元企業に登録するが，その派遣元企業と労働契約を結ぶのは，派遣先企業の仕事に従事する場合に限られる。そもそも派遣

労働者と派遣元企業との間の労働契約は，派遣先企業と派遣元企業の労働者派遣契約がなければ成立しない。したがって，派遣労働者の労働契約は，通常，派遣元企業が派遣労働者の就業機会を創出するのではなく，派遣先企業から派遣元企業に対して労働者派遣の要請があることから生じるのだといえる。

このため，派遣労働者と派遣元企業の労働契約期間は，派遣元企業と派遣先企業との間の労働者派遣契約に依存する。そして，労働者派遣契約には期間が設定されるため，派遣労働者の労働契約は期間の定めのある有期労働契約となるのが一般的であり，派遣労働者と派遣元企業の雇用関係は短期的なものになる。たとえば，派遣元企業と派遣先企業の労働者派遣契約期間が3カ月であれば，派遣労働者と派遣元企業の労働契約期間もまた3カ月となり，派遣先企業と派遣元企業の労働者派遣契約が更新されなければ，派遣労働者と派遣元企業の労働契約もまた更新されない。この場合，派遣元企業が派遣労働者に対して新たな就業先となる他の派遣先企業を紹介しない限り，派遣労働者と派遣元企業の雇用関係は終了することになる。派遣労働者の雇用が継続するかどうかは，派遣元企業が当該派遣労働者に仕事を紹介するかどうかに依存している。また，それまで特定の派遣元企業の仕事を継続的に引き受けていたとしても，派遣労働者が他の派遣元企業に登録している場合，他の派遣元企業から，より自分の希望の条件に合う仕事を紹介されれば，それを引き受けてしまうこともある。こうしたことから，派遣労働者と派遣元企業の雇用関係はいっそう短期的なものとなりがちである。

しかし，派遣労働者の中には，この短期的な派遣元企業との雇用関係を長期的なものに変えることによって，派遣労働を通じて経験する困難を克服しようとしている者がいる。

たとえば，派遣労働者が経験する困難の1つとして，賃金の上昇が難しいことについて，前章までさまざまな角度から検討してきた。そこでは，派遣料金をもとに設定される派遣労働者の賃金は，労働契約期間中の仕事成果によらず一定であり，仕事内容が高度化しない限り，賃金の上昇は望めないこと，また，成果を上げてより高度な仕事に従事することができたとしても，派遣労働者である限り，仕事の高度化にも限界があることを見てきた。しかもこの限界は，同じ派遣先企業への長期就業によっても，多数の異なる派遣先企業への就業によっても，克復することが難しいようであった。

そこで、一部の派遣労働者は、同じ派遣先企業で就業を継続することと、異なる派遣先企業を移動しながら就業することを効果的に組み合わせることによって、仕事の高度化を図り賃金を上昇させようとしている。すなわち、まずは同じ派遣先企業での就業を継続して、仕事の高度化とそれに伴う賃金の上昇を図る。仮にその派遣先企業において従事できる仕事の難易度が上限に達し、それに伴い当該派遣先企業の仕事を通じて得られる賃金も上限に達したならば、それまで就業していた派遣先企業よりも高度な仕事に従事できる他の派遣先企業に移動し、さらに賃金の上昇を図るのである。そしてその派遣先企業で仕事の高度化と賃金の上昇を図り、再び仕事の難易度と賃金が上限に達したならば、さらに高度な仕事に従事できる他の派遣先企業に移動する。

もっとも、同じ職種の仕事に従事する限りその賃金水準は一定の範囲にあるから、派遣労働者が同じ職種のまま高度な仕事を求めて他の派遣先企業に移動しても、いずれ仕事の難易度と賃金は上限に達する。たとえば、派遣労働市場全体で見れば一般事務の専門性は経理事務や貿易事務よりも相対的に低いことから、一般事務の賃金水準の上限は経理事務や貿易事務よりも低いであろう。一般事務の派遣労働者が同じ職種のまま仕事の高度化を図れる範囲には限界がある。したがって、一般事務の派遣労働者が継続的に賃金を上昇しようとするならば、一般事務から経理事務や貿易事務といった専門性の高い仕事に移行していく必要がある。派遣労働者が賃金の上昇を図るためには、同じ職種における仕事の高度化を図ることに加えて、より専門性の高い職種へと仕事を高度化していく必要があるということである。派遣労働者が賃金の上昇を図るうえでは、より高度な職種の仕事に従事することも含めて、派遣労働者が技能を蓄積する仕事に従事できる機会が必要となる。

では、派遣労働を続けながらその困難を克服しようとしている一部の派遣労働者は、どのようにして技能を蓄積し、仕事の高度化を図っているのだろうか。そうした派遣労働者は、就業先の派遣先企業で期待を上回る成果を発揮することに加えて、特定の派遣元企業との労働契約を更新していくことで、結果として当該派遣元企業との雇用関係を長期的なものにしようとしていた。

派遣労働者が派遣元企業と長期的な雇用関係を構築することには、どのような効果があるのだろうか。たとえば、派遣労働者が特定の派遣元企業から紹介される仕事を継続して引き受けていくと、派遣元企業には派遣労働者の評価情

報が蓄積されていくであろう。派遣元企業からすれば，派遣労働者が，ある一時点に派遣先企業の期待を上回る評価を得ることがあったとしても，すぐにその派遣労働者を長期的に活用しようとは考えない。しかしながら，派遣先企業におけるその派遣労働者の高い評価が蓄積されてくると，派遣元企業は当該労働者を長期的に活用することを考えるようになる。そのようにして派遣元企業が派遣労働者に対して長期的関係を構築する必要性を感じると，派遣元企業はその派遣労働者が技能を発揮できる仕事だけでなく，新たに技能を蓄積できる仕事を紹介したり，派遣元企業の側から派遣労働者に対して積極的に教育訓練機会を紹介したり促したりするようになる。派遣労働者が新しい技能を身に付けてより高度な仕事を遂行したり，さらにより専門性の高い職種に従事できるようになることは，派遣先企業に対してより高い派遣料金を要求できるという点で，派遣元企業にとっても望ましいことだからである。この結果として，派遣労働者もより高い賃金を得られる可能性が高くなるのである。

　このように，派遣労働を続けながら困難を克服しようとする派遣労働者は，特定の派遣元企業から紹介される仕事を継続的に引き受けることによって，形式的には派遣元企業との短期的な労働契約を更新しながら，結果として派遣元企業と長期的な雇用関係を構築し，そうすることによって自らの雇用を安定させ，技能を蓄積する仕事に従事する機会を得たり，賃金を上昇させたりしているのである。

　これらの好循環を生み出すためには，派遣労働者の主体的な行動が必要である。この点について，松浦（2009a）は，派遣労働を通じて技能の向上もしくは毎年の昇給のいずれかを実現している事務職の登録型派遣労働者9名を対象とした聞き取り調査を通じ，そうした派遣労働者には，派遣元企業や派遣先企業と良好な関係を構築しながら，派遣元企業による仕事の紹介や派遣先企業における仕事の割り振りに対して，自ら能動的に働きかけを行っているという特徴があることを指摘している。具体的には，派遣労働者自らが将来のキャリア形成を考え，仕事内容や労働条件，処遇，将来のキャリアに関する希望を明確にして，それを客観的・具体的に派遣元企業や派遣先企業に伝えていくことや，そうした自分の希望を実現するために，派遣元企業の営業担当者やコーディネーター，派遣先企業の上司や同僚とのコミュニケーションをとり，自分の仕事ぶりに対して信頼を得たり，意欲だけでなく技能や成果を認めてもらうことが

必要であるとしている。

　松浦（2009a）の指摘をふまえるならば，派遣労働者が派遣労働を続けながら困難を克服しようとする場合，派遣元企業との長期的な雇用関係の構築において，派遣労働者が派遣先企業で期待を上回る成果を発揮し派遣先企業や派遣元企業の信頼を得ることに加えて，派遣労働者が派遣先企業や派遣元企業に自ら働きかけ，能力開発機会や賃金，キャリアに関する要望を伝えるとともに，自分の技能や専門性に対する評価を高めていくことが必要になると考えられる。こうした派遣労働者自身によるキャリア形成に対する自覚と主体的な行動がない場合には，派遣労働者が特定の派遣元企業の仕事を継続的に引き受けて長期的雇用関係を構築しても，効果は得られないかもしれない。

　特定の派遣元企業から継続的に仕事を引き受けていくことの重要性について，貿易事務の派遣労働者（女性，30代前半）は以下のように述べている。

　　「私は派遣会社をコロコロ変えないほうがいいと思っているんです。いくつかの派遣会社から同じようなお仕事を紹介されたら，なるべく前の仕事を紹介してくれた派遣会社の仕事を継続して引き受けるようにしています。そうしていると，同じ（派遣会社の）コーディネーターがまた次の仕事を紹介してくれるのです」

　また，特定の派遣元企業から継続的に仕事を引き受けていくことによって賃金の上昇を図ることができる可能性について，経理事務に従事する派遣労働者（女性，30代後半）は以下のように述べている。

　　「今の派遣会社は契約が途切れないように仕事を紹介してくれます。ずっと同じコーディネーターなのですが，これまでも他の派遣先に変わるときもなるべく時給が下がらないようにしてくれていたみたいです。今の派遣先に来て1年半になりますが，ちょうど1年経った頃に時給を100円上げてもらいました。後で派遣先の上司から聞いたのですが，派遣会社の営業担当者が私の時給を上げたいから派遣料金を上げてほしいと，上司にお願いしてくれていたようです」

同様に，特定の派遣元企業から継続的に仕事を引き受けていくことによって，新しい技能を蓄積できる可能性について，一般事務に従事する派遣労働者（女性，30代前半）は以下のように述べている。

　「契約更新の時期になると，営業担当者とはよく話をするのですが，契約更新の話だけでなく，たとえば簿記の資格をとってみたらとか，TOEICのテストを受けてみたらとか，スキルアップのためのアドバイスをくれます。営業事務や一般事務よりも経理事務とか貿易事務のほうが時給も高くなるし，仕事を紹介してもらえる可能性が高くなるということらしいです。最近はこの派遣会社でもキャリアカウンセリングに力を入れ始めたようで，受講を勧めてくれますね」

　なお，派遣労働者が特定の派遣元企業と長期雇用関係を構築している例として，第1章で見たように，常用型の派遣労働者となることも考えられる。登録型派遣が有期労働契約であるのに対して，常用型派遣では派遣労働者は派遣元企業と無期労働契約を結んで就業する。事務職の派遣労働者の多くは登録型派遣であるが，派遣元企業の中には，貿易事務のように事務職の中でも技能や専門性の高い職種において常用型派遣という形態を活用しているところもある。常用型の派遣労働者として雇用されることで，派遣労働者の雇用は正規労働者と同様に安定するのである。
　また，派遣元企業は，無期労働契約で雇用する派遣労働者を有効活用するために能力開発に取り組む。より高い派遣料金の仕事に配置できるように，積極的に教育訓練を行ったり，より高度な仕事に従事できる派遣先企業に派遣することを通じて，その技能や専門性を向上させようとするのである。この結果，常用型の派遣労働者は，登録型派遣よりも能力開発機会を多く得られるようになり，賃金も継続的に上昇することになる。
　さらに，そうした派遣元企業の中には，技能水準の高い派遣労働者を自社に定着させるために，賞与や退職金，通勤手当などの付加給付を充実させるところもある。常用型派遣においては，派遣元企業が派遣労働者と無期労働契約を結ぶことによって，正規労働者のように，技能蓄積のための教育訓練や，技能を評価し賃金に反映させる仕組みなどを整備して派遣労働者を有効に活用しよ

うとすることから，結果として，派遣労働者は雇用が安定するだけでなく，能力開発機会が充実し，賃金が上昇し，さらに付加給付も与えられるようになり，登録型派遣労働者としては難しい困難を克服できる可能性が高い。このような常用型の派遣労働者の活用は，これまで佐野・高橋（2009）などの技術職の派遣労働者を対象とした研究で確認されてきたが，これと同様のことが事務職の派遣労働者にもあてはまる。

　しかしながら，事務職の場合，常用型派遣として派遣元企業に雇用される機会は限られている。というのも，派遣元企業が派遣労働者を常用雇用する理由は，一義的には取引先である派遣先企業に対して労働サービスを安定的に提供することにあり，派遣労働者の雇用を安定させるためではないからである。貿易事務のように専門性の高い職種の場合，一般事務や営業事務などと比べて，登録型派遣の形態で必要な技能を有する派遣労働者を確保することが難しい。高い技能水準を有する派遣労働者が少なく，登録している派遣労働者も，他の派遣元企業の紹介を受けて派遣先企業で就業してしまう可能性があるからである。このため，派遣元企業の中には，専門性の高い事務職種に限って無期労働契約の派遣労働者として雇用し，必要な教育訓練を施して一定水準の技能を有する派遣労働者を確保しようとするところもある。

　このように，派遣元企業が事務職の常用型派遣労働者として雇用するのは，主として派遣先企業との取引上の理由によるものであるために，対象となる職種が貿易事務のような専門性の高いものに限定されてしまい，事務職の派遣労働者が常用型派遣で就業することは難しい。このため，多くの派遣労働者は，登録型派遣労働者として，有期労働契約を結んで就業しながら，特定の派遣元企業との長期的雇用関係を構築していくしかないのである。

　事務職の常用型派遣の可能性について，派遣元企業A社の営業担当者は，以下のように述べている。

> 「事務職の常用型派遣は，貿易事務や経理事務のような事務職の中でも専門性の高い職種に限定されると思います。一般事務で常用型派遣というのは難しいかもしれません。事務職の多くは技術職のようには専門性が高くありませんし，派遣先で必要とされるスキルや経験を持っているスタッフもそれなりにいます。無期（労働契約）で雇ったら正社員のように定年ま

で雇わなければなりませんので，派遣会社としてはリスクが高いのです」

(2) 自分に合う派遣元企業をみつけ出す

　上述のように，特定の派遣元企業から継続的に仕事を引き受けることにメリットがあるとして，派遣労働者にとっての問題は，多くの派遣元企業がある中で，どの企業と長期的な関係を構築すればよいのかという，派遣元企業の見極めである。派遣労働者は，複数の派遣元企業に登録している。派遣労働者の中には，特定の派遣元企業から紹介される仕事だけを引き受けてきた結果，派遣労働期間を通じて1社の派遣元企業しか活用していない労働者がいる一方で，派遣先企業を変わるたびに異なる派遣元企業が紹介する仕事を引き受けてきた結果，多くの派遣元企業を活用している労働者もいる。しかし，派遣労働を続けながら困難を克服しようとしている派遣労働者に共通するのは，派遣労働者として就業を開始した当初は，登録しているいくつかの派遣元企業からの仕事を引き受けるものの，派遣労働の経験を積んでいく中で，いくつかの派遣元企業の中からとくに自分に合うと思われる派遣元企業をみつけ出し，その派遣元企業から紹介される仕事を継続して引き受けていることである。

　派遣労働者は派遣労働を開始した当初は，派遣元企業ごとの違いを十分に理解することはできない。派遣労働者が事前に得られる情報は，派遣元企業のホームページや定期的に開催される登録説明会で得られる情報に限られている。そこでは，労働者派遣の仕組みをはじめとして，求人内容や派遣元企業の教育訓練・福利厚生といった情報を得ることができるが，それらの情報だけでは派遣元企業の違いを見分けることは難しい。

　しかし，派遣労働者は派遣労働を続けていく中で，派遣先企業の違いだけでなく，派遣元企業にも違いがあることを知るようになる。たとえば，派遣元企業によって紹介される仕事が異なる。仕事内容や労働時間，勤務地などがすべて希望に合う仕事のみを紹介する派遣元企業もあれば，必ずしも希望に合わない仕事も紹介する派遣元企業もある。また，派遣元企業によって，賃金の設定も異なる。同じ派遣先企業の同じ仕事であっても，派遣元企業が異なれば賃金は必ずしも同じではない。派遣労働者の時給は派遣元企業が決定しているため，仮に派遣先企業が複数の派遣元企業と同じ派遣料金で派遣契約を締結していても，派遣労働者に支払われる賃金は異なることがありうるのである。さらには，

派遣元企業によって，派遣労働者の苦情や要望への対応も異なる。定期的に派遣先企業を訪問して派遣労働者が苦情や要望を感じていないか把握しようとする派遣元企業もあれば，派遣労働者から苦情や要望の連絡があった場合にのみ対応する派遣元企業もある。

もっとも，派遣労働者への仕事の紹介，苦情や要望への対応はそれぞれ派遣元企業のコーディネーターや営業担当者と呼ばれる従業員が行っており，派遣元企業という会社の違いというよりもコーディネーターや営業担当者という個人の違いであるともいえる。しかし，派遣労働者は，これらのコーディネーターや営業担当者の違いを経験しながらそれぞれの派遣元企業を評価していく。派遣労働者が派遣元企業を評価する基準は当然ながら個人ごとに異なる。たとえば，仕事内容を重視する派遣労働者と，高い賃金の仕事を重視する派遣労働者では，望ましいと考える派遣元企業は異なることになる。派遣労働者本人にとって望ましい派遣元企業とは，派遣労働者が派遣労働を選択するうえで重視する点を満たしてくれる派遣元企業であり，そうした中で派遣労働者は自分に合う派遣元企業を見極めていくのである。

派遣元企業を比較検討していく中で自分に合う派遣元企業をみつけていく過程について，一般事務に従事する派遣労働者（女性，30代前半）は以下のように述べている。

「最初は3～4社くらい派遣元企業に登録していましたけど，いつの間にか○○社の仕事を引き受けるようになっていましたね。やっぱり営業担当者の対応がいいからでしょうか。派遣先で困ったことがあると営業担当者に電話するのですが，その営業担当者はすぐ対応してくれますね。私から直接派遣先の上司にクレームすることはしにくいので，営業担当者がいうべきことをいってくれないと困ります」

同様に，自分に合う派遣元企業をみつけていくうえで派遣元企業のコーディネーターが重要な役割を果たしていることについて，営業事務に従事する派遣労働者（女性，30代後半）は以下のように述べている。

「平日に子供を保育園に預けてから仕事に行くとなると，勤務時間や勤務

地の条件が合うところをみつけるのはなかなか大変です。△△支店のコーディネーターは登録した頃からお世話になっていますが，結婚する前から仕事を紹介してくれていたこともあり，結婚して短時間の仕事しか引き受けられなくなっても紹介してくれますね。派遣で働き始めた頃は，5社くらい登録していましたが，当時から私の希望に合うような仕事を探してくれたのは△△支店のコーディネーターくらいでした」

貿易事務に従事する派遣労働者（女性，30代後半）は，自分に合う派遣元企業を見極めることの重要性とあわせて，派遣元企業を使い分けることの必要性についても指摘している。

「これまで登録した派遣会社は10社程度でしょうか。いろいろな派遣会社の仕事を引き受けてきましたが，今でも仕事を引き受けているのは2～3社くらいです。平日の仕事を引き受けているのは××社ですが，体力的に余裕があるときは週末だけの仕事とか単発の仕事もしたいので，他の派遣会社からも仕事を引き受けるようにしています。私が思うには，派遣社員として働いていくには派遣会社に仕事を紹介してもらわないといけませんから，1つの派遣会社だけしか仕事を引き受けないというのはリスクがあると思います」

これに対して，自分に合う派遣元企業をみつけられない場合に，雇用が不安定になったり，賃金の上昇や技能の蓄積が難しくなることについて，営業事務に従事する派遣労働者（女性，30代後半）は以下のように述べている。

「派遣会社なんてどこも同じですよ。これまで5～6社の仕事をしてみたけど，営業担当は全く派遣先に来ないし，自分の希望したような仕事なんて紹介されたことないですよ。時給は上がらないし，いつ派遣先に切られるかわからないし不安です」

派遣労働者は自分に合う特定の派遣元企業を探して継続的に仕事を引き受けることにより，雇用の安定に加えて，技能蓄積の仕事機会を得て，賃金の上昇

を実現できる可能性がある。しかしながら，派遣労働者が長期的関係を構築するにふさわしい派遣元企業を探し出すのは容易なことではない。派遣労働者が自分自身の就業経験に基づいて比較検討できる派遣元企業の数には限度がある。また，派遣労働者が自分の就業経験だけに頼って派遣元企業を検討しようとすれば，自分に合う派遣元企業をみつけ出すまでにそれだけ多くの派遣元企業の仕事を引き受ける必要が生じるため，相当の時間を要することにもなる。

2　派遣労働者の人的ネットワークの構築

　そこで，自分に合う派遣元企業をみつけ出すのに重要な役割となるのが，派遣労働者が派遣就業を通じて知り合う派遣労働者と人的ネットワークを構築することである。派遣労働者は，派遣先企業において他の派遣労働者と知り合い，このネットワークを通じて得られた情報をもとに自分に合う派遣元企業を探す手がかりを得ることがある。派遣先企業には同じ派遣元企業から複数の派遣労働者が派遣されていたり，複数の派遣元企業から派遣労働者が派遣されていたりするので，派遣労働者は他の派遣労働者からそれぞれの派遣元企業について，紹介される仕事の数だけでなく，仕事の内容や賃金水準，さらに仕事紹介を担当するコーディネーターや派遣就業中のフォローを担当する営業担当者の対応の違いなどを知ることができる。これらの情報は，派遣労働者が1人では獲得しにくい情報というだけでなく，他の派遣労働者の実際の就業経験に基づく信頼性の高い情報という点で，派遣労働者にとって重要である。
　一般事務に従事している派遣労働者（女性，30代後半）は，他の派遣労働者と知り合うことで得られる情報について以下のように述べている。

　　「同じ派遣先で働いている派遣社員の人とはよく話しますね。派遣会社の話が多いかな。〇〇社は時給が安いとか，今の△△社の営業担当者は対応悪いとかね。派遣会社によってずいぶん違うということに驚くこともありますが，同じ派遣会社でも支店や，それこそ担当者によってもずいぶん違います。ただ，そうはいっても，派遣社員どうしで話をすると，自分の派遣会社ごとのイメージとさほど大きく変わりません。××社は時給は安い

けれどコーディネーターが自分に合う仕事を探してくれるとか，□□社の営業担当者はドライだからあまり相談しにくいとか。今の××社は他の派遣の人から紹介されたのです」

　派遣労働者が派遣先企業での就業を通じて知り合う他の派遣労働者とのネットワークから得ているものは，派遣元企業の情報や評判だけではない。派遣労働者は，他の派遣労働者とのネットワークを通じて，派遣先企業で就業していくうえで必要な情報や知識を得ている。たとえば，同じ派遣先企業で就業する他の派遣労働者と知り合うことで，派遣労働者は，派遣先企業での仕事の進め方や，派遣先企業内の他部署や取引先企業との関係といった仕事に関する情報や，派遣先企業の上司や同僚の人間関係や，正規労働者と派遣労働者との人間関係などの職場に関する情報を得られることがある。派遣労働者は派遣先企業での就業前に派遣元企業を通じても派遣先企業での仕事内容や労働時間，職場の人員構成などの情報を得るが，これらはもっぱら派遣先企業から派遣元企業へ伝達しやすい形で言語化された情報であり，派遣労働者が実際に仕事を遂行していくうえで十分なものではない。派遣労働者は，同じ派遣先企業の派遣労働者のネットワークから得られる言語化しにくい情報を得ることで，仕事を効果的に進めることができるのである。こうした情報は，派遣先企業の中で仕事の裁量を与えられず，仕事遂行に必要な他者の支援を得にくい派遣労働者にとって重要なものとなっている。

　また，派遣労働者の人的ネットワークの範囲は，同じ派遣先企業で就業する派遣労働者に限定されない。ある派遣先企業で構築された派遣労働者の人的ネットワークが，それぞれの派遣労働者が他の派遣先企業で就業しても継続することがあるのである。派遣労働者は，そうしたネットワークを通じて，他の派遣先企業の仕事や職場に関する情報を得ることもある。しかし，そこで入手する情報は，たとえば，派遣先企業が属する業界やそれぞれの派遣先企業によって事務職の仕事にどのような異同があるか，正規労働者と派遣労働者の活用においてどのような異同があるか，事務の仕事を続けるうえでどのような技能や資格がより重要となってきているか，派遣就業中のトラブルにどのように対処するか，といったように幅広い。こうした情報は，直接的に派遣労働者の技能蓄積の機会になるわけではないが，就業先となりうる派遣先企業を想定し，そ

の仕事を遂行するうえで必要な技能を考えたり，派遣元企業や派遣先企業，さらには派遣労働市場全体の状況や動向を推察するのに有益であることが多く，派遣労働者が派遣労働を通じて長期的なキャリアを形成していくうえでは非常に重要なものとなっている。

派遣労働者のネットワークに加わり，他の派遣労働者の就業経験を聞くことの重要性について，営業事務に従事する派遣労働者（女性，30代後半）は以下のように述べている。

>「他の派遣先のことも話題になりますね。みなさんいろいろな派遣先の会社で働いている経験をお持ちなので，業界ごとの特徴とか，契約上のトラブルなんかの話も聞きますね。自分は経験したことはありませんが，他の派遣先に行ったら経験するかもしれませんし，派遣会社のセミナーよりも他の派遣社員の話はためになります」

また，一般事務に従事している派遣労働者（女性，20代後半）は，派遣労働者どうしのネットワークに加わることについて以下のように述べている。この派遣労働者は，これまで10社以上の派遣先企業で就業した経験があるが，過去に同じ派遣先企業で出会った派遣労働者と今でもたまに連絡を取り合っているという。

>「同じ派遣先の派遣社員と話すのは仕事のことが多いですね。話題で多いのは，社員とどうしたらうまくやっていけるかということでしょうか。事務職はヒューマン・スキルが重要なので，派遣先の社員の指示が悪くても，それをうまくフォローして仕事を進めていくくらいでないとやっていけません。派遣で働くとわかりますが，派遣先の会社によって派遣の扱いが違うので，困ったことがあれば彼女たちに相談しています。仲よくなった人とは派遣先が変わっても連絡をとっています。彼女たちから，いろいろな業界や会社の様子を聞いていると，このまま一般事務を続けていてもスキルアップして時給を上げてもらうのは難しいみたいです。簿記（の資格）をとって経理事務の仕事をみつけるとか，もっと専門的なスキルを身に付けなければならないと思い始めました」

さらに，ある営業事務に従事している派遣労働者（女性，30代後半）は，派遣労働者のネットワークといっても，そのタイプによって交換している情報が異なることについて，以下のように述べている。この派遣労働者によれば，今の派遣先企業での仕事や職場の人間関係に関する情報は同じ派遣先企業で就業している派遣労働者から得ているが，今の派遣先企業とは異なる業界に関する情報や派遣元企業に関する情報は，過去に別の派遣先企業で一緒に就業していた派遣労働者から得ているという。

「以前に同じ派遣先で一緒に働いていた派遣社員の友達とはたまに連絡をとります。ランチしたりとか，仕事を終えた後に夕ご飯を食べたりとかするくらいです。派遣会社の話もしますし，他の派遣先企業の話とか，業界が違うと仕事もずいぶんと違うみたいで面白いし刺激になりますね。今度はどの業界の仕事を引き受けようか考えたりします。同じ派遣先の人とは仕事や社員の話はしますが，それ以外の話はほとんどしません」

また，派遣労働者にとって，こうした他の派遣労働者とのネットワークは，派遣就業に関する情報を得ること以外にも重要な役割を果たしている点がある。それは，派遣労働者の組織に対する所属意識である。前述のように，派遣労働者は派遣先企業で仕事の裁量をそれほど与えられていない。また，仕事の裁量に関連して，仕事遂行に必要な情報の共有や他者からの支援という点でも正規労働者に対して不利な立場にある。その結果，派遣労働者は派遣先企業において正規労働者との区別を感じたり，派遣先企業に対して所属意識や一体感を感じられないことも多い。

他方で，派遣労働者は，派遣元企業に雇用されているが，営業担当者やコーディネーターとは異なり，派遣元企業においても従業員とはみなされていない。派遣労働者が派遣元企業と労働契約を結ぶのは派遣先企業と派遣元企業の労働者派遣契約の期間に限定されており，また，派遣労働者が就業するのは派遣元企業ではなく派遣先企業であるからである。そのことで派遣労働者は，派遣元企業に対しても所属意識や一体感を感じにくくなっている。結果として，派遣労働者は，就業先である派遣先企業にも，雇用関係のある派遣元企業にも所属意識を感じられなくなっているのである。

こうした中，派遣労働者どうしの人的ネットワークは，派遣労働者にとって所属意識を感じられる対象になっている。派遣労働者は，他の派遣労働者と人間関係やつながりを持つようになることで，派遣先企業や派遣元企業とは異なる居場所があると感じるようになり，正規労働者との区別による疎外感が薄れるのである。また，派遣労働者は，同じ派遣先企業で就業する派遣労働者とネットワークを構築することで，派遣先企業への所属意識を感じるようにもなる。たとえば，派遣労働者が多い職場などにおいては，派遣労働者が派遣先企業の一員であると認識して仕事に従事していることがあり，そうした場合には，派遣労働者も，派遣先企業で従事する仕事に対して責任の重さを感じられるようである。

さらに，同じ派遣元企業から派遣されている派遣労働者とのネットワークを構築することで，派遣元企業への所属意識を感じられることもある。同じ派遣元企業の派遣労働者との人的ネットワークを構築する機会は，就業先となる派遣先企業にあることもあれば，派遣元企業が提供する教育訓練にあることもある。同じ派遣元企業から派遣されている派遣労働者とのつながりを通じて，派遣労働者は同じ派遣元企業の派遣労働者の一員であるという認識を持ち，当該派遣元企業の一員として仕事の責任の重さを感じることもある。こうした，他の派遣労働者との人的ネットワークを通じた所属意識や一体感は，必ずしも強いものとはいえないが，派遣先企業や派遣元企業に所属意識を感じにくい派遣労働者にとっては，それらの企業組織に代わる重要な対象となっているのである。

派遣先企業でともに就業する他の派遣労働者とのつながりを持つことによって所属意識を感じられる点について，経理事務の派遣労働者（女性，30代後半）は以下のように述べている。

「派遣先で派遣（社員）どうしで話をすることもよくありますし，派遣で働いていると同じような苦労もありますから，同じ派遣で働く仲間意識のようなものは感じます。派遣先で社員と扱いが違っていたりすると，なおさら（仲間意識を）強く感じますね。私は今の派遣会社が長いからかもしれませんが，同じ派遣会社の派遣社員のほうが身近な存在に感じます」

このように，派遣労働者は，雇用関係のある派遣元企業と長期的な関係を構築するとともに，派遣労働者として就業する他の派遣労働者とのネットワークを構築することなどを通じて，異なる派遣先企業の仕事を移動しながらより高度な仕事に従事し，派遣労働の困難を克服しようとしている。この方策は，派遣労働の困難を受け入れる方策や，困難を回避するために他の就業形態への移行を図る方策と比較して，より雇用が安定し，より技能蓄積する仕事機会を多く得られ，さらには，より賃金を上昇させられる可能性が高い。しかしながら，この方策をとっても，派遣労働者である限り，付加給付や仕事の自律性，労働時間に関わる困難を克服することは難しく，また技能の蓄積機会や賃金の上昇もいずれ限界を迎えることになるということには留意する必要がある。

3 派遣元企業と派遣先企業の長期的取引関係と企業間ネットワーク

派遣労働者が派遣労働を続けながら経験する困難を克復するために，もう1つ重要な要素がある。それは，派遣元企業と派遣先企業の長期的取引関係と企業間ネットワークである。労働者派遣が，派遣労働者と派遣元企業，派遣先企業の三者関係から構成されているとすれば，派遣労働者の雇用の安定性や能力開発機会，賃金などを左右する要因として，派遣元企業と派遣先企業の企業間関係も考慮されるべきであろう。それどころか，派遣労働者と派遣元企業の労働契約が派遣元企業と派遣先企業との労働者派遣契約によって規定されているのだとすれば，派遣元企業と派遣先企業の長期的取引関係と企業間ネットワークが重要な役割を果たしていることは明らかである。

派遣労働者と派遣元企業の間に長期的雇用関係が構築され，その関係のもとで派遣元企業が派遣労働者をより技能を蓄積できる派遣先企業に派遣しようとしても，そうした仕事を派遣労働者に任せている派遣先企業がみつからなければ，派遣労働者は技能蓄積の機会を得られず，結果として賃金の上昇を実現することはできない。派遣元企業と長期的な雇用関係を構築したうえで，派遣労働者が継続的に技能を蓄積するためには，前述のように，同じ派遣先企業で一定期間就業して仕事の高度化を図り，その派遣先企業において従事できる仕事

の難易度が上限に達したら，特定の派遣元企業から，より高度な仕事に従事できる派遣先企業を紹介してもらい，そのための教育訓練機会を積極的に提供されたり促されたりするといったことを繰り返していくことが必要になる。

　この技能蓄積の好循環が行われるためには，1つには，派遣元企業と派遣先企業の長期的な取引関係が必要になる。派遣元企業と派遣先企業の長期的取引関係が構築されている場合，派遣元企業は派遣先企業の仕事や職場の状況をそうでない場合よりも詳しく把握できるようになり，派遣労働者の技能水準に合致した仕事を紹介できたり，仕事の高度化を通じて技能を蓄積できる可能性のある派遣先企業に配置できるようになる。また，派遣元企業は，特定の派遣先企業に長期に派遣することを想定して，当該企業の仕事遂行に効果的な教育訓練機会を設けたりもする。さらに，過去の取引実績によって派遣先企業との信頼関係を築いていれば，派遣労働者のより高度な仕事に従事したいという要望を派遣先企業に伝えて反映してもらうことや，派遣労働者が求められる技能水準に多少不足していたり当該職種を未経験であっても派遣就業を受け入れてもらえることが可能となろう。もっとも，派遣元企業と派遣先企業の取引関係が単に長期的であるというだけでは，こうした派遣元企業の取り組みを実現することは難しい。派遣元企業の取り組みがその効果を発揮するためには，派遣元企業による派遣先企業に対する働きかけとそれを通じた相互信頼が必要になる。

　長年，特定の派遣先企業に多くの派遣労働者を派遣している場合に，派遣労働者の技能蓄積や賃金上昇が実現する可能性が高いことについて，派遣元企業B社の営業担当者は以下のように述べている。

　「以前から当社のスタッフを多く活用してくださっている派遣先のほうが（他の派遣先よりも）スタッフさんはスキルアップやキャリアアップがしやすいかもしれませんね。そういう派遣先とはこれまでもスタッフの活用の仕方について相談してきましたから，派遣先のみなさんもスタッフのスキルを活かすための使い方をよくわかっていますし，当社としても部署ごとに，仕事で求められるスキルだけでなく職場の雰囲気もわかっていますから，それに合うスタッフさんを安心して派遣することができています。スキルアップしたいスタッフさんがいれば，派遣先に伝えておいて，そうした仕事がみつかったら教えてもらうこともあります。スキルアップすれば

仕事もレベルアップしますので,時給が上がることも多いと思います」

　そして,こうした派遣元企業と派遣先企業の長期的取引関係をネットワークとして構築することにより,派遣元企業は,派遣労働者に教育訓練機会を継続して提供することができたり,それぞれの派遣先企業での技能蓄積の過程や状況をふまえて,派遣労働者を派遣先企業から他の派遣先企業へ,より効果的に移動させることができるようになる。このような派遣元企業と派遣先企業の企業間ネットワークは,派遣先企業にとっても,新たに受け入れる派遣労働者の前の就業先で蓄積された技能を引き継いだり,今の派遣先企業における能力開発を次に当該派遣労働者を受け入れる派遣先企業が活用することを可能にするだろう。派遣元企業と派遣先企業の企業間ネットワークは,派遣先企業どうしが派遣元企業を介して間接的に結びつくことによって,派遣労働者をより有効活用できるようになるのである。

　こうした派遣元企業と派遣先企業で長期的取引関係のネットワークが構築されているのが,いわゆる資本系派遣元企業であろう。「資本系派遣元企業」とは,製造業や金融業などの人材ビジネス以外の事業を本業とする親会社を持つ派遣元企業のことであり,親会社を持たない派遣元企業や,人材ビジネスを本業とする派遣元企業である「独立系派遣元企業」と区別される。資本系派遣元企業の主たる派遣先企業は親会社やその関係・関連会社であるが,派遣元企業とこれら企業との企業間関係は,資本関係に基づく長期的な取引関係が想定されている。この場合,派遣元企業と親会社や関係・関連会社の間では,同じ企業グループとしての信頼関係に基づいた情報交換がなされており,派遣元企業が親会社や関係・関連会社の仕事や職場の特性を把握しているだけでなく,親会社や関係・関連会社もまた派遣元企業を通じて派遣労働者の過去の仕事ぶりや技能,適性を理解することができる。この結果,派遣元企業は,派遣労働者の技能や適性をふまえて,親会社や関係・関連会社の仕事を効果的に割り振ることができたり,同じ派遣労働者を同じ企業グループ内で効率的に配置できたりするようになる。また,資本関係による長期的取引関係のもとで,派遣元企業と派遣先企業の双方が派遣労働者の長期的な活用を想定していることが一般的であるため,両社は相互に協力しながら派遣労働者の能力開発に取り組むことが可能になるのである(髙橋,2010a)。

もっとも，資本系派遣元企業の場合には，派遣先企業の多くが親会社や関係・関連会社であることから，上述のような個々の派遣先企業との長期的取引関係による企業間ネットワークと比較して，派遣労働者の技能蓄積機会や賃金上昇の程度は一定の範囲に限定されるかもしれない。それでも，その範囲においては，資本系派遣元企業には，その資本関係に基づいて派遣元企業と派遣先企業の長期的取引関係と企業間ネットワークが強く構築されていることによって，派遣元企業と派遣先企業による派遣労働者の有効活用と，その結果として派遣労働者の技能蓄積や賃金上昇が実現する可能性が示唆されるのである。

資本系派遣元企業に相当する派遣元企業 E 社の営業担当者は，以下のように述べている。

「当社はもともと結婚などを機に親会社を退職した一般職の社員を派遣として活用し始めたのが最初なのですが，今はそうでないスタッフのほうが多いです。派遣先の多くは，親会社を中心にグループ会社です。グループ会社の人事部門とはよく連絡をとっていますし，各社の仕事内容もよく知っていますから，親会社に希望どおりの仕事がなくても他のグループ会社から探してみつけることもできます。各社とも比較的長期（で就業すること）を希望していますので，スタッフも長期就業することが多いですし，その中で昇給したりすることも多いです」

すなわち，派遣労働を通じて困難を克服する方策をとる派遣労働者には，派遣元企業と派遣先企業との長期的取引関係と企業間ネットワークの構築が必要になるのである。図9-1 に，派遣労働者が派遣労働を続けながら困難を克服しようとする方策が実現するためには，派遣労働者と派遣元企業，派遣先企業の三者関係において，派遣労働者と派遣元企業の長期的雇用関係を構築すること，派遣労働者が他の派遣労働者と人的ネットワークを構築すること，そして派遣元企業と派遣先企業の長期的取引関係による企業間ネットワークが成立していることが必要であることを示した。

しかしながら，ここでも留意しておかなければならないのは，こうした派遣元企業と長期的関係のある派遣先企業で就業できるかどうかを，派遣労働者が自分で選ぶことはできないということである。前述のとおり，派遣労働者にい

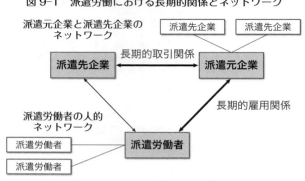

図9-1 派遣労働における長期的関係とネットワーク

ずれの派遣先企業の仕事を紹介するかを決定するのは，あくまでも派遣元企業である。

この場合に，派遣元企業が派遣労働者に対して紹介する派遣先企業は，必ずしも労働者派遣契約を通じて長期的に取引している派遣先企業とは限らない。派遣先企業からの評価が高く，派遣元企業としても継続して雇用したい派遣労働者は，派遣元企業からすれば，いずれの派遣先企業に派遣しても高い評価を得られる可能性の高い労働者であるとみなされているため，そうした派遣労働者を派遣する際は，すでに長期的取引関係にある派遣先企業よりも，むしろ新規開拓した派遣先企業に就業させることで，新規開拓先との長期的取引のきっかけにしようとすることがあるからである。

このことを，反対から見れば，派遣元企業が派遣先企業と長期的な取引関係を構築できた出発点には，派遣労働者自身が派遣先企業において期待される成果を発揮し続けたことがある。派遣元企業と派遣先企業の長期的取引関係においては，はじめから長期的な労働者派遣契約が結ばれているのではなく，当該派遣先企業に当初派遣された派遣労働者の仕事成果がそうした関係を導くのである。派遣労働を通じて困難を克服しようとする派遣労働者は，派遣元企業と長期的取引関係のある派遣先企業を選んで派遣就業できるとは限らないが，こうした派遣労働者こそが派遣元企業が派遣先企業と長期的取引関係を構築するきっかけとなっているのである。

第4部
派遣労働者が従事する仕事の質

Overview

　第4部では，これまでの議論をふまえながら，派遣労働という働き方が正規労働よりも総じて仕事の質が悪いとみなされていることについて，日本の都市圏で就業する労働者に対する質問票調査のデータを用いて検討する。まず第10章において，派遣労働者と正規労働者が従事する仕事の質を比較することで，派遣労働がこれまで主張されてきたように，正規労働よりも仕事の質が劣るのか否かを確認する。あわせて他の非正規労働と正規労働の比較を行うことで，正規労働と比較した場合に，派遣労働と他の非正規労働において仕事の質にどのような異同があるのかを検討する。そのうえで，第11章において，正規労働，非正規労働，派遣労働という3つの就業形態を労働契約と雇用関係の2つの観点から分類する枠組みを提示し，労働契約（無期労働契約と有期労働契約）と雇用関係（二者雇用関係と三者雇用関係）が仕事の質にどのような影響を与えているのかを検討する。

第10章
就業形態による比較

正規労働よりも劣るか

1 質問票調査の目的

　第2, 3部において，派遣労働がいかなる特徴を持つ働き方であるのかについて，派遣労働者の当事者視点から検討してきた。派遣労働は，賃金水準は正規労働と比較して必ずしも低いとは限らないが，賃金が継続的に上昇しにくく，賞与や退職金などの付加給付が少ない。また，雇い止めのリスクがある点で雇用の安定性が低く，長期的な能力開発機会が少ない。さらに，仕事の裁量が小さい点で仕事の自律性も低い。加えて，派遣労働は，労働時間の面でも必ずしも優れているとは限らない。派遣労働は残業は少ないものの，所定労働時間内で労働時間を柔軟に変更することが難しい。
　本章では，派遣労働のこうした特徴を，日本で就業する労働者を対象とした質問票調査のデータを用いて確認していく。具体的には，正規労働，非正規労働，派遣労働という3つの就業形態を取り上げ，これらの仕事の質を比較する。その主な目的は，第2, 3部で示した聞き取り調査に基づく発見事実の妥当性を部分的ではあるものの確認することである。というのも，聞き取り調査における調査対象者の人数が少ないことを考慮すると，大規模なサンプルを用いた検証が必要であると考えられたからである。また，聞き取り調査の時期である2006〜12年には，事務職の登録型派遣労働に関わる大きな法改正は実施されなかったものの，2012年には日雇い派遣の原則禁止やグループ企業内派遣規制，2015年には専門26業務と自由化業務の業務区分の廃止や派遣労働者の受け入れ期間の見直しなどの法改正が行われており，これらの影響を考慮した検

証が必要となった。さらに，聞き取り調査においては，派遣労働の働き方としての特徴を見いだすことに主眼が置かれ，正規労働や有期パートタイム労働といった他の働き方との比較はなされていない。発見事実がどの程度派遣労働に特有のものであるのかを確認するには，正規労働や他の働き方との比較が必要である。

2 分析に用いるデータ

　本章で用いるデータは，仕事の質に関する欧州の代表的調査であるEuropean Working Conditions Survey（EWCS）2010の質問項目を翻訳し，日本の雇用慣行の特徴を反映した質問項目を追加して設計した独自の質問票調査のデータである。EWCSには，賃金，付加給付，雇用の安定性，能力開発機会，仕事の自律性，労働時間など，仕事の質に関わる豊富な質問項目が含まれており，本章の問題意識にふさわしい。EWCSは，欧州生活・労働条件改善財団（European Foundation for the Improvement of Living and Working Conditions：略称 Eurofound）が欧州内の労働者を対象に仕事や労働条件など包括的な労働実態を明らかにすることを目的に実施している調査である。EWCSは1990年以来5年おきに実施されており，直近の2015年調査で6回目となる。調査開始当初は欧州諸共同体（EC）12カ国の労働者を対象としていたが，その後調査対象国を拡げて，2015年調査では欧州連合（EU）28カ国を含む35カ国の労働者が対象となっている。今回の調査は実施時期との兼ね合いから2010年のEWCSの質問項目を参考とした[1]。

　調査では質問票を用いて，次の手続きに従ってデータを収集した。調査対象者は首都圏（東京都・神奈川県・千葉県・埼玉県）と関西圏（大阪府・京都府など6府県）に居住する20歳から59歳までの民間企業に就業する次の3つの就業形態の労働者である。第1は正規労働者である。日本の雇用慣行をふまえて「企業に直接雇用され，当該企業と無期労働契約を結ぶ労働者」と定義した。第2は非正規労働者であり，「企業に直接雇用され，当該企業と有期労働契約を結

---

[1] EWCSの詳細については，以下のEurofoundのホームページを参照されたい。
　　http://www.eurofound.europa.eu/european-working-conditions-surveys-ewcs

ぶ労働者」と定義した。これにはパートタイム社員や契約社員などが該当する。第3は派遣労働者であり，「派遣元企業に雇用され派遣先企業で就業する労働者」と定義した。派遣労働者の中には，派遣元企業と無期労働契約を結ぶ労働者と有期労働契約を結ぶ労働者の双方が含まれる。就業先企業の規模は，従業員300人以上の企業とした。

　次に，調査対象者数として正規労働者2000名，非正規労働者と派遣労働者をあわせて2000名，合計4000名のサンプルを確保することを前提に，総務省の「就業構造基本調査」(2012年)の首都圏・関西圏各々の20歳から59歳までの労働者の性別と年齢階層の分布割合を反映したサンプル割付基準を作成し，この割付基準に基づいて，インターネット調査会社にモニター登録する首都圏と関西圏に居住する民間企業の就業者に調査票を配布した。正規労働者を対象とした調査と非正規労働者・派遣労働者を対象とした調査はそれぞれ2014年9月，2015年3月に実施された[2]。調査票の配布・回収数は，正規労働者調査が配布3191に対して回収2000（回答率62.7%），非正規労働者・派遣労働者調査が配布3107に対して回収2000（回答率64.4%）であった。

　今回の質問票調査は，日本の労働者を対象として，仕事の質に焦点を当てて実施されたほぼ初めての大規模調査である。賃金や付加給付から雇用の安定性，能力開発機会，仕事の自律性，労働時間まで仕事の質に関する豊富なデータを収集している点で価値があるものの，いくつかの懸念を抱えている。その1つは，2つの調査が半年間ではあるものの異なる2時点で実施されたことである。労働市場の雇用環境の要因を統制するうえで，調査時点は同じであることが望ましいことはいうまでもない。しかし，欧米諸国に比べて日本の雇用環境は安定的である。調査対象地域である首都圏と関西圏における就業人口や失業率などの雇用状況は2014年9月から2015年3月の間で季節変動を除いて大きな違いはない。また本調査では，EWCSの方法にならい，給与や労働時間などについて，過去6カ月の平均的な数値や状況をたずねるなど，回答者の仕事や労働条件の通常状態を把握するよう工夫もした。

　もう1つの懸念は，クロスセクション・データによる因果関係の推論である。

---

[2] 正規労働者調査は東京大学社会科学研究所人材フォーラムの研究プロジェクトの一環として，非正規労働者・派遣労働者調査は全労済協会の委託研究プロジェクトとして実施され，いずれも佐藤博樹教授との共同研究に基づく。

クロスセクション・データによって，厳密な意味で労働契約や雇用関係が仕事の質に与える影響を証明するのは難しい。しかし，論理的に考えて労働契約や雇用関係が仕事の質を左右するのは明らかである。企業は人材活用の目的に応じて労働契約や雇用関係を選択する。たとえば，企業が非正規労働や派遣労働を活用する理由は，労働需要の変化への対応や雇用の柔軟性の確保，人件費・教育訓練費用の削減である (Atkinson, 1984；Davis-Blake and Uzzi, 1993；Houseman, 2001；Kalleberg, 2001)。この場合，企業は労働者に対して短期的な労働契約を提示したり，賃金や付加給付を低く設定したり，あるいは雇用を外部化して労働者派遣を活用しようとする。この結果，派遣労働や非正規労働の仕事は，賃金が低く，能力開発機会が少なく，雇用が不安定になる。パネル・データが望ましいことはいうまでもないが，このように，クロスセクション・データで仮説の推論は十分可能であると考えられる。

　さらに懸念されるのは，サンプル・セレクション・バイアスである。本調査は，インターネット調査会社の登録モニターを対象としたため，ランダム・サンプリングではない。それを前提に，本調査ではランダム・サンプリングの要素を取り入れて注意深くサンプルを抽出するよう努力した。前述のように，正規労働，非正規労働，派遣労働という就業形態ごとに，日本の基礎統計である「就業構造基本調査」に基づいて，首都圏と関西圏それぞれにおける性別と年齢階層の分布割合を反映したサンプル割付基準を作成し，この割付基準に基づいて，各層ごとに割付基準以上の回答が得られるようランダムに抽出して調査への回答依頼を行った。そのうえで，回答が得られた中から，各層ごとのサンプル・サイズが割付基準と等しくなるように乱数によって標本を決定した。この結果，本調査のサンプルは，完全なランダム・サンプリングではないが，日本の都市圏で就業する労働者の特性について一定の代表性を確保している。

　ただし，本調査はサンプリングで性別と年齢を考慮したものの，職種を十分に統制できていない。職種は仕事の質を左右する要因の1つである。そこで以下の分析に際しては，本書の対象である事務職に従事する労働者に限定することにした。本調査の質問項目において，事務職は「事務の仕事」として「一般事務，経理・会計，営業事務など」と定義されている。2012年の「就業構造基本調査」の有業者を職業大分類別にみると，「事務従事者」が最も多く，有業者全体の19.3%を占めている。実際に，本調査の回答結果を見ても，事務

表 10-1　就業形態とサンプル・サイズ

就業形態	調査票における定義	サンプル・サイズ
正規労働	期間の定めのない無期の労働契約で勤務先の企業に直接雇用されている者（定年まで雇用される者を含む）	502
非正規労働	契約社員・パート・アルバイトなど，期間を定めた有期の労働契約で勤務先の企業に直接雇用されている者（契約更新されている者を含む）	373
派遣労働	雇用する企業が労働者派遣契約を結んだ取引先（派遣先）の企業で就労している者	218

職に従事する回答者が全体の 57.5% を占めており最も多かった。

職種だけでなく，労働日数もまた仕事の質を左右する。週3日勤務の労働者と週5日勤務の労働者では，毎月の収入や週当たりの労働時間を単純に比較することはできない。このため，分析対象を週5日勤務の回答者に限定した。ただし，本調査では，労働契約に定めた勤務日数をたずねておらず，代わりに最近6カ月間の平均的な勤務日数をたずねているため，この回答結果を用いて，最近6カ月間の平均的な勤務日数として週5日と回答した回答者を抽出することにした。実際に，本調査の回答結果を見ても，週5日勤務であるとする回答者が全体の 87.2% を占めており最も多かった。就業形態別に見ても週5日勤務であるとする割合が最も多く，正規労働者 89.8%，非正規労働者 67.4%，派遣労働者 86.2% となっている。週5日勤務の回答者に限定したことにより，それ以外の回答者を分析対象から除外することになるが，代わりに週の労働日数を統制して労働時間の長さを比較できる。

全体 4000 のサンプルから職種と労働日数の条件を課した結果，分析対象のサンプル・サイズは 1093 となった。表 10-1 には，就業形態の定義とサンプル・サイズを示したので参照されたい。

3　回答者の基本属性

仕事の質を比較する前に，分析対象となる回答者の基本属性を確認する。基本属性としては，性別・年齢などの個人属性，および回答者の勤務先企業（派遣労働者は派遣先企業）の業種・規模などの企業属性を取り上げた。就業形態別

の基本属性は表 10-2 にまとめている。

　就業形態別の労働契約期間を見ると，まず，本調査における定義により正規労働者は全員が期間の定めのない無期労働契約となる。これに対して，非正規労働者は全員が期間の定めのある有期労働契約となるが，労働契約期間の内訳は 12 カ月以上が 54.2% と最も多く，これに 6 カ月以上 12 カ月未満が 21.7% と続いた。派遣労働者は，派遣元企業との労働契約期間が 3 カ月以上 6 カ月未満とする割合が 46.3% と最も多く，これに 12 カ月以上 17.9%，3 カ月未満 11.5%，6 カ月以上 12 カ月未満 11.0% が続いた。非正規労働者と比較して，派遣労働者の労働契約期間は短い傾向があることがわかる。ただし派遣労働者の場合，有期労働契約が多数を占めるが，期間の定めのない無期労働契約も 9.6% あった。なお，非正規労働者と派遣労働者の中には，自分の就業形態を理解しながらも，その労働契約期間はわからないと回答した割合がそれぞれ 12.3%，3.7% にのぼった。本章の分析の焦点からは外れるが，労働者自身が自らの権利を理解するうえでも労働契約期間を知っておくことは必要であり，雇用者には労働契約に関する情報開示が求められるところである。

　性別については，正規労働者は女性 56.0%，男性 44.0% とそれほど大きな差がないのに対して，非正規労働者は女性 86.9%，男性 13.1%，派遣労働者は女性 91.7%，男性 8.3% となっており，非正規労働者と派遣労働者の大多数は女性であった。一方，平均年齢については，正規労働者 38.6 歳，非正規労働者 40.9 歳，派遣労働者 39.6 歳とそれほど大きな差はなかった。年齢分布を見ると，正規労働者は 30 代が 31.5% と最も多く，40 代 26.5%，20 代 24.1% と続く。非正規労働者は 30 代が 32.4% と最も多く，40 代 27.6%，50 代 24.7% と続く。派遣労働者は 40 代が 44.5% と最も多く，30 代 34.4% となる。正規労働者と比較して，非正規労働者と派遣労働者の年齢が高い傾向があり，正規労働者と非正規労働者の中心が 30 代であるのに対して，派遣労働者は 40 代が中心となっている。

　学歴については，正規労働者は大学・大学院卒が 66.1% と最も多く，高校卒は 12.9% にとどまる。非正規労働者は大学・大学院卒が 35.7% と最も多いが，高校卒 27.9%，短大・高専卒 35.4% など大学卒以外も一定の割合がある。派遣労働者は大学・大学院卒が 46.3% と最も多く，高校卒は 20.2%，短大・高専卒 33.0% となる。学歴については，正規労働者，派遣労働者，非正規労

表 10-2 分析対象者の基本属性

(単位：%)

		正規労働	非正規労働	派遣労働
労働契約期間	3カ月未満	0.0	2.4	11.5
	3カ月以上6カ月未満	0.0	9.4	46.3
	6カ月以上12カ月未満	0.0	21.7	11.0
	12カ月以上	0.0	54.2	17.9
	期間の定めなし	100.0	0.0	9.6
	わからない	0.0	12.3	3.7
性別	女性	56.0	86.9	91.7
	男性	44.0	13.1	8.3
年齢	平均（歳）	38.6	40.9	39.6
	20～29歳	24.1	15.3	11.9
	30～39歳	31.5	32.4	34.4
	40～49歳	26.5	27.6	44.5
	50～59歳	17.9	24.7	9.2
学歴	中学卒	0.0	0.5	0.5
	高校卒	12.9	27.9	20.2
	短大・高専卒	20.7	35.4	33.0
	大学・大学院卒	66.1	35.7	46.3
	答えたくない	0.2	0.5	0.0
婚姻	既婚	45.2	36.2	34.4
	未婚	50.4	52.0	57.8
	死・離別	4.4	11.8	7.8
子供	あり	30.5	23.9	17.0
	なし	69.5	76.1	83.0
主たる家計負担者	本人	64.3	43.2	44.0
	配偶者	14.7	28.4	28.4
	親	18.7	24.7	24.3
	その他	2.2	3.8	3.2
役職	一般社員	59.2	97.6	99.1
	係長・主任	35.7	2.4	0.9
	課長	4.6	0.0	0.0
	部長	0.6	0.0	0.0
現勤務先企業での勤続年数	平均（年）	13.4	6.7	4.0
	1～5年	23.5	53.1	75.7
	6～10年	26.7	27.9	17.4
	11～15年	12.5	11.8	5.0
	16～20年	12.7	4.6	1.8
	21年以上	24.5	2.7	0.0

表10-2（続き）

		正規労働	非正規労働	派遣労働
事務職の経験年数	平均（年）	13.5	13.1	12.3
	1～5年	22.5	21.2	23.4
	6～10年	26.3	26.5	23.4
	11～15年	13.9	16.9	20.2
	16～20年	15.9	18.5	19.7
	21年以上	21.3	16.9	13.3
労働組合	加　入	63.7	28.7	12.4
	非加入	36.3	71.3	87.6
企業規模	300～999人	28.5	31.4	27.5
	1000～2999人	21.3	23.3	17.9
	3000～4999人	9.8	9.9	8.3
	5000人以上	40.4	35.4	46.3
業　種	鉱業, 採石業, 砂利採取業	0.0	0.0	0.5
	建設業	4.8	3.8	5.0
	製造業	23.9	9.9	23.4
	電気・ガス・熱供給・水道業	2.2	0.8	3.2
	情報通信業	6.2	12.1	14.2
	運輸業, 郵便業	6.4	5.4	2.3
	卸売業, 小売業	8.0	9.1	5.5
	金融業, 保険業	26.7	24.1	23.9
	不動産業, 物品賃貸業	1.6	2.7	2.3
	学術研究, 専門・技術サービス業	0.6	0.5	0.9
	宿泊業, 飲食サービス業	1.2	0.8	0.5
	生活関連サービス業, 娯楽業	1.2	1.6	0.5
	教育, 学習支援業	1.6	4.0	2.8
	医療, 福祉	4.2	6.4	0.9
	複合サービス事業	0.8	1.6	0.0
	その他サービス業	9.4	13.7	8.3
	その他	1.4	3.5	6.0
	N	502	373	218

働者の順に高い傾向にあるといえる。

　婚姻状況については，正規労働者は既婚45.2%，未婚50.4%とそれほど差がないのに対して，非正規労働者は既婚36.2%，未婚52.0%，派遣労働者は既婚34.4%，未婚57.8%となっており，正規労働者と比較して非正規労働者と派遣労働者には未婚の割合が多い。非正規労働者と派遣労働者は正規労働者よりも死・離別の割合もやや多い。また，子供の有無については，正規労働者は子供あり30.5%，子供なし69.5%，非正規労働者は子供あり23.9%，子供なし76.1%，派遣労働者は子供あり17.0%，子供なし83.0%となっており，子供の

いる割合は正規労働者，非正規労働者，派遣労働者の順に多い。

　主たる家計負担者については，正規労働者は回答者本人が64.3%と最も多く，配偶者・親はそれぞれ14.7%，18.7%にとどまる。これに対して非正規労働者は回答者本人が43.2%と最も多いが，配偶者28.4%，親24.7%など本人以外の割合が半数を超える。派遣労働者も同様に回答者本人が44.0%と最も多いが，配偶者28.4%，親24.3%など本人以外の割合が半数を超える。

　勤務先企業（派遣労働者は派遣先企業）における役職については，正規労働者は役職に就いていない者（一般社員）が59.2%と最も多いが，係長・主任相当以上が40.9%と役職に就いている者が4割程度いる。これに対して非正規労働者・派遣労働者は役職に就いていない者がそれぞれ97.6%，99.1%となっている。役職については，正規労働者と比較して，非正規労働者・派遣労働者のほうが役職に就いていない者の割合が圧倒的に多い。

　現在の勤務先企業（派遣労働者は派遣先企業）における勤続年数については，平均で見ると，正規労働者13.4年，非正規労働者6.7年，派遣労働者4.0年と，正規労働者，非正規労働者，派遣労働者の順に長い。勤続年数の分布を見ると，正規労働者は6～10年が26.7%と最も多く，21年以上24.5%，1～5年23.5%と続く。正規労働者は長期勤続者の割合がほかよりも多く，10年以下の割合は半数程度にとどまる。これに対して，非正規労働者は1～5年が53.1%と最も多く，6～10年が27.9%と続く。派遣労働者は1～5年が75.7%と最も多く，6～10年が17.4%と続く。非正規労働者と派遣労働者は10年以下の割合がそれぞれ8割，9割超となる。

　一方，事務職の仕事の経験年数については，平均で見ると，正規労働者13.5年，非正規労働者13.1年，派遣労働者12.3年と，正規労働者，非正規労働者，派遣労働者の間で大きな差はない。事務職の経験年数の分布を見ると，正規労働者は6～10年が26.3%と最も多く，1～5年が22.5%，21年以上が21.3%と続く。非正規労働者は6～10年が26.5%と最も多く，1～5年が21.2%と続く。派遣労働者は1～5年と6～10年がともに23.4%と最も多く，11～15年が20.2%と続く。いずれの就業形態でも事務職の経験年数は10年以下が4～5割を占めている。

　労働組合への加入状況については，正規労働者は労働組合に加入している者が63.7%と半数を超える。これに対して，非正規労働者・派遣労働者は労働

組合に加入している者がそれぞれ 28.7%，12.4% と少ない。労働組合への加入状況については，正規労働者と比較して，非正規労働者・派遣労働者は労働組合に加入している割合が大幅に少ない。

次に回答者の勤務先企業の属性を見ていく。勤務先企業の業種（派遣労働者は派遣先企業の業種）については，正規労働者は金融業，保険業が26.7% と最も多く，製造業23.9% と続く。非正規労働者は金融業，保険業が24.1% と最も多く，その他サービス業13.7%，情報通信業12.1% と続く。派遣労働者は金融業，保険業23.9% と製造業23.4% が多く，情報通信業14.2% と続く。分析対象を事務職種に限定したことから，いずれの就業形態も金融業，保険業が最も多くなっている。

勤務先企業の従業員規模（従業員数は正規労働者と非正規労働者の合計。派遣労働者は派遣先企業の従業員規模）については，正規労働者は従業員5000人以上の企業に勤務する者が40.4% と最も多く，300～999人の企業に勤務する者が28.5% と続く。非正規労働者は従業員5000人以上の企業に勤務する者が35.4% と最も多く，300～999人の企業に勤務する者が31.4% と続く。派遣労働者は従業員5000人以上の企業に勤務する者が46.3% と最も多く，300～999人の企業に勤務する者が27.5% と続く。いずれの就業形態も従業員5000人以上の大企業に勤務する者の割合が最も多くなっている。

4 仕事の質に関する測定尺度

本章で分析対象とする仕事の質は，Kalleberg (2011) をはじめとする先行研究における議論をふまえて，①賃金（毎月の収入），②付加給付（賞与制度，退職金・企業年金制度），③雇用の安定性（失業リスク），④能力開発機会（専門性向上の機会），⑤仕事の自律性（仕事遂行の裁量，意思決定への関与），⑥労働時間（週当たりの労働時間，ワーク・ライフ・バランス）という6つの次元を設定した。一部の次元については，各々2つの変数を設定し，計9つの変数について，次のように変数化を行った。

賃金に関する変数は，毎月の収入である。過去6カ月間の平均的な税込み収入であり，賞与や手当は含まない。通常の従業員調査で，労働者自身が収入を

正確に回答することは難しい。そこで，調査票では収入を細かくたずねずに，5万円単位で10のカテゴリーを設定し回答してもらった。収入の最も低いカテゴリー（10万円未満）から最も高いカテゴリー（50万円以上）に，収入が高くなるに伴い数字が大きくなるよう変数化した（10万円未満=1，10万～15万円未満=2，…，50万円以上=10）。ただし，収入の質問は回答者にとって敏感なものであり，7.8％の回答者が回答を拒否した。

付加給付に関する変数は，賞与制度と退職金・企業年金制度についての2つである。勤務先で回答者自身に賞与制度や退職金・企業年金制度が適用されている場合に1を，適用されていない場合に0をとるダミー変数とした。退職金と企業年金は異なる付加給付とも考えられるが，退職金の全額もしくは一部を年金として退職後に受け取れることも多いため，本調査では退職金と企業年金をいずれも退職時の報酬とみなして同じ制度として扱った。なお，派遣労働者には，自身を雇用している派遣元企業の賞与制度や退職金・企業年金制度をたずねた。

雇用の安定性に関する変数は，失業リスクである。今後6カ月以内にリストラ等により今の仕事を失う可能性を6段階でたずねた。最も失業リスクが低いものを1，失業リスクが大きくなるにつれて大きい数字を割り当て，最も失業リスクが高いものを6とした。

能力開発機会に関する変数は，専門性向上の機会である。今の仕事を通じて自分の専門的な能力や技能を向上できる機会を同様に6段階でたずねた。最も専門性向上の機会が少ないものを1，専門性向上の機会が多くなるにつれて大きい数字を割り当て，最も専門性向上の機会が多いものを6とした。

仕事の自律性に関する変数は，仕事遂行の裁量と意思決定への関与についての2つである。仕事遂行の裁量は，回答者が仕事において，仕事の順番やそれぞれに割く時間を自由に決めたり変更したりできる程度を4段階でたずねている。仕事の順番や時間に関する裁量が最も小さいものを1，裁量が大きくなるにつれて大きい数字を割り当て，最も仕事遂行上の裁量が大きいものを4とした。また，意思決定への関与は，今の仕事について仕事上の重要な意思決定に影響を与えられる程度を6段階でたずねている。仕事上の意思決定に影響を与えられる程度が最も小さいものを1，影響の程度が大きくなるにつれて大きい数字を割り当て，影響を与えられる程度が最も大きいものを6とした。

表 10-3　仕事の質に関する変数と質問項目および尺度

仕事の質		質問項目	選択肢・尺度
賃　金	毎月の収入	今の勤務先での毎月の給与（税込の金額。賞与や時間外勤務手当などを除く）を，最近6カ月の平均的な給与をふまえてお答えください。	10万円未満＝1 10万～15万円未満＝2 15万～20万円未満＝3 20万～25万円未満＝4 25万～30万円未満＝5 30万～35万円未満＝6 35万～40万円未満＝7 40万～45万円未満＝8 45万～50万円未満＝9 50万円以上＝10
付加給付	賞与制度	今の勤務先で，あなたに賞与制度は適用されていますか。	適用されている＝1 適用されていない＝0
	退職金・企業年金制度	今の勤務先で，あなたに退職金制度もしくは企業年金制度は適用されていますか。	適用されている＝1 適用されていない＝0
雇用の安定性	失業リスク	今の勤務先の仕事について，私は今後6カ月以内にリストラなどで失業するかもしれない。	あてはまる＝6 ややあてはまる＝5 どちらかといえばあてはまる＝4 どちらかといえばあてはまらない＝3 あまりあてはまらない＝2 あてはまらない＝1
能力開発機会	専門性向上の機会	今の勤務先の仕事について，私は自分の専門的な能力や技能を向上できる機会がある。	あてはまる＝6 ややあてはまる＝5 どちらかといえばあてはまる＝4 どちらかといえばあてはまらない＝3 あまりあてはまらない＝2 あてはまらない＝1
仕事の自律性	仕事遂行の裁量	今の勤務先の仕事について，仕事の順番やそれぞれの仕事に割く時間をどのくらい自由に決めたり変更したりすることができますか。	かなりできる＝4 多少はできる＝3 ほとんどできない＝2 全くできない＝1
	意思決定への関与	今の勤務先の仕事について，私は仕事上の重要な意思決定に影響を与えられる。	あてはまる＝6 ややあてはまる＝5 どちらかといえばあてはまる＝4 どちらかといえばあてはまらない＝3 あまりあてはまらない＝2 あてはまらない＝1
労働時間	週当たりの労働時間	今の勤務先での労働時間は通常，週当たり何時間ですか。最近6カ月間の平均的な労働時間をお答え下さい。労働時間には昼休みなどの休憩時間を含めず，残業時間を含めてください。	20時間未満＝1 20～25時間未満＝2 25～30時間未満＝3 30～35時間未満＝4 35～40時間未満＝5 40～45時間未満＝6 45～50時間未満＝7 50～55時間未満＝8 55～60時間未満＝9 60時間以上＝10
	ワーク・ライフ・バランス	今の勤務先でのあなたの残業を含めた労働時間は，家族と過ごす時間や仕事以外に必要なさまざまな活動をする時間を確保できるものになっていますか。	十分に確保できている＝4 ある程度確保できている＝3 あまり確保できていない＝2 全く確保できていない＝1

労働時間に関する変数は，週当たりの労働時間とワーク・ライフ・バランスに関する2つである。週当たりの労働時間は，過去6カ月間の平均的な週の労働時間である。これには残業時間も含まれる。毎月の収入同様に，回答者自身が週の実労働時間を正確に回答することは難しいため，労働時間は5時間単位で10のカテゴリーを設定し回答してもらった。労働時間の最も短いカテゴリー（週20時間未満）から最も長いカテゴリー（週60時間以上）まで，時間が長くなるのに伴い数字が大きくなるよう1～10の数字を割り当て，変数化した（週20時間未満＝1，週20～25時間未満＝2，…，週60時間以上＝10）。また，ワーク・ライフ・バランスは，今の仕事での残業時間を含む実労働時間を前提にした場合に，家族と過ごす時間や仕事以外の活動に必要な時間をどの程度確保できているかを4段階でたずねた。家族と過ごす時間や仕事以外の活動に必要な時間を全く確保できていない状態を1とし，バランスを確保できるにつれて大きい数字を割り当て，十分にその時間を確保できている状態を4とした。なお，週当たりの労働時間が労働者にとっての労働時間の客観的評価であるのに対して，ワーク・ライフ・バランスは回答者自身の主観的評価である。仕事の質に関する質問項目と尺度は表10-3に示した。

5　就業形態に基づく仕事の質の比較

派遣労働における仕事の質は正規労働と比較してどのような特徴があるだろうか。それは，非正規労働と正規労働を比較した場合とどのような異同があるだろうか。以下では，正規労働，非正規労働，派遣労働という3つの就業形態について，賃金，付加給付，雇用の安定性，能力開発機会，仕事の自律性，労働時間を比較する。

図10-1は，賃金の変数として設定した毎月の収入に関する比較結果である。これを見ると，正規労働者は20万～25万円未満が20.3%と最も多く，25万～30万円未満18.7%，15万～20万円未満15.5%と続く。非正規労働者は15万～20万円未満が26.8%と最も多く，20万～25万円未満24.7%，10万～15万円未満20.1%と続く。派遣労働者は15万～20万円未満が39.4%と最も多く，20万～25万円未満34.9%と続く。

図 10-1 就業形態に基づく仕事の質の比較：毎月の収入

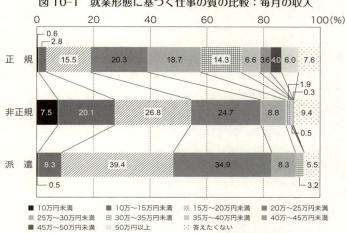

図 10-2 就業形態に基づく仕事の質の比較：賞与制度

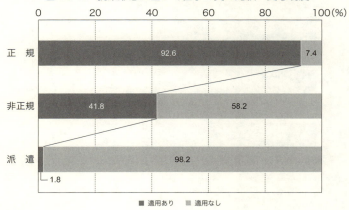

　20万円未満の割合を見ると，正規労働者は18.9%，非正規労働者54.4%，派遣労働者48.2%となっており，正規労働者と比較して，非正規労働者・派遣労働者の毎月の収入は少ない傾向がある。

　図10-2および図10-3は，付加給付の変数として設定した①賞与制度と②退職金・企業年金制度に関する比較結果である。賞与制度について図10-2を見ると，正規労働者は92.6%が適用対象になっているのに対して，非正規労働者は41.8%，派遣労働者は1.8%しか適用対象となっていない。また，退職

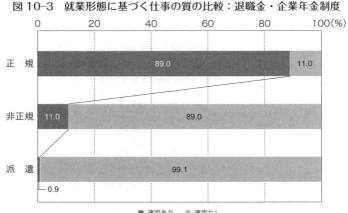

図10-3 就業形態に基づく仕事の質の比較：退職金・企業年金制度

図10-4 就業形態に基づく仕事の質の比較：失業リスク

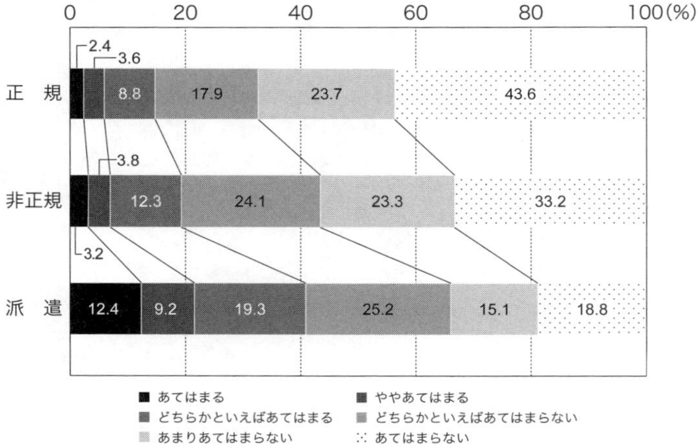

金・企業年金制度について図10-3を見ると，正規労働者は89.0%が適用対象になっているのに対して，非正規労働者は11.0%，派遣労働者は0.9%しか適用対象となっていない。賞与制度および退職金・企業年金制度の適用対象は，非正規労働者と派遣労働者が正規労働者よりも少ない。

図10-4は，雇用の安定性の変数として設定した失業リスクに関する比較結果である。これを見ると，正規労働者が「今後6カ月以内にリストラなどで失業するかもしれない」とする割合（「あてはまる」「ややあてはまる」「どちらかといえばあてはまる」の合計）が14.8%（2.4%＋3.6%＋8.8%）となっている。非正

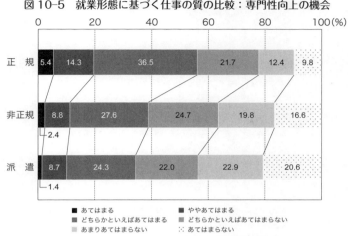

図10-5 就業形態に基づく仕事の質の比較：専門性向上の機会

■ あてはまる　　　　　　　　　■ ややあてはまる
■ どちらかといえばあてはまる　■ どちらかといえばあてはまらない
■ あまりあてはまらない　　　　∴ あてはまらない

規労働者・派遣労働者が同様に回答した割合は19.3％（3.2％＋3.8％＋12.3％），40.9％（12.4％＋9.2％＋19.3％）となっている。失業リスクの知覚は，正規労働者，非正規労働者，派遣労働者の順に高くなる。

図10-5は，能力開発機会の変数として設定した専門性向上の機会に関する比較結果である。これを見ると，正規労働者が「自分の専門的な能力や技能を向上できる機会がある」とする割合（「あてはまる」「ややあてはまる」「どちらかといえばあてはまる」の合計）が56.2％（5.4％＋14.3％＋36.5％）となっている。非正規労働者・派遣労働者が同様に回答した割合は38.8％（2.4％＋8.8％＋27.6％），34.4％（1.4％＋8.7％＋24.3％）となっている。専門性向上の機会は，派遣労働者，非正規労働者，正規労働者の順に高くなる。

図10-6および図10-7は，仕事の自律性の変数として設定した①仕事遂行の裁量と②意思決定への関与に関する比較結果である。

仕事遂行の裁量について図10-6を見ると，正規労働者が「仕事の順番やそれぞれの仕事に割く時間を自由に決めたり変更したりする」ことが「できる」とする割合（「かなりできる」と「多少はできる」の合計）は88.2％（38.0％＋50.2％）となっている。非正規労働者・派遣労働者がそれぞれ「できる」と回答した割合は86.6％（37.5％＋49.1％），83.5％（33.5％＋50.0％）となっており，正規労働者と比較してやや少ない。仕事遂行の裁量は，わずかな差であるが，正規労働者，非正規労働者，派遣労働者の順に小さくなる。

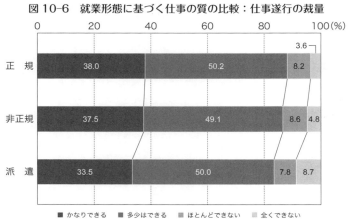

図 10-6　就業形態に基づく仕事の質の比較：仕事遂行の裁量

図 10-7　就業形態に基づく仕事の質の比較：意思決定への関与

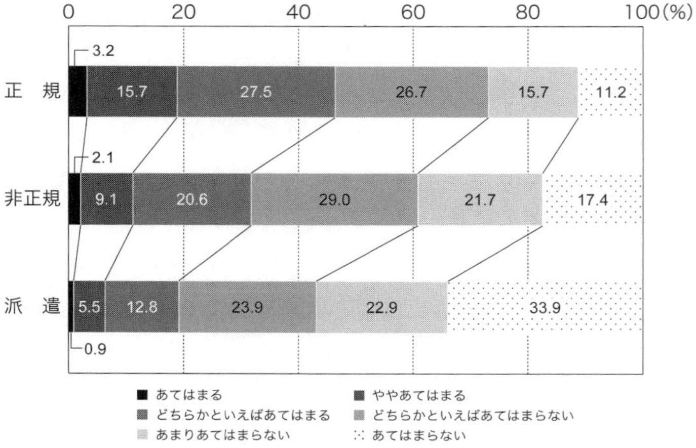

　意思決定への関与について図10-7を見ると，正規労働者が「仕事上の重要な意思決定に影響を与えられる」とする割合（「あてはまる」「ややあてはまる」「どちらかといえばあてはまる」の合計）が46.4％（3.2％＋15.7％＋27.5％）となっている。非正規労働者・派遣労働者が同様に回答した割合は31.8％（2.1％＋9.1％＋20.6％），19.2％（0.9％＋5.5％＋12.8％）となっている。意思決定への関与は，正規労働者，非正規労働者，派遣労働者の順に低くなる。

　図10-8および図10-9は，労働時間の変数として設定した①週当たりの労

図 10-8 就業形態に基づく仕事の質の比較：週当たりの労働時間

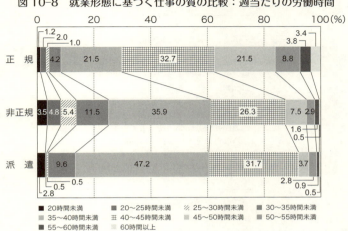

図 10-9 就業形態に基づく仕事の質の比較：ワーク・ライフ・バランス

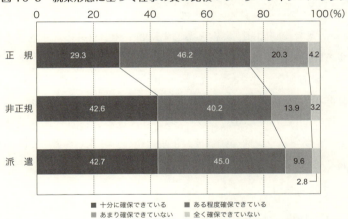

働時間と②ワーク・ライフ・バランスに関する比較結果である。

週当たりの労働時間について図 10-8 を見ると，正規労働者は 40〜45 時間未満が 32.7％ と最も多く，35〜40 時間未満と 45〜50 時間未満がともに 21.5％ と続く。非正規労働者は 35〜40 時間未満が 35.9％ と最も多く，40〜45 時間未満が 26.3％ と続く。派遣労働者は 35〜40 時間未満が 47.2％ と最も多く，40〜45 時間未満が 31.7％ と続く。

40 時間以上の割合を見ると，正規労働者は 70.2％，非正規労働者 38.8％，

表10-4 仕事の質の平均

仕事の質		正規労働		
		平均	標準偏差	N
賃　金	毎月の収入	5.24	2.08	464
付加給付	賞与制度	0.93	0.26	502
	退職金・企業年金制度	0.89	0.31	502
雇用の安定性	失業リスク	2.12	1.29	502
能力開発機会	専門性向上の機会	3.49	1.30	502
仕事の自律性	仕事遂行の裁量	3.23	0.75	502
	意思決定への関与	3.30	1.31	502
労働時間	週当たりの労働時間	6.17	1.59	502
	ワーク・ライフ・バランス	3.01	0.82	502

（注）　＊＊＊ $p<.001$，＊＊ $p<.01$，＊ $p<.05$。

派遣労働者39.6％となっており，正規労働者と比較して，非正規労働者・派遣労働者の週当たりの労働時間は短い傾向にある。

　ワーク・ライフ・バランスの知覚について図10-9を見ると，正規労働者は「残業を含めた労働時間は，家族と過ごす時間や仕事以外に必要なさまざまな活動をする時間を確保できるものになっている」とする割合（「十分に確保できている」と「ある程度確保できている」の合計）が75.5％（29.3％＋46.2％）となっている。非正規労働者・派遣労働者が同様に回答した割合は82.8％（42.6％＋40.2％），87.7％（42.7％＋45.0％）となっており，正規労働者と比較して多い。ワーク・ライフ・バランスの知覚は，正規労働者，非正規労働者，派遣労働者の順に高くなっていた。

6　平均値の比較

　表10-4は，就業形態に基づく仕事の質を平均値で比較したものである。これを見ると，非正規労働と派遣労働はいずれも正規労働よりも仕事の質が総じて劣っている。毎月の収入，賞与制度，退職金・企業年金制度，専門性向上の機会，意思決定への関与，週当たりの労働時間において，いずれも非正規労働と派遣労働の平均値が正規労働の平均値よりも低く，かつ平均値の差は統計的に有意である。また，失業リスクおよびワーク・ライフ・バランスにおいて，

値と標準偏差：就業形態に基づく比較

非正規労働			派遣労働			t 検定	
平均	標準偏差	N	平均	標準偏差	N	非正規労働と 正規労働の差	派遣労働と 正規労働の差
3.19	1.28	338	3.55	0.91	206	-17.24^{***}	-14.61^{***}
0.42	0.49	373	0.02	0.14	218	-18.07^{***}	-61.32^{***}
0.11	0.31	373	0.01	0.10	218	-36.49^{***}	-57.29^{***}
2.40	1.33	373	3.22	1.59	218	3.08^{**}	8.98^{***}
2.99	1.31	373	2.82	1.32	218	-5.60^{***}	-6.39^{***}
3.19	0.79	373	3.08	0.87	218	-0.65	-2.27^{*}
2.89	1.29	373	2.36	1.27	218	-4.70^{***}	-9.01^{***}
5.09	1.59	373	5.30	1.22	218	-9.99^{***}	-7.99^{***}
3.22	0.80	373	3.28	0.75	218	3.92^{***}	4.17^{***}

いずれも非正規労働・派遣労働の平均値が正規労働の平均値よりも高く，かつ平均値の差は統計的に有意である。ただし，仕事遂行の裁量については，非正規労働・派遣労働の平均値はともに正規労働の平均値よりも低いが，非正規労働と正規労働の平均値の差は統計的に有意ではなかった[3]。

7 統計分析

　平均値の比較結果は，派遣労働と非正規労働は，正規労働よりも総じて仕事の質が劣ることを示していた。派遣労働と非正規労働は，正規労働よりも，労働時間の柔軟性は高いものの，賃金が低く，付加給付が少なく，雇用が不安定で，能力開発機会が少なく，仕事の自律性が低いということである。こうした特徴は，個人属性や企業属性を統制しても観察されるだろうか。
　以下では，仕事の質を従属変数，派遣労働ダミーと非正規労働ダミーを独立変数（レファレンスは正規労働），個人属性と企業属性を統制変数とする統計分析を行う。統制変数として用いる個人属性の変数は，性別ダミー（男性＝1，女性＝0），年齢，学歴ダミー（中学・高校卒を基準として，短大・高専卒，大学・大学

---

[3] 本章の関心は，派遣労働と正規労働，非正規労働と正規労働をそれぞれ比較した場合に，仕事の質においてどのような異同が見られるかにあるため，派遣労働と非正規労働の比較は行っていない。

院卒を各々1とするダミー変数),有配偶者ダミー,有子ダミー,主な家計負担者ダミー(本人=1,本人以外=0),事務職の経験年数,現勤務先企業での勤続年数,管理職ダミー,労働組合への加入ダミーである。また,企業属性の変数は,産業と規模の2つである。産業は回答者の勤務先企業が属する業種を17のカテゴリーで設定した。企業規模は勤務先企業の正規労働者と非正規労働者を合計した従業員数を4つのカテゴリーで設定した。派遣労働者には派遣先企業の業種と従業員規模をたずねた[4]。分析に用いた主な変数の記述統計および相関係数は章末の付表10-1を参照されたい。

仕事の質に関する9変数のうち,付加給付以外の7変数はすべて順序変数であるため,順序ロジット分析を用いる。付加給付に関する2変数はいずれも1-0のダミー変数であるため,二項ロジット分析を用いる。これまでの議論を前提とすれば,派遣労働と非正規労働は,労働時間にはポジティブな影響を与え,賃金や付加給付,雇用の安定性,能力開発機会,仕事の自律性にはネガティブな影響を示すであろう。

賃金,付加給付,雇用の安定性,能力開発機会,仕事の自律性,労働時間という仕事の質に関する次元ごとの分析結果は,章末の付表10-2～7に示した。各次元に設定された従属変数ごとに,統制変数とともに派遣労働ダミーと非正規労働ダミーをそれぞれ独立変数として回帰式に投入した結果を示している。

これらの分析結果の要約をまとめたのが,表10-5である。これを見ると,派遣労働ダミーと非正規労働ダミーは,賃金(毎月の収入),付加給付(賞与制度,退職金・企業年金制度),雇用の安定性(失業リスク),能力開発機会(専門性向上の機会),労働時間(週当たりの労働時間,ワーク・ライフ・バランス)の5つの次元において有意かつ同様の影響を示した。これをふまえれば,派遣労働と非正規労働は,正規労働に比べて,労働時間の柔軟性が高いものの,賃金が低く,付加給付が少なく,雇用の安定性が低く,能力開発機会が少ないという共通の特徴があるといえる。

ただし,仕事の自律性(仕事遂行の裁量,意思決定への関与)については,派遣労働ダミーは有意な負の影響を示したが,非正規労働ダミーは有意な影響を示さなかった。これまでの研究において,派遣労働と非正規労働における仕事の

---

4) 派遣労働者については,雇用関係を結ぶ派遣元企業の規模などを統制する必要があるが,今回の分析では調査票の制約から考慮されていない。

表 10-5 分析結果のまとめ：就業形態が仕事の質に与える影響

仕事の質		非正規労働の仕事 （対 正規労働の仕事）	派遣労働の仕事 （対 正規労働の仕事）
賃　金	毎月の収入	− − −	− − −
付加給付	賞与制度	− − −	− − −
	退職金・企業年金制度	− − −	− − −
雇用の安定性	失業リスク	＋＋	＋＋＋
能力開発機会	専門性向上の機会	−	−
仕事の自律性	仕事遂行の裁量	n.s.	−
	意思決定への関与	n.s.	
労働時間	週当たりの労働時間	− − −	− − −
	ワーク・ライフ・バランス	＋	＋＋＋

（注）　＋＋＋ or − − − $p<.001$,　＋＋ or − − $p<.01$,　＋ or − $p<.05$。

質は，正規労働と比較した場合に同様の特徴があることが主張されてきたが，仕事遂行の裁量や意思決定への関与という観点から見た仕事の自律性に関しては，派遣労働は正規労働よりも低い傾向がある一方で，非正規労働と正規労働の間には差がないことになる。

　こうなる理由の1つとして，非正規労働者の基幹労働力化が考えられる。非正規労働者の基幹労働力化には，一般に，量的基幹化と質的基幹化という2つの側面がある。量的基幹化とは，企業がパートタイム労働者などの非正規労働者の雇用数を増加させることであり（本田，2001），質的基幹化とは，企業が非正規労働者の仕事内容を高度化して正規労働者のそれに近づけていくことを指す（武石，2003）。今回の分析結果にあてはめると，パートタイム労働者や契約社員と呼ばれる非正規労働者の中には，勤務先企業において正規労働者と同等の仕事に従事し，仕事遂行の裁量を与えられて仕事の順序や遂行方法を判断したり，意思決定に関与する機会を与えられる労働者が，ある一定数出てきていること，すなわち非正規労働者の質的基幹化が起こっていることが推測される。

　他方で，派遣労働者も，派遣先企業において正規労働者と同じ仕事に従事することはある。しかし，第6章で述べたように，派遣労働者は派遣先企業において正規労働者と同じ仕事に従事していても，労働者派遣という仕組みから，派遣先企業の管理者の指示のもとに仕事を遂行する必要がある。派遣労働者が仕事の順序や遂行方法を自ら判断することは期待されていない。このことから，

就業先企業が正規労働者以外の労働者を質的基幹化しようとする場合に，派遣労働者と非正規労働者では仕事の裁量を付与する程度が異なる可能性が考えられる。

なお，非正規労働者を質的に基幹労働力化し，仕事内容を高度化して正規労働者と同等の仕事に従事させることは，企業にとっては人件費を削減できるメリットがあるものの，非正規労働者からすれば，正規労働者と同じ仕事に従事しながら賃金が低いことに不満を感じやすくなる（島貫，2007b）。これは同一労働同一賃金の問題にも関連するものである。

最後に，派遣労働と正規労働を比較した場合に，統制変数の中で有意な影響を示した主な変数を指摘しておこう（付表10-2〜7参照）。性別ダミーが毎月の収入と専門性向上の機会に有意な正の影響を示しており，賃金や能力開発機会において男性が女性よりも恵まれており，性差があることが示唆される。しかし同時に，性別ダミーは失業リスクと週当たりの労働時間にも有意な正の影響を示しており，男性が女性よりも雇用が不安定であると感じており長時間労働であることが示されている。また，性別ダミーは，仕事の自律性にはやや複雑な影響を示しており，仕事遂行の裁量には負の影響を示したものの，意思決定への関与には正の影響を示した。このことから，男性が女性よりも仕事遂行の裁量は小さいものの，意思決定には関与できると認識していることが推察される。

また，現勤務先での勤続年数が毎月の収入，賞与制度，退職金・企業年金制度，ワーク・ライフ・バランスに正の影響を示しており，同じ企業に長期間勤務するほど，賃金が高く，付加給付が多くなり，ワーク・ライフ・バランスを確保しやすいと認識していることが示唆される。さらに，事務職の経験年数は毎月の収入に正の影響を与えており，事務職の経験を長く積んでいるほど賃金が高くなっていることが示されている。加えて，管理職ダミーが毎月の収入，意思決定への関与に有意な正の影響を示し，ワーク・ライフ・バランスに負の影響を示した。これはすなわち，管理職は非管理職に比べて，賃金は高く職場での意思決定に影響を与えられるものの，ワーク・ライフ・バランスを確保しにくいと認識していることを意味している。

なお，これら統制変数の影響は，非正規労働と正規労働の比較においても，派遣労働と正規労働の比較とほぼ同様の結果であった。

付表10-1　分析に用いた主な変数の記述統計および相関係数

変数	度数	最大値	最小値	平均値	標準偏差	1	2	3	4	5	6	7	8	9	10	11	12	13	14	15	16	17	18	19	20	21	22	23
1 毎月の収入	1008	10	1	4.21	1.90	1.00																						
2 賞与制度	1093	1	0	0.57	0.50	0.29	1.00																					
3 退職金・企業年金制度	1093	1	0	0.45	0.50	0.45	0.68	1.00																				
4 失業リスク	1093	6	1	2.43	1.43	−0.08	−0.26	−0.22	1.00																			
5 専門性向上の機会	1093	6	1	3.19	1.34	0.23	0.13	0.20	−0.10	1.00																		
6 仕事遂行の裁量	1093	4	1	3.19	0.79	0.08	0.06	0.06	−0.15	0.16	1.00																	
7 意思決定への関与	1093	6	1	2.97	1.34	0.24	0.17	0.20	−0.09	0.43	0.11	1.00																
8 週当たりの労働時間	1093	10	1	5.63	1.60	0.40	0.21	0.29	−0.02	0.09	0.00	0.15	1.00															
9 ワーク・ライフ・バランス	1093	4	1	3.13	0.81	−0.13	−0.09	−0.09	0.06	0.12	−0.07	−0.29	1.00															
10 派遣労働	1093	1	0	0.20	0.40	−0.18	−0.56	−0.44	0.28	−0.14	−0.07	−0.23	−0.10	0.09	1.00													
11 非正規労働	1093	1	0	0.34	0.47	−0.38	−0.22	−0.49	−0.02	−0.10	−0.01	−0.05	−0.24	0.08	−0.36	1.00												
12 三者雇用関係	1093	1	0	0.20	0.40	−0.18	−0.56	−0.44	0.28	−0.14	−0.07	−0.23	−0.10	0.09	1.00	−0.36	1.00											
13 有期的雇用契約	1035	1	0	0.49	0.50	−0.48	−0.63	−0.79	0.20	−0.21	−0.03	−0.22	−0.30	0.15	0.40	0.69	0.40	1.00										
14 性別(男性=1)	1093	1	0	0.26	0.44	0.44	0.26	0.32	0.05	0.17	−0.08	0.23	0.24	−0.10	−0.21	−0.22	−0.21	−0.35	1.00									
15 年齢	1093	59	22	39.55	9.34	0.18	−0.02	−0.06	0.07	−0.06	0.04	−0.04	−0.03	−0.02	0.01	0.05	0.00	0.10	0.00	1.00								
16 短大・高専卒	1090	1	0	0.28	0.45	−0.11	−0.15	0.05	−0.02	0.03	−0.03	−0.03	−0.12	0.01	0.05	0.12	0.05	0.14	−0.26	0.21	1.00							
17 大学・大学院卒	1090	1	0	0.52	0.50	0.18	0.16	0.21	−0.06	0.11	−0.03	0.08	0.19	−0.05	−0.06	−0.23	−0.06	−0.27	0.26	−0.34	−0.65	1.00						
18 有配偶者	1093	1	0	0.40	0.49	0.15	0.09	0.11	−0.08	0.12	0.04	0.08	−0.07	−0.03	−0.06	−0.06	−0.06	−0.10	0.20	−0.03	0.03	−0.03	1.00					
19 有子	1093	1	0	0.26	0.44	0.09	0.09	0.10	−0.11	0.10	0.01	0.04	−0.08	−0.03	−0.03	0.00	−0.03	−0.10	0.14	0.23	0.01	−0.02	0.55	1.00				
20 家計担当者(本人=1)	1093	1	0	0.53	0.50	0.35	0.12	0.16	0.06	0.02	0.00	0.10	0.22	−0.07	−0.09	−0.14	−0.09	−0.19	0.40	−0.18	−0.10	0.04	−0.18	0.01	1.00			
21 事務職の経験年数	1093	42	0	13.15	8.69	0.24	0.06	0.06	0.02	−0.05	0.07	0.00	−0.03	0.00	−0.05	0.00	−0.05	−0.03	−0.05	0.68	0.21	−0.34	0.10	0.09	0.15	1.00		
22 勤務先での勤続年数	1093	42	0	9.25	8.33	0.48	0.40	0.44	−0.11	0.05	0.08	0.12	0.11	−0.04	−0.32	−0.32	−0.22	−0.44	0.23	0.50	0.07	−0.15	0.18	0.16	0.25	0.51	1.00	
23 管理職	1093	1	0	0.20	0.40	0.50	0.34	0.44	−0.07	0.11	0.05	0.22	0.21	−0.15	−0.24	−0.31	−0.24	−0.46	0.37	0.17	−0.10	0.16	0.13	0.05	0.20	0.20	0.43	1.00
24 労働組合加入	1093	1	0	0.42	0.49	0.18	0.35	0.38	−0.16	0.15	0.01	0.15	0.09	−0.03	−0.30	−0.19	−0.30	−0.39	0.16	−0.10	−0.09	0.11	0.03	0.05	0.03	−0.03	0.22	0.14

(注) 相関係数が 0.060 以上は $p < .05$ で統計的に有意, 0.078 以上は $p < .01$ で統計的に有意, 0.108 以上は $p < .001$ で統計的に有意。

付表 10-2　派遣労働と非正規労働が仕事の質に与える影響：賃金

説明変数	被説明変数	毎月の収入 順序ロジット回帰		
	回帰係数	標準誤差	回帰係数	標準誤差
（基準：正規労働）				
派遣労働	-1.088^{***}	0.238		
非正規労働			-1.037^{***}	0.191
性別（男性＝1）	1.188^{***}	0.204	0.975^{***}	0.179
年　齢	0.049^{***}	0.013	-0.009	0.011
（基準：中学・高校卒）				
短大・高専卒	0.109	0.243	0.355	0.197
大学・大学院卒	0.997^{***}	0.234	0.824^{***}	0.195
有配偶者	0.389^{*}	0.194	0.464^{**}	0.173
有　子	-0.364	0.209	-0.516^{**}	0.183
家計負担者（本人＝1）	0.549^{**}	0.179	0.857^{***}	0.159
事務職の経験年数	0.030^{*}	0.013	0.032^{**}	0.011
現勤務先での勤続年数	0.046^{**}	0.013	0.070^{***}	0.012
管理職	0.637^{**}	0.200	0.829^{***}	0.188
労働組合加入	-0.141	0.171	-0.027	0.144
（基準：従業員 300〜999 人）				
従業員 1000〜2999 人	0.189	0.211	0.014	0.182
従業員 3000〜4999 人	-0.204	0.272	-0.277	0.237
従業員 5000 人以上	0.107	0.189	0.058	0.170
産業ダミー	Yes		Yes	
−2 対数尤度	2122.936		2655.012	
カイ 2 乗	440.407^{***}		562.838^{***}	
疑似 R^2 (Cox & Snell)	0.482		0.505	
N	670		801	

（注）　$^{***}p<.001$, $^{**}p<.01$, $^{*}p<.05$。

付表 10-3　派遣労働と非正規労働が仕事の質に与える影響：付加給付

説明変数	被説明変数		賞与制度 二項ロジット回帰	
	回帰係数	標準誤差	回帰係数	標準誤差
(基準：正規労働)				
派遣労働	−7.059***	0.773		
非正規労働			−2.456***	0.280
性別 (男性＝1)	−0.455	0.475	−0.061	0.279
年　齢	−0.037	0.029	−0.006	0.016
(基準：中学・高校卒)				
短大・高専卒	−0.620	0.634	−0.214	0.273
大学・大学院卒	−0.053	0.627	0.028	0.271
有配偶者	−0.253	0.474	0.306	0.250
有　子	−0.249	0.497	−0.272	0.274
家計負担者 (本人＝1)	−0.101	0.460	−0.021	0.224
事務職の経験年数	−0.025	0.031	−0.001	0.017
現勤務先での勤続年数	0.079**	0.028	0.061**	0.019
管理職	0.190	0.417	0.132	0.347
労働組合加入	0.123	0.390	0.448*	0.212
(基準：従業員 300〜999 人)				
従業員 1000〜2999 人	−0.495	0.463	−0.130	0.269
従業員 3000〜4999 人	−0.467	0.614	−0.553	0.348
従業員 5000 人以上	0.612	0.494	−0.215	0.254
産業ダミー	Yes		Yes	
−2 対数尤度	263.081		702.480	
カイ 2 乗	667.140***		349.671***	
疑似 R^2 (Cox & Snell)	0.605		0.330	
N	719		872	

付表10-3 （続き）

説明変数 \ 被説明変数	退職金・企業年金制度 二項ロジット回帰			
	回帰係数	標準誤差	回帰係数	標準誤差
（基準：正規労働）				
派遣労働	−6.406***	0.831		
非正規労働			−3.725***	0.302
性別（男性＝1）	0.194	0.409	−0.029	0.319
年齢	−0.033	0.027	−0.031	0.019
（基準：中学・高校卒）				
短大・高専卒	−0.231	0.600	−0.777*	0.362
大学・大学院卒	0.716	0.594	−0.290	0.350
有配偶者	−0.268	0.436	0.346	0.313
有子	0.066	0.466	−0.287	0.337
家計負担者（本人＝1）	−0.484	0.379	−0.238	0.275
事務職の経験年数	0.041	0.028	0.009	0.020
現勤務先での勤続年数	0.095**	0.029	0.054**	0.021
管理職	0.452	0.399	0.933**	0.352
労働組合加入	0.019	0.342	0.361	0.246
（基準：従業員300～999人）				
従業員1000～2999人	0.451	0.409	0.166	0.316
従業員3000～4999人	1.050	0.643	0.501	0.419
従業員5000人以上	0.704	0.399	0.190	0.299
産業ダミー	Yes		Yes	
−2対数尤度	309.969		549.986	
カイ2乗	642.752***		646.904***	
疑似 R^2 (Cox & Snell)	0.591		0.524	
N	719		872	

（注）　*** $p<.001$，** $p<.01$，* $p<.05$。

付表 10-4 派遣労働と非正規労働が仕事の質に与える影響：雇用の安定性

説明変数	被説明変数		失業リスク 順序ロジット回帰	
	回帰係数	標準誤差	回帰係数	標準誤差
（基準：正規労働）				
派遣労働	1.398***	0.226		
非正規労働			0.636**	0.183
性別（男性＝1）	0.700***	0.197	0.843***	0.173
年　齢	0.030*	0.013	0.019	0.011
（基準：中学・高校卒）				
短大・高専卒	−0.024	0.229	−0.030	0.190
大学・大学院卒	−0.130	0.221	−0.018	0.187
有配偶者	−0.465*	0.188	0.040	0.167
有　子	−0.113	0.206	−0.565**	0.178
家計負担者（本人＝1）	0.011	0.172	−0.023	0.153
事務職の経験年数	−0.004	0.012	−0.006	0.010
現勤務先での勤続年数	−0.011	0.012	−0.002	0.011
管理職	0.137	0.193	0.140	0.181
労働組合加入	−0.167	0.167	−0.131	0.140
（基準：従業員 300〜999 人）				
従業員 1000〜2999 人	−0.052	0.203	−0.249	0.178
従業員 3000〜4999 人	−0.411	0.271	−0.566*	0.237
従業員 5000 人以上	−0.034	0.180	−0.148	0.165
産業ダミー	Yes		Yes	
−2 対数尤度	2128.303		2509.536	
カイ2乗	153.350***		84.889***	
疑似 R^2 (Cox & Snell)	0.192		0.093	
N	719		872	

（注）　*** $p<.001$, ** $p<.01$, * $p<.05$。

付表 10-5 派遣労働と非正規労働が仕事の質に与える影響:能力開発機会

説明変数 \ 被説明変数	専門性向上の機会 順序ロジット回帰			
	回帰係数	標準誤差	回帰係数	標準誤差
(基準:正規労働)				
派遣労働	−0.799***	0.221		
非正規労働			−0.375*	0.178
性別(男性=1)	0.534**	0.192	0.585**	0.170
年齢	−0.030*	0.012	−0.034**	0.010
(基準:中学・高校卒)				
短大・高専卒	0.464*	0.226	0.497**	0.186
大学・大学院卒	0.491*	0.218	0.232	0.183
有配偶者	0.334	0.184	0.420*	0.165
有子	0.089	0.200	0.217	0.173
家計負担者(本人=1)	−0.144	0.169	−0.122	0.149
事務職の経験年数	0.017	0.012	0.008	0.010
現勤務先での勤続年数	−0.013	0.012	−0.003	0.011
管理職	−0.059	0.188	0.032	0.177
労働組合加入	−0.017	0.163	0.212	0.138
(基準:従業員 300~999 人)				
従業員 1000~2999 人	−0.113	0.200	0.018	0.175
従業員 3000~4999 人	0.310	0.261	0.047	0.228
従業員 5000 人以上	0.262	0.177	0.112	0.162
産業ダミー	Yes		Yes	
−2 対数尤度	2251.406		2745.758	
カイ 2 乗	113.606***		112.572***	
疑似 R^2 (Cox & Snell)	0.146		0.121	
N	719		872	

(注) *** $p<.001$, ** $p<.01$, * $p<.05$。

付表 10-6　派遣労働と非正規労働が仕事の質に与える影響：仕事の自律性

被説明変数	仕事遂行の裁量 順序ロジット回帰			
説明変数	回帰係数	標準誤差	回帰係数	標準誤差
（基準：正規労働）				
派遣労働	−0.540*	0.237		
非正規労働			−0.303	0.192
性別（男性＝1）	−0.864***	0.209	−0.654***	0.184
年　齢	−0.006	0.013	0.003	0.011
（基準：中学・高校卒）				
短大・高専卒	−0.175	0.245	−0.171	0.201
大学・大学院卒	−0.168	0.236	−0.182	0.199
有配偶者	0.148	0.198	0.068	0.178
有　子	0.124	0.217	0.007	0.187
家計負担者（本人＝1）	0.128	0.182	−0.132	0.162
事務職の経験年数	0.008	0.013	0.011	0.011
現勤務先での勤続年数	−0.007	0.013	−0.001	0.012
管理職	0.373	0.203	0.260	0.191
労働組合加入	−0.006	0.176	−0.200	0.149
（基準：従業員 300〜999 人）				
従業員 1000〜2999 人	0.163	0.216	0.427*	0.190
従業員 3000〜4999 人	0.080	0.281	0.296	0.247
従業員 5000 人以上	0.339	0.191	0.332	0.175
産業ダミー	Yes		Yes	
−2 対数尤度	1480.212		1772.762	
カイ 2 乗	57.811**		62.838**	
疑似 R^2 (Cox & Snell)	0.077		0.070	
N	719		872	

付表10-6 （続き）

説明変数	被説明変数		意思決定への関与 順序ロジット回帰	
	回帰係数	標準誤差	回帰係数	標準誤差
（基準：正規労働）				
派遣労働	−0.940***	0.221		
非正規労働			−0.159	0.176
性別（男性＝1）	0.713***	0.192	0.588***	0.169
年齢	−0.020	0.012	−0.025*	0.010
（基準：中学・高校卒）				
短大・高専卒	0.344	0.227	0.338	0.185
大学・大学院卒	0.118	0.218	0.051	0.182
有配偶者	−0.021	0.183	0.259	0.164
有子	0.409*	0.200	0.204	0.172
家計負担者（本人＝1）	−0.032	0.168	0.134	0.149
事務職の経験年数	0.012	0.012	0.013	0.010
現勤務先での勤続年数	−0.018	0.012	−0.008	0.011
管理職	0.585**	0.188	0.562**	0.177
労働組合加入	0.129	0.163	0.152	0.137
（基準：従業員300〜999人）				
従業員1000〜2999人	−0.153	0.200	−0.149	0.174
従業員3000〜4999人	−0.111	0.260	0.143	0.227
従業員5000人以上	0.189	0.176	−0.026	0.161
産業ダミー	Yes		Yes	
−2対数尤度	2234.581		2778.468	
カイ2乗	146.529***		91.627***	
疑似 R^2 (Cox & Snell)	0.184		0.100	
N	719		872	

（注）　***$p<.001$，**$p<.01$，*$p<.05$。

付表 10-7　派遣労働と非正規労働が仕事の質に与える影響：労働時間

説明変数	被説明変数	週当たりの労働時間 順序ロジット回帰		
	回帰係数	標準誤差	回帰係数	標準誤差
(基準：正規労働)				
派遣労働	−1.206***	0.225		
非正規労働			−0.926***	0.180
性別（男性＝1）	0.696***	0.194	0.322	0.169
年齢	−0.009	0.013	−0.021*	0.010
(基準：中学・高校卒)				
短大・高専卒	0.121	0.229	0.115	0.186
大学・大学院卒	0.419	0.220	0.554**	0.184
有配偶者	−0.112	0.185	−0.004	0.165
有子	−0.352	0.202	−0.535**	0.174
家計負担者（本人＝1）	0.167	0.170	0.655***	0.151
事務職の経験年数	0.011	0.012	−0.001	0.010
現勤務先での勤続年数	−0.014	0.012	0.011	0.011
管理職	0.186	0.188	0.148	0.177
労働組合加入	−0.270	0.164	−0.182	0.138
(基準：従業員 300〜999 人)				
従業員 1000〜2999 人	−0.092	0.201	−0.126	0.175
従業員 3000〜4999 人	0.091	0.262	0.131	0.228
従業員 5000 人以上	0.283	0.178	0.188	0.162
産業ダミー	Yes		Yes	
−2 対数尤度	2368.715		3020.278	
カイ 2 乗	130.664***		211.098***	
疑似 R^2 (Cox & Snell)	0.166		0.215	
N	719		872	

付表 10-7 （続き）

説明変数	被説明変数	ワーク・ライフ・バランス 順序ロジット回帰		
	回帰係数	標準誤差	回帰係数	標準誤差
（基準：正規労働）				
派遣労働	0.827***	0.233		
非正規労働			0.425*	0.186
性別（男性＝1）	−0.217	0.201	0.036	0.176
年　齢	−0.025	0.013	0.004	0.011
（基準：中学・高校卒）				
短大・高専卒	−0.196	0.239	−0.030	0.195
大学・大学院卒	−0.146	0.230	−0.020	0.192
有配偶者	0.002	0.193	−0.124	0.172
有　子	0.010	0.210	0.036	0.181
家計負担者（本人＝1）	−0.104	0.177	−0.228	0.157
事務職の経験年数	0.010	0.012	−0.003	0.011
現勤務先での勤続年数	0.030*	0.013	0.013	0.012
管理職	−0.393*	0.197	−0.449*	0.184
労働組合加入	0.234	0.172	0.030	0.144
（基準：従業員 300〜999 人）				
従業員 1000〜2999 人	0.052	0.210	−0.203	0.183
従業員 3000〜4999 人	−0.092	0.274	−0.070	0.238
従業員 5000 人以上	−0.032	0.185	−0.086	0.170
産業ダミー	Yes		Yes	
−2 対数尤度	1602.494		1972.513	
カイ 2 乗	49.548*		47.857*	
疑似 R^2（Cox & Snell）	0.067		0.053	
N	719		872	

（注）　***$p<.001$，**$p<.01$，*$p<.05$。

第11章 労働契約と雇用関係による比較

なぜ劣るか

1 就業形態による比較の課題

　前章では，日本の都市圏で就業する労働者に対する質問票調査を用いて，正規労働，非正規労働，派遣労働における仕事の質を比較した。そこでの関心は，派遣労働における仕事の質には正規労働と比較してどのような特徴があるか，またその特徴には，他の非正規労働と正規労働を比較した場合とどのような異同があるか，というものであった。分析の結果，派遣労働は，正規労働よりも労働時間の柔軟性は高いものの，賃金は低く，付加給付は少なく，雇用の安定性は低く，能力開発機会が少なく，仕事の自律性も低かった。また，そうした特徴は，非正規労働を正規労働と比較した場合と同様のものであった。たしかに派遣労働という働き方には，非正規労働と同様に，正規労働よりも仕事の質が劣る傾向が見られたのである。

　しかし，派遣労働がこうした特徴を持つ働き方であると結論づけるには，もう1つの重要な問いを明らかにしなければならない。それは派遣労働における仕事の質の特徴が，その労働契約と雇用関係のいずれの要因によって生じているのかという問いである。日本の派遣労働者の多数を占める登録型派遣労働者は，通常，派遣元企業と有期労働契約を結んで雇用され，派遣先企業で指揮命令を受けながら就業している。これをふまえると，派遣労働という働き方の特徴には，派遣元企業と期間の定めのある労働契約を結んで就業するという労働契約による要因と，企業との雇用関係と指揮命令関係がそれぞれ派遣元企業と派遣先企業に分離しているという雇用関係による要因の双方が反映される可能

性がある。したがって，派遣労働という働き方の特徴について結論づけるうえでは，賃金や付加給付，雇用の安定性，能力開発機会，仕事の自律性，労働時間といった仕事の質に関する諸側面における特徴が，派遣労働者と派遣元企業の有期労働契約によるものなのか，それとも派遣労働者，派遣元企業，派遣先企業という三者雇用関係によるものなのかを検討する必要がある。

　以下では，それを，前章で用いた質問票調査のデータを用いて再検討する。具体的には，まず正規労働，非正規労働，派遣労働という3つの就業形態を労働契約と雇用関係という2つの観点から分類する枠組みを提示する。そのうえで労働契約の観点から無期労働契約と有期労働契約の仕事の質を比較し，その次に雇用関係の観点から二者雇用関係と三者雇用関係の仕事の質を比較する。前章で述べたように，本章で利用するデータには限界があるが，この分析によって，派遣労働という働き方に対する評価をより丁寧に行えるようになると考えるものである。

2　就業形態の分類枠組み

　第2章で述べたように，派遣労働と非正規労働は本来異なる就業形態であるにもかかわらず，従来の研究においては正規労働以外の就業形態として一括りにされ，仕事の質を検討する際に就業形態の違いを形づくる特徴が十分に考慮されてこなかった。そこで本章は，先行研究のような就業形態間の比較とは異なるアプローチを採用する。すなわち，正規労働，非正規労働，派遣労働という3つの就業形態を，労働契約と雇用関係の2つの観点から分類し，就業形態を形づくる労働契約と雇用関係の特徴がそれぞれ仕事の質をどのように左右するのかを検討する。これまでの振り返りにもなるが，3つの就業形態を労働契約と雇用関係の観点から分類すると，図11-1のようになる。

　労働契約の特徴とは，労働契約期間の長さである。すなわち，無期労働契約か有期労働契約かの違いである。正規労働は就業先企業と期間の定めのない無期労働契約を結び，パートタイム労働者や契約社員と呼ばれる非正規労働は就業先企業と期間の定めのある有期労働契約を結んで就業する。派遣労働の場合には，派遣元企業と無期労働契約を結ぶ場合もあれば，有期労働契約を結ぶ場

図 11-1 労働契約と雇用関係による就業形態の分類枠組み

	有期労働契約	無期労働契約
二者雇用関係	非正規労働（パートタイム労働者，契約社員など）	正規労働
三者雇用関係	派遣労働（登録型派遣）	派遣労働（常用型派遣）

（縦軸：雇用関係／横軸：労働契約）

合もある。登録型派遣労働は派遣元企業と有期労働契約を結び，常用型派遣労働は派遣元企業と無期労働契約を結んで，派遣先企業で就業する。

また，雇用関係の特徴とは，雇用関係と指揮命令関係が同じ企業との間に生じるか否かである。すなわち，同じ企業との間に雇用関係と指揮命令関係を有する二者雇用関係か，派遣元企業との雇用関係と派遣先企業との指揮命令関係を有する三者雇用関係かの違いである。この三者雇用関係が派遣労働を他の就業形態と区別する重要な特徴であるとされる。前述のように，派遣労働には登録型派遣と常用型派遣の2つの形態があるが，いずれも派遣元企業に雇用され，それとは異なる企業で指揮命令を受け就業するという点で三者雇用関係となる。一方，正規労働と非正規労働は，労働者が雇用関係を結ぶ企業で就業する二者雇用関係となる。

従来の研究は，派遣労働を正規労働と比較し，非正規労働と同様にその仕事の質が総じて劣ることを示してきたが，登録型派遣労働者の多くが派遣元企業と有期労働契約を結んでいることをふまえると，派遣労働における仕事の質が正規労働よりも劣る特有の理由を知るためには，就業形態間の比較では必ずしも十分ではなく，それらを労働契約と雇用関係の2つに区別して検討する必要がある。

先行研究が指摘するように，派遣労働と非正規労働の仕事がいずれも正規労働よりも質が劣るならば，有期労働契約は無期労働契約よりも，総じて仕事の質に悪い影響を示すと考えられる。すなわち，有期労働契約は無期労働契約よりも，労働時間に対してはポジティブな影響を与える一方，賃金や付加給付，

雇用の安定性，能力開発機会，仕事の自律性に対してはネガティブな影響を与えるということである。しかし，派遣労働それ自体に特有の仕事の質を悪くする要因があるならば，労働契約が有期か無期かにかかわらず，三者雇用関係の仕事は二者雇用関係の仕事よりも仕事の質に悪い影響を示すだろう。以下では，まず労働契約の観点から正規労働，非正規労働，派遣労働の3つの就業形態を無期労働契約と有期労働契約の2つに分けて仕事の質を比較する。その後，雇用関係の観点から同様に3つの就業形態を二者雇用関係と三者雇用関係の2つに分けて仕事の質を比較する。

3 労働契約に基づく仕事の質の比較

労働契約に基づく分類は，無期労働契約と有期労働契約の2つである。本調査の定義によれば，無期労働契約は正規労働のすべてと派遣労働の一部，有期労働契約は非正規労働のすべてと派遣労働の大部分からなる。サンプル・サイズは無期労働契約523，有期労働契約512であった。以下では無期労働契約と有期労働契約について，賃金，付加給付，雇用の安定性，能力開発機会，仕事の自律性，労働時間を比較する。

図11-2は，賃金の変数として設定した毎月の収入に関する比較結果である。これを見ると，無期労働契約では，20万～25万円未満が21.0％と最も多く，25万～30万円未満18.2％，15万～20万円未満16.3％と続く。有期労働契約では，15万～20万円未満が32.6％と最も多く，20万～25万円未満28.3％，10万～15万円未満15.6％と続く。

20万円未満の割合を見ると，無期労働契約20.2％，有期労働契約52.7％となり，無期労働契約と比較して，有期労働契約の毎月の収入は少ない傾向があることがわかる。

図11-3および図11-4は，付加給付の変数として設定した①賞与制度と②退職金・企業年金制度に関する比較結果である。賞与制度について図11-3を見ると，無期労働契約は88.9％が適用対象になっているのに対して，有期労働契約は27.3％しか適用対象となっていない。また，退職金・企業年金制度について図11-4を見ると，無期労働契約は85.5％が適用対象になっているの

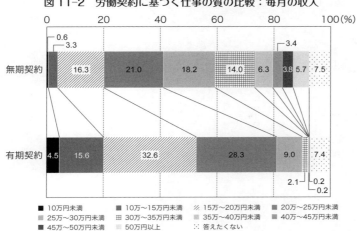

図11-2 労働契約に基づく仕事の質の比較：毎月の収入

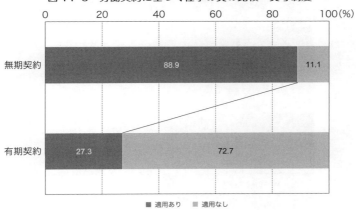

図11-3 労働契約に基づく仕事の質の比較：賞与制度

に対して，有期労働契約は6.6％しか適用対象となっていない。賞与制度および退職金・企業年金制度の適用は，有期労働契約が無期労働契約よりも少ない。

図11-5は，雇用の安定性の変数として設定した失業リスクに関する比較結果である。これを見ると，無期労働契約が「今後6カ月以内にリストラなどで失業するかもしれない」とする割合（「あてはまる」「ややあてはまる」「どちらかといえばあてはまる」の合計）が15.7％（2.9％＋3.6％＋9.2％），有期労働契約が同様に回答した割合は28.2％（6.3％＋6.3％＋15.6％）となった。失業リスクの知覚

図 11-4 労働契約に基づく仕事の質の比較：退職金・企業年金制度

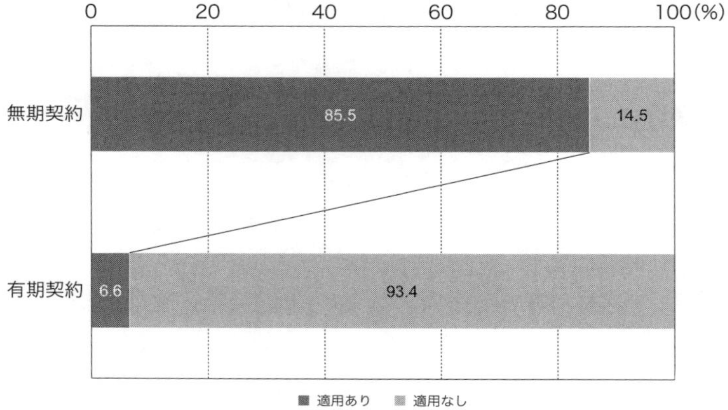

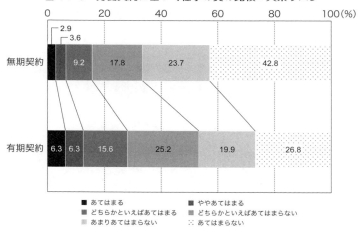

図 11-5 労働契約に基づく仕事の質の比較：失業リスク

は，有期労働契約が無期労働契約よりも高い。

図 11-6 は，能力開発機会の変数として設定した専門性向上の機会に関する比較結果である。これを見ると，無期労働契約が「自分の専門的な能力や技能を向上できる機会がある」とする割合（「あてはまる」「ややあてはまる」「どちらかといえばあてはまる」の合計）が 55.9％（5.2％＋14.0％＋36.7％），有期労働契約が同様に回答した割合は 37.2％（1.8％＋9.2％＋26.2％）となった。専門性向上の機会は，有期労働契約が無期労働契約よりも少ない。

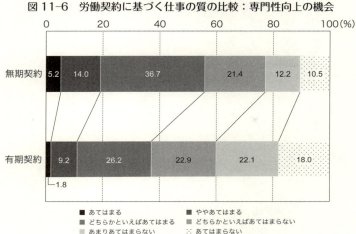

図11-6 労働契約に基づく仕事の質の比較:専門性向上の機会

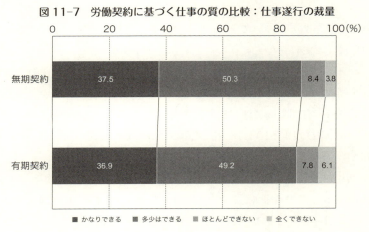

図11-7 労働契約に基づく仕事の質の比較:仕事遂行の裁量

　図11-7および図11-8は,仕事の自律性の変数として設定した①仕事遂行の裁量と②意思決定への関与に関する比較結果である。

　仕事遂行の裁量について図11-7を見ると,無期労働契約が「仕事の順番やそれぞれの仕事に割く時間を自由に決めたり変更したりする」ことが「できる」とする割合(「かなりできる」と「多少はできる」の合計)は87.8%(37.5%＋50.3%),有期労働契約が同様に回答した割合は86.1%(36.9%＋49.2%)となった。仕事遂行の裁量は,無期労働契約と有期労働契約でそれほど大きな差は見

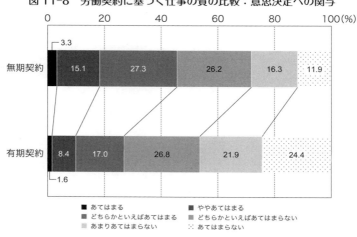

図 11-8 労働契約に基づく仕事の質の比較：意思決定への関与

られない。

　意思決定への関与について図 11-8 を見ると，無期労働契約が「仕事上の重要な意思決定に影響を与えられる」とする割合（「あてはまる」「ややあてはまる」「どちらかといえばあてはまる」の合計）が 45.7％（3.3％＋15.1％＋27.3％），有期労働契約が同様に回答した割合は 27.0％（1.6％＋8.4％＋17.0％）となった。意思決定への関与は，有期労働契約が無期労働契約よりも低い傾向にある。

　図 11-9 および図 11-10 は，労働時間の変数として設定した①週当たりの労働時間と②ワーク・ライフ・バランスに関する比較結果である。

　週当たりの労働時間について図 11-9 を見ると，無期労働契約は 40〜45 時間未満が 32.5％ と最も多く，35〜40 時間未満 23.1％，45〜50 時間未満 20.7％ と続く。有期労働契約は 35〜40 時間未満が 40.2％ と最も多く，40〜45 時間未満が 28.3％ と続く。

　40 時間以上の割合を見ると，無期労働契約 68.7％，有期労働契約 39.5％ となっており，有期労働契約が無期労働契約よりも週当たりの労働時間は短い傾向にある。

　ワーク・ライフ・バランスの知覚について図 11-10 を見ると，無期労働契約は「残業を含めた労働時間は，家族と過ごす時間や仕事以外に必要なさまざまな活動をする時間を確保できるものになっている」とする割合（「十分に確保できている」と「ある程度確保できている」の合計）が 76.1％（29.8％＋46.3％），有

図 11-9 労働契約に基づく仕事の質の比較：週当たりの労働時間

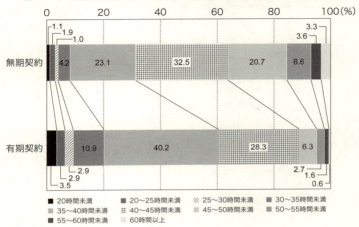

図 11-10 労働契約に基づく仕事の質の比較：ワーク・ライフ・バランス

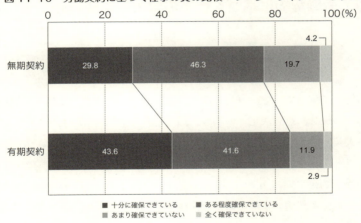

期労働契約が同様に回答した割合は 85.2%（43.6%＋41.6%）となった。ワーク・ライフ・バランスの知覚は，有期労働契約が無期労働契約よりも高い傾向にあった。

表 11-1　仕事の質の平均値と標準偏差：労働契約に基づく比較

仕事の質		無期労働契約			有期労働契約			t 検定
		平均	標準偏差	N	平均	標準偏差	N	有期労働契約と無期労働契約の差
賃　金	毎月の収入	5.17	2.07	484	3.33	1.14	474	−17.07***
付加給付	賞与制度	0.89	0.31	523	0.27	0.45	512	−25.62***
	退職金・企業年金制度	0.85	0.35	523	0.07	0.25	512	−41.59***
雇用の安定性	失業リスク	2.16	1.32	523	2.73	1.47	512	6.64***
能力開発機会	専門性向上の機会	3.47	1.31	523	2.92	1.31	512	−6.75***
仕事の自律性	仕事遂行の裁量	3.21	0.75	523	3.17	0.81	512	−0.91
	意思決定への関与	3.27	1.32	523	2.68	1.32	512	−7.27***
労働時間	週当たりの労働時間	6.14	1.57	523	5.19	1.48	512	−10.05***
	ワーク・ライフ・バランス	3.02	0.82	523	3.26	0.78	512	4.85***

（注）　*** $p<.001$，** $p<.01$，* $p<.05$。

4　労働契約に基づく仕事の質の平均値比較

　表 11-1 は，無期労働契約と有期労働契約との間で仕事の質を比較した結果である。これを見ると，有期労働契約の仕事が無期労働契約の仕事よりも仕事の質が総じて劣っている。毎月の収入，賞与制度，退職金・企業年金制度，専門性向上の機会，意思決定への関与，週当たりの労働時間において，いずれも有期労働契約の平均値が無期労働契約の平均値よりも低い。また，失業リスクおよびワーク・ライフ・バランスにおいて，いずれも有期労働契約の平均値が無期労働契約の平均値よりも高い。t 検定の結果によれば，有期労働契約の平均値と無期労働契約の平均値の差は，仕事遂行の裁量を除くすべての次元で統計的に有意である。

5　雇用関係に基づく仕事の質の比較

　雇用関係に基づく分類は，二者雇用関係と三者雇用関係の 2 つである。本調査の定義によれば，二者雇用関係は正規労働と非正規労働，三者雇用関係は派遣労働からなる。サンプル・サイズは二者雇用関係 875，三者雇用関係 218 と

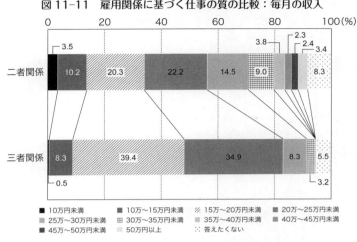

図 11-11 雇用関係に基づく仕事の質の比較：毎月の収入

なった。以下では，二者雇用関係と三者雇用関係について，賃金，付加給付，雇用の安定性，能力開発機会，仕事の自律性，労働時間を比較する。

図 11-11 は，賃金の次元として設定した毎月の収入に関する比較結果である。これを見ると，二者雇用関係は，20 万～25 万円未満が 22.2% と最も多く，15 万～20 万円未満 20.3%，25 万～30 万円未満 14.5% と続く。三者雇用関係は 15 万～20 万円未満が 39.4% と最も多く，20 万～25 万円未満 34.9% と続く。

20 万円未満の割合を見ると，二者雇用関係 34.0%，三者雇用関係 48.2% となっており，二者雇用関係と比較して，三者雇用関係の毎月の収入は少ない傾向がある。

図 11-12 および図 11-13 は，付加給付の次元として設定した①賞与制度と②退職金・企業年金制度に関する比較結果である。賞与制度について図 11-12 を見ると，二者雇用関係は 71.0% が適用対象になっているのに対して，三者雇用関係は 1.8% しか適用対象となっていない。また，退職金・企業年金制度について図 11-13 を見ると，二者雇用関係は 55.8% が適用対象になっているのに対して，三者雇用関係は 0.9% しか適用対象となっていない。賞与制度および退職金・企業年金制度の適用は，三者雇用関係が二者雇用関係よりも少ない。

図 11-14 は，雇用の安定性の変数として設定した失業リスクに関する比較結果である。これを見ると，二者雇用関係が「今後 6 カ月以内にリストラなど

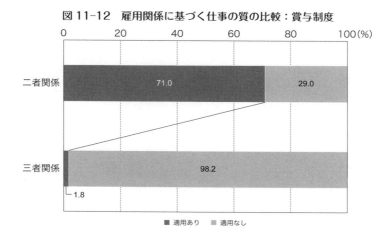

図11-12 雇用関係に基づく仕事の質の比較：賞与制度

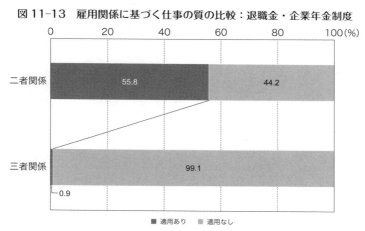

図11-13 雇用関係に基づく仕事の質の比較：退職金・企業年金制度

で失業するかもしれない」とする割合（「あてはまる」「ややあてはまる」「どちらかといえばあてはまる」の合計）が16.7％（2.7％＋3.7％＋10.3％）となっており，三者雇用関係が同様に回答した割合は40.9％（12.4％＋9.2％＋19.3％）となっている。失業リスクの知覚は，三者雇用関係が二者雇用関係よりも高い傾向にある。

図11-15は，能力開発機会の変数として設定した専門性向上の機会に関する比較結果である。これを見ると，二者雇用関係が「自分の専門的な能力や技能を向上できる機会がある」とする割合（「あてはまる」「ややあてはまる」「どち

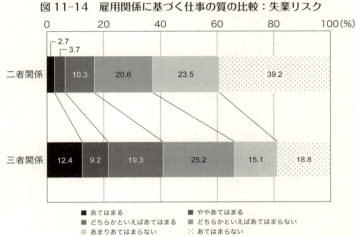

図11-14　雇用関係に基づく仕事の質の比較：失業リスク

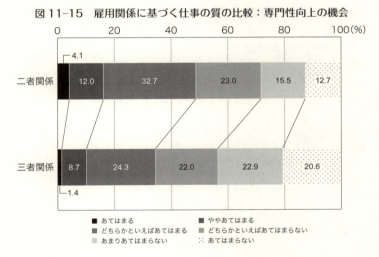

図11-15　雇用関係に基づく仕事の質の比較：専門性向上の機会

らかといえばあてはまる」の合計）が48.8％（4.1％＋12.0％＋32.7％）となっており，三者雇用関係が同様に回答した割合は34.4％（1.4％＋8.7％＋24.3％）となっている。専門性向上の機会は，三者雇用関係が二者雇用関係よりも少ないと認識されている。

　図11-16および図11-17は，仕事の自律性の変数として設定した①仕事遂行の裁量と②意思決定への関与に関する比較結果である。

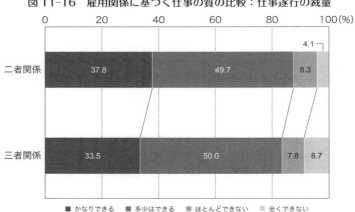

図 11-16 雇用関係に基づく仕事の質の比較：仕事遂行の裁量

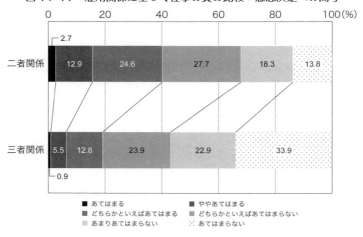

図 11-17 雇用関係に基づく仕事の質の比較：意思決定への関与

　仕事遂行の裁量について図 11-16 を見ると，二者雇用関係が「仕事の順番やそれぞれの仕事に割く時間を自由に決めたり変更したりする」ことが「できる」とする割合（「かなりできる」と「多少はできる」の合計）は 87.5%（37.8% ＋ 49.7%）となっており，三者雇用関係が同様に回答した割合は 83.5%（33.5% ＋ 50.0%）となっている。仕事遂行の裁量は，三者雇用関係が二者雇用関係よりもやや少ない傾向にある。

　意思決定への関与について図 11-17 を見ると，二者雇用関係が「仕事上の

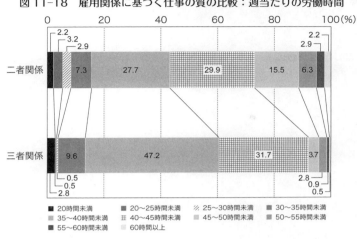

図11-18 雇用関係に基づく仕事の質の比較：週当たりの労働時間

重要な意思決定に影響を与えられる」とする割合（「あてはまる」「ややあてはまる」「どちらかといえばあてはまる」の合計）が40.2%（2.7%＋12.9%＋24.6%）となっており、三者雇用関係が同様に回答した割合は19.2%（0.9%＋5.5%＋12.8%）となっている。意思決定への関与は、三者雇用関係が二者雇用関係よりも低い傾向にある。

図11-18および図11-19は、労働時間の変数として設定した①週当たりの労働時間と②ワーク・ライフ・バランスに関する比較結果である。

週当たりの労働時間について図11-18を見ると、二者雇用関係は40～45時間未満が29.9%と最も多く、35～40時間未満27.7%、45～50時間未満15.5%と続く。三者雇用関係は35～40時間未満が47.2%と最も多く、40～45時間未満が31.7%と続く。

40時間以上の割合を見ると、二者雇用関係56.8%、三者雇用関係39.6%となっており、三者雇用関係が二者雇用関係よりも週当たりの労働時間は短い傾向にある。

ワーク・ライフ・バランスの知覚について図11-19を見ると、二者雇用関係は「残業を含めた労働時間は、家族と過ごす時間や仕事以外に必要なさまざまな活動をする時間を確保できるものになっている」とする割合（「十分に確保できている」と「ある程度確保できている」の合計）が78.7%（35.0%＋43.7%）となっており、三者雇用関係が同様に回答した割合は87.7%（42.7%＋45.0%）とな

図11-19 雇用関係に基づく仕事の質の比較：ワーク・ライフ・バランス

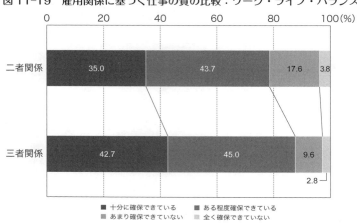

っている。ワーク・ライフ・バランスの知覚は，三者雇用関係が二者雇用関係よりも高い傾向にある。

6 雇用関係に基づく仕事の質の平均値比較

表11-2は，二者雇用関係と三者雇用関係との間で仕事の質を比較した結果

表11-2 仕事の質の平均値と標準偏差：雇用関係に基づく比較

仕事の質		二者雇用関係			三者雇用関係			t検定 三者雇用関係と二者雇用関係の差
		平均	標準偏差	N	平均	標準偏差	N	
賃　金	毎月の収入	4.37	2.05	802	3.55	0.91	206	−8.57***
付加給付	賞与制度	0.71	0.45	875	0.02	0.14	218	−38.73***
	退職金・企業年金制度	0.56	0.50	875	0.01	0.10	218	−30.47***
雇用の安定性	失業リスク	2.24	1.31	875	3.22	1.59	218	8.41***
能力開発機会	専門性向上の機会	3.28	1.33	875	2.82	1.32	218	−4.63***
仕事の自律性	仕事遂行の裁量	3.21	0.76	875	3.08	0.87	218	−2.19*
	意思決定への関与	3.13	1.32	875	2.36	1.27	218	−7.78***
労働時間	週当たりの労働時間	5.71	1.68	875	5.30	1.22	218	−4.05***
	ワーク・ライフ・バランス	3.10	0.82	875	3.28	0.75	218	2.91**

(注) ***$p<.001$，**$p<.01$，*$p<.05$。

である。これを見ると，三者雇用関係の仕事が二者雇用関係の仕事よりも仕事の質が総じて劣っている。毎月の収入，賞与制度，退職金・企業年金制度，専門性向上の機会，仕事遂行の裁量，意思決定への関与，週当たりの労働時間において，いずれも三者雇用関係の平均値が二者雇用関係の平均値よりも低い。また失業リスクおよびワーク・ライフ・バランスにおいて，いずれも三者雇用関係の平均値が二者雇用関係の平均値よりも高い。t 検定の結果によれば，三者雇用関係の平均値と二者雇用関係の平均値の差は，仕事の質のすべての次元で統計的に有意である。

7 統計分析

　平均値の比較結果は，有期労働契約は無期労働契約よりも，三者雇用関係は二者雇用関係よりも総じて仕事の質が劣ることを示した。すなわち，有期労働契約は無期労働契約よりも，三者雇用関係は二者雇用関係よりも，労働時間の柔軟性は高いものの，賃金が低く，付加給付が少なく，雇用が不安定で，能力開発機会が少なく，仕事の自律性が低いということである。これらの特徴は，個人属性や企業属性を統制しても同様に観察されるだろうか。

　以下では，前章と同様に，仕事の質を従属変数，労働契約と雇用関係を独立変数，個人属性と企業属性を統制変数とする統計分析を行う。独立変数となる労働契約と雇用関係に関する変数はそれぞれ，有期労働契約ダミー（有期労働契約＝1，無期労働契約＝0），三者雇用関係ダミー（三者雇用関係＝1，二者雇用関係＝0）とした。従属変数となる仕事の質に関する変数，統制変数として用いる個人属性と企業属性に関する変数は，前章と同じものを用いる。また，分析方法についても，前章と同様に，仕事の質に関する9変数のうち，付加給付以外の7変数はすべて順序変数であるため，順序ロジット分析を用いる。付加給付に関する2変数はいずれも1-0のダミー変数であるため，二項ロジット分析を用いる。派遣労働の仕事の質が悪い理由が，その本質的な特徴である派遣労働者，派遣元企業，派遣先企業の三者雇用関係にあるならば，有期労働契約ダミーを投入しても，三者雇用関係ダミーは仕事の質を悪くする影響を示すと予想される。

表 11-3 分析結果のまとめ：労働契約と雇用関係が仕事の質に与える影響

仕事の質		有期労働契約の仕事 (対 無期労働契約の仕事)	三者雇用関係の仕事 (対 二者雇用関係の仕事)
賃　金	毎月の収入	－ － －	n.s.
付加給付	賞与制度	－ － －	－ － －
	退職金・企業年金制度	－ － －	－ － －
雇用の安定性	失業リスク	＋＋＋	＋＋＋
能力開発機会	専門性向上の機会	－	－
仕事の自律性	仕事遂行の裁量	n.s.	－
	意思決定への関与	n.s.	－ － －
労働時間	週当たりの労働時間	－ － －	n.s.
	ワーク・ライフ・バランス	＋＋	n.s.

（注）　＋＋＋or－－－$p<.001$，＋＋or－－$p<.01$，＋or－$p<.05$。

　賃金，付加給付，雇用の安定性，能力開発機会，仕事の自律性，労働時間という仕事の質に関する次元ごとの分析結果は，章末の付表 11-1〜6 に示した。各次元に設定された変数ごとに，統制変数とともに三者雇用関係ダミーを単独で回帰式に投入した結果，次に有期労働契約ダミーを単独で投入した結果，さらに両変数を同時に投入した結果の 3 つの分析結果を示している。

　これらの分析結果の要約をまとめたのが，表 11-3 である。これを見ると，三者雇用関係ダミーと有期労働契約ダミーは，仕事の質の次元によって異なる影響を示した。具体的には，三者雇用関係ダミーは，付加給付，雇用の安定性，能力開発機会，仕事の自律性の 4 次元に有意な影響を示した。賞与制度，退職金・企業年金制度，専門性向上の機会，仕事遂行の裁量，意思決定への関与に対して有意な負の影響を示し，失業リスクに対して有意な正の影響を示した。他方で，有期労働契約ダミーは，賃金，付加給付，雇用の安定性，能力開発機会，労働時間の 5 次元に有意な影響を示した。毎月の収入，賞与制度，退職金・企業年金制度，専門性向上の機会，週当たりの労働時間に対して有意な負の影響を示し，失業リスクとワーク・ライフ・バランスに対して有意な正の影響を示した。

　三者雇用関係ダミーと有期労働契約ダミーが影響を与えた仕事の質の次元に異同があることは重要な発見事実である。三者雇用関係ダミーと有期労働契約ダミーが共通して影響を示したのは，付加給付と雇用の安定性と能力開発機会

の3次元である。三者雇用関係は二者雇用関係よりも，有期労働契約は無期労働契約よりも，付加給付が少なく，雇用が不安定で，能力開発機会が少ないというところで，両者は共通している。

他方で，三者雇用関係ダミーのみが影響を示した次元に仕事の自律性がある。三者雇用関係は二者雇用関係よりも，仕事遂行の裁量や意思決定への関与が小さい点で仕事の自律性が低い。ところが，仕事の自律性には，有期労働契約ダミーが有意な影響を示さないことから，有期労働契約と無期労働契約の間に差はない。

逆に，有期労働契約ダミーのみが影響を示し，三者雇用関係ダミーが影響を示さなかった次元もある。有期労働契約は無期労働契約よりも，毎月の収入が少なく賃金が低いが，週当たりの労働時間が短く，ワーク・ライフ・バランスを確保しやすい点で労働時間の柔軟性が高い。一方で，賃金と労働時間には，三者雇用関係ダミーは有意な影響を示さなかったことから，三者雇用関係と二者雇用関係との間に差はない。

最後に，統制変数の中で有意な影響を示した変数を指摘しておこう（付表11-1〜6参照）。性別ダミーから毎月の収入と専門性向上の機会に有意な正の影響が見られ，賃金や能力開発機会において男性が女性よりも恵まれており，性差があることを示している。しかし同時に，性別ダミーからは失業リスクと週当たりの労働時間にも有意な正の影響があり，男性が女性よりも雇用が不安定であると感じており長時間労働であることも示唆している。また，現勤務先での勤続年数が毎月の収入，賞与制度，退職金・企業年金制度に正の影響があり，同じ企業に長期間勤務するほど，賃金が高く，付加給付が多いことがわかる。さらに，管理職ダミーは毎月の収入，退職金・企業年金制度，意思決定への関与に有意な正の影響があり，ワーク・ライフ・バランスには負の影響があった。管理職は非管理職に比べて，賃金や付加給付は多く，職場での意思決定に影響を与えられるが，ワーク・ライフ・バランスを確保しにくいことが示されている。

8 派遣労働における労働契約と雇用関係

　派遣労働における仕事の質が正規労働と比較して劣るのはなぜだろうか。本章の目的は，この問いに対する答えを，先行研究のような正規労働や非正規労働といった他の就業形態との比較から一歩進めて，就業形態を形づくる特徴，すなわち労働契約と雇用関係の観点から検討することであった。
　分析結果は興味深い発見事実を示した。以下で簡単に振り返っておこう。
　労働契約の観点からは，有期労働契約は無期労働契約よりも仕事の質が総じて劣っていたが，仕事の質の一部に差が見られない次元があった。有期労働契約は無期労働契約よりも，週当たりの労働時間が短く，ワーク・ライフ・バランスが確保できている点で労働時間の柔軟性は高いが，賃金は低く，賞与制度や退職金・企業年金制度の適用割合が低い点で付加給付は少なく，さらに雇用の安定性も低く，能力開発機会も少なかった。ただし，仕事の自律性については，有期労働契約と無期労働契約との間に差はなかった。
　一方，雇用関係の観点からは，三者雇用関係は二者雇用関係と比べて，仕事の質が総じて劣っていた。ただし，仕事の質の一部に差が見られない次元があり，しかし，それは上記の有期労働契約と無期労働契約を比較した結果とは異なっていた。三者雇用関係は二者雇用関係よりも，賞与制度や退職金・企業年金制度の適用割合が低い点で付加給付は少なく，雇用の安定性は低く，能力開発機会も少なく，さらに仕事遂行の裁量や意思決定への関与が少ない点で仕事の自律性も低かった。ところが，賃金と労働時間については，三者雇用関係と二者雇用関係の間に差はなかった。
　これらの分析結果は，通常，派遣労働は，非正規労働と同様に，正規労働よりも仕事の質が総じて劣るとされるが，この優劣を生じる要因には，労働契約によるものと，雇用関係によるものがあることを示唆している。すなわち，正規労働と比較した場合の派遣労働者の付加給付の少なさや雇用の安定性の低さ，能力開発機会の少なさは有期労働契約という労働契約と三者雇用関係という雇用関係の両方の特徴から生じ，労働時間の柔軟性の高さや賃金の低さは有期労働契約という労働契約の特徴から生じ，さらに仕事の自律性の低さは三者雇用関係という雇用関係の特徴から生じている可能性を示しているのである。

以上の分析結果と第2, 3部における発見事実をふまえるならば，以下のような解釈が可能となる。第1に，派遣労働における付加給付の少なさについてである。本章の分析結果によれば，派遣労働における賞与制度や退職金・企業年金制度の適用割合の低さは，有期労働契約と三者雇用関係の双方によるものである。

　派遣労働が正規労働に比べて賞与制度の適用割合が少ないのは，まず労働契約の観点からは，派遣元企業は派遣労働者と雇用関係を有しているものの，その雇用関係は有期労働契約に基づくものとなり，派遣労働者に対して長期的な活用を想定していない。このため，派遣元企業が派遣労働者に対して賞与を支給するインセンティブは必ずしも強くない。また，雇用関係の観点からは，派遣元企業にとって派遣労働者は自社で雇用する労働者であるものの，営業担当者やコーディネーターとは異なり，派遣先企業で就業する労働者であることから，自社の人材派遣事業の業績にどのように貢献しているのかを評価することが難しいこともある。

　さらに，派遣先企業もまた，派遣労働者と直接的な雇用関係がないことによって，派遣労働者を自社が雇用する労働者とみなさず，賃金と同様に賞与を支給するのは派遣元企業の役割であると捉えている。派遣先企業は派遣労働者が自社の仕事遂行を通じて業績に貢献していることは理解しているものの，労働者派遣契約に基づいた派遣料金を派遣元企業に支払うことで派遣労働者の貢献に対する対価は支払われたものと考えている。加えて，ほとんどの派遣先企業は，派遣労働者を活用することによって人件費の削減を図ろうとしていることから，派遣労働者に対してあえて賞与を支給しようとはしない。

　派遣労働が正規労働に比べて退職金・企業年金制度の適用割合が少ないこともまた，雇用関係の観点からは，第4章で述べたように，派遣先企業が派遣労働者を自社が雇用する労働者とみなしていないことによる。退職金には賃金の後払いの意味もあるため，派遣先企業は賞与と同様に，退職金の支給もまた派遣元企業の役割とみなしているのである。一方，雇用関係のある派遣元企業も，派遣先企業で就業する派遣労働者を，自社の人材派遣事業における労働サービスとして位置づけており，自社の従業員とみなしていない。また，労働契約の観点からは，前述のように，派遣元企業は有期労働契約を結んで派遣労働者を雇用しているため，派遣労働者に対して長期的な活用を想定していない。退職

金は通常，企業にとって労働者に長期勤続を促すインセンティブとして用いられるため，有期労働契約を結ぶ派遣労働者は退職金を支給する対象とみなされないのである。

第2に，雇用の安定性の低さについてである。本章の分析結果によれば，派遣労働における失業リスクの知覚の高さは，有期労働契約と三者雇用関係の双方によるものである。派遣労働が正規労働よりも失業のリスクを高く知覚するのは，労働契約の観点からは，第5章で述べたように，派遣労働者が派遣元企業と有期労働契約を結んで雇用されていることによる。日本の雇用慣行において解雇が難しいとされる無期労働契約とは異なり，有期労働契約を結んで就業する派遣労働者は，労働契約の期間満了に伴い雇い止めとなる可能性が高く，派遣労働者は失業のリスクをより強く感じることになる。また，雇用関係の観点からは，登録型派遣の場合，派遣労働者と派遣元企業との間の雇用関係は，派遣先企業と派遣元企業との間に労働者派遣契約が締結される場合にのみ成立するものであるから，労働者派遣契約が継続・更新しなければ派遣労働者と派遣元企業との雇用関係も継続しないことになる。また，派遣労働者を雇用するのは派遣元企業であるため，派遣先企業は，派遣労働者の雇用継続の要否を考慮に入れることなく，当該派遣先企業の事業上の必要に応じて契約更新の要否を判断する。派遣元企業との雇用関係の継続可能性が当該派遣元企業の意思によらず，派遣先企業による労働者派遣契約の継続意思に大きく依存している点で，派遣労働者は自らの失業のリスクをより強く感じることになるのである。

第3に，能力開発機会の少なさについてである。本章の分析結果によれば，派遣労働が正規労働よりも専門性向上の機会が少ないことは，有期労働契約と三者雇用関係の双方によるものである。本調査の質問項目では，今の就業先での仕事について専門的な能力や技能の習得機会があるか否かをたずねたため，基本的には派遣先企業での仕事を通じた能力開発機会についての質問だったといえる。

これをふまえると，雇用関係の観点からは，第5章で述べたように，派遣先企業は派遣労働者に対して自社の仕事を遂行するうえで必要な技能をあらかじめ備えていることを求めているため，そもそも派遣労働者に対して仕事を通じ

て技能を蓄積させることを想定していない。派遣先企業は，採用や教育訓練に要する費用を削減するために，自社で直接労働者を雇用せずに雇用を外部化し，労働者派遣を活用しているからである。一方，派遣元企業は自社に登録する派遣労働者に対して技能や専門性を蓄積させることが，自社の労働者派遣サービスの質を向上させることになることを理解している。しかし，派遣元企業が派遣労働者に提供できるのは，仕事から離れた教育訓練に限られており，派遣労働者の技能や専門性の蓄積になるよう仕事を継続的に提供することは難しい。派遣元企業は派遣労働者が従事する仕事を派遣先企業に依存しているために，派遣労働者の技能形成につながる仕事を与えることは難しいのである。

また，労働契約の観点からは，派遣元企業は，派遣労働者を雇用しているものの，その雇用関係は有期労働契約に基づくものであるため，そもそも派遣労働者の能力開発や技能蓄積のインセンティブを持ちにくい。登録型派遣の場合，派遣労働者は複数の派遣元企業に登録しており他の派遣元企業から紹介される仕事を引き受ける可能性もあることを考えれば，派遣元企業は派遣労働者に対して技能蓄積のための教育訓練を提供することに消極的にならざるをえない。こうした結果として，派遣労働者は，仕事を通じた能力開発機会が少ないと認識する。

第4に，賃金の低さについてである。本章の分析結果によれば，派遣労働における毎月の収入の低さは，三者雇用関係ではなく有期労働契約によるものである。第4章で述べたように，派遣労働者の賃金水準は同じ派遣先企業で同じ内容の仕事に従事する正規労働者と比較した場合に必ずしも低いわけではない。それは派遣労働者の賃金が基本的には仕事内容に基づいて決定されるのに対して，派遣先企業の正規労働者の賃金は当該労働者の年齢や勤続年数，能力や技能といった面を反映していることによるものであった。このため，派遣労働者が派遣先企業の正規労働者と同じ仕事に従事していても，両者の賃金決定基準が異なるために，派遣労働者の賃金が正規労働者を下回ることもあれば，中には上回ることもあった。

ただし，これまでの研究においては，派遣労働者の賃金水準が正規労働者の賃金水準よりも低いことが指摘されている。実際に，前章の分析結果においても，派遣労働における毎月の収入は非正規労働と同様に正規労働よりも低いこ

とが示されている。本書で取り上げた事務職種の派遣労働者の場合，派遣先企業が派遣労働者を活用する主たる理由は，雇用の柔軟性の確保と人件費の抑制である。第4章で述べたように，この場合の人件費の抑制とは，正規労働者の賃金よりも派遣労働者を活用する際の派遣料金を低く抑えることではない。派遣先企業にとって正規労働者の人件費とは賃金に加えて賞与や退職金といった付加給付を含むものであるから，派遣料金がこれらの合計を下回るものであれば派遣労働者の活用は人件費の削減に貢献することになる。したがって，派遣先企業が正規労働者の代わりに派遣労働者を活用することで人件費の削減を図る場合，派遣労働者の賃金が正規労働者の賃金を下回る必要は必ずしもない。また，派遣元企業も，派遣料金からマージンを差し引いて派遣労働者の賃金を決定する場合にも，すべて一律の基準を適用するわけではなく，派遣料金を前提にしたうえで派遣労働者の技能や経験等に鑑み，その賃金を個別に決定している。すなわち，派遣先企業が人件費の削減を目的として正規労働者の代わりに派遣労働者を活用しているからといって，当該派遣労働者の賃金が正規労働者のそれよりも低くなるとは限らないのである。派遣労働の賃金が正規労働よりも低くなるのは，三者雇用関係によるものとはいえないことになる。

　しかし，労働契約の観点から，派遣元企業が派遣労働者との間に有期労働契約と無期労働契約のいずれを結ぶのかは，当該派遣労働者の賃金に影響を与える。第9章で述べたように，本調査においても事例は必ずしも多くなかったが，派遣元企業の中には，ある特定の派遣労働者と有期労働契約でなく無期労働契約を結ぶ場合がある。たとえば，派遣元企業と無期労働契約を結んで就業する貿易事務の派遣労働者の賃金は，3カ月単位の有期労働契約を結ぶ同じ貿易事務の派遣労働者の賃金よりも高くなる例が見られた。企業が直接雇用する労働者について，有期労働契約を結ぶ非正規労働者が無期労働契約を結ぶ正規労働者よりも賃金が低いという現象は，日本における二重労働市場の問題として従来から議論されてきたが，派遣労働者の中でも，有期労働契約を結ぶ派遣労働者が無期労働契約を結ぶ派遣労働者よりも賃金が低いという傾向は，これと類似した現象といえる。派遣元企業と無期労働契約を結んで就業する派遣労働者は，派遣先企業の仕事に従事するという点では，営業担当者やコーディネーターのような派遣元企業内部で就業する労働者と異なるが，その賃金決定原理は内部労働市場のそれに近くなるのである。派遣元企業は，無期労働契約を結ぶ

派遣労働者を，長期的な雇用を前提に人材育成投資の対象とし，自社による教育訓練や派遣先企業での仕事経験を通じて能力開発を行う。また，派遣元企業は，そうして高い技能を身に付けた派遣労働者を，高い派遣料金の高度な仕事に従事させ，開発費用の回収を図る。こうしたことから，無期労働契約を結ぶ派遣労働者の賃金は，上昇していく可能性が高くなる。このように，派遣労働における賃金の低さは，雇用関係よりも労働契約とより関連が深いと考えられる。

第5に，仕事の自律性の低さについてである。本章の分析結果によれば，派遣労働における仕事遂行の裁量の小ささや意思決定への関与の低さは，毎月の収入とは逆に，有期労働契約ではなく三者雇用関係によるものである。第6章で述べたように，派遣先企業は事前に派遣労働者に任せる仕事内容を定めて，派遣元企業と労働者派遣契約を結ぶ。派遣元企業はこの労働者派遣契約に基づく仕事内容について派遣労働者と労働契約を結ぶことになる。派遣労働者が派遣先企業で従事する仕事内容が事前に定められているという点で，そもそも派遣労働者の仕事遂行の裁量はそれほど大きくはなりえない。しかし，派遣労働者の仕事遂行の裁量を左右するうえで重要なのは，労働者派遣の仕組みにおいて派遣労働者が，直接の雇用関係がない派遣先企業の管理者の指示のもとで仕事を遂行しなければならないことである。派遣労働者には，派遣先企業から与えられた仕事を，派遣先企業が指示する順序や方法で遂行していくことが求められる。派遣労働者が仕事の順序や遂行方法を自ら判断して進めることは期待されていない。

また，派遣労働者は派遣先企業において重要な意思決定に関与することもできない。第6章で述べたように，派遣労働者は派遣先企業における会議や打合せに参加できず意思決定や情報共有の場から隔離されていることが多い。派遣先企業は自社の重要な情報を直接雇用していない派遣労働者に共有させることに消極的である。派遣労働者は，仕事の順序や遂行方法についての裁量が小さいだけでなく，派遣先企業における意思決定にも関与しにくい状況に置かれているのである。

もっとも，派遣先企業における仕事遂行の裁量の小ささや意思決定への関与のしにくさは，派遣労働者だけでなく，有期労働契約を結ぶ非正規労働者にも

同様にあてはまることかもしれない。しかし，実際には，派遣先企業は自社が雇用する非正規労働者には小さいながらも仕事の順序や遂行方法を効率化するための裁量を与えたり，会議や打合せに参加させて情報共有を図ろうとする例が見られる。派遣先企業が仕事遂行の裁量を与えたり，意思決定に関与させるかを判断する基準となるのは，自社が雇用する労働者なのか否かという雇用関係の有無なのである。したがって，派遣労働において仕事の自律性が低いことは，労働契約よりも雇用関係との関連が強いと考えられる。

　第6に，労働時間の柔軟性の高さについてである。本章の分析結果によれば，派遣労働における週当たりの労働時間の長さやワーク・ライフ・バランスの知覚は，三者雇用関係ではなく有期労働契約によるものである。派遣労働が正規労働に比べて週当たりの労働時間が短くなるのは，労働契約の観点からは，第6章で述べたように，派遣労働者が派遣元企業と有期労働契約を結んで雇用されていることによる。労働契約において，残業がないことや，仮にあってもそれが短時間になることが明示されていれば，急な残業を命じられることはない。無期労働契約と有期労働契約の違いが直接労働時間の長短を生じさせるわけではないが，無期労働契約を結んで，急に発生する業務に対応しなければならない正規労働者と対照的に，有期労働契約を結んで就業する派遣労働者は，就業先企業と有期労働契約を結ぶ非正規労働者と同様に，事前に定められた労働時間どおりに仕事に従事することが可能となっている。

　同様の傾向は，ワーク・ライフ・バランスの知覚にも見られる。派遣労働が正規労働に比べてワーク・ライフ・バランスをより知覚することもまた，派遣労働者が派遣元企業と結ぶ有期労働契約によって，派遣先企業における労働時間が明確に定められることによる。前述のように，有期労働契約によって派遣労働者は残業の時間も頻度も少なく，労働時間が限定されており見通しが立ちやすい。ただし，派遣先企業における労働時間が限定されていることは，必ずしも労働時間の裁量があることを意味しない。派遣先企業は事前に派遣元企業と結んだ労働者派遣契約に定められたとおりの労働時間を見込んで派遣労働者を活用するから，派遣労働者は事前に定められた時間は仕事に従事することを求められる。たとえば，派遣先企業でフルタイム勤務することを前提に派遣元企業から派遣された労働者が，その派遣先企業で自分の都合によって短時間勤

務にするといったように，労働時間を柔軟に変更することは難しい。すなわち，有期労働契約によって派遣労働者の労働時間は限定されるが，三者雇用関係によって労働時間の裁量は大きくならないのである。

　これらをふまえると，派遣労働者のワーク・ライフ・バランスの知覚には，有期労働契約のポジティブな影響だけでなく，三者雇用関係のネガティブな影響があることも予想された。ただし，本調査におけるワーク・ライフ・バランスに関する質問項目は，今の就業先での残業を含めた労働時間について，家族と過ごしたり仕事以外の活動を行う時間を確保できているか否かをたずねたものであったため，回答者にワーク・ライフ・バランスが，残業を含めた労働時間の長さとして知覚され，労働時間の裁量はそれほど考慮に入れられなかったのかもしれない。こうしたことから，派遣労働における労働時間の柔軟性については，雇用関係よりも労働契約との関連が強く見られたものと考えられる。

　これまで見てきたように，派遣労働における付加給付の少なさや雇用の安定性の低さ，能力開発機会の少なさは，有期労働契約と三者雇用関係の双方により生じている。また，賃金の低さは有期労働契約により，逆に仕事の自律性の低さは三者雇用関係により生じている。さらに，労働時間の柔軟性の高さは有期労働契約の効果によるものであった。これらをふまえると，派遣労働の最たる特徴である三者雇用関係は，総じて仕事の質に悪い影響を与えている面が多いといえる。

　なお，前章と本章の分析結果は，就業形態や労働契約，雇用関係の特徴が仕事の質に影響を与えていることを示唆しているものの，分析に用いていない要因が影響を与えている可能性も否定できない。たとえば，労働者の能力や就業志向などの観察されない要因が仕事の質に影響を与えているといったことも考えられうる。今後もより丁寧な質問票調査と精緻な統計分析が必要であろう。

付表 11-1 労働契約と雇用関係が仕事の質に与える影響：賃金

説明変数 \ 被説明変数	毎月の収入 順序ロジット回帰					
	回帰係数	標準誤差	回帰係数	標準誤差	回帰係数	標準誤差
三者雇用関係	0.223	0.164			0.337	0.173
有期労働契約			−0.933***	0.173	−1.001***	0.176
性別（男性＝1）	1.201***	0.167	1.129***	0.172	1.150***	0.172
年齢	−0.018	0.009	0.000	0.010	−0.002	0.010
（基準：中学・高校卒）						
短大・高専卒	0.381*	0.173	0.251	0.180	0.243	0.181
大学・大学院卒	1.081***	0.169	0.867***	0.178	0.851***	0.178
有配偶者	0.364*	0.152	0.286	0.158	0.279	0.158
有子	−0.444**	0.164	−0.413*	0.169	−0.401*	0.169
家計負担者（本人＝1）	0.843***	0.140	0.761***	0.144	0.760***	0.144
事務職の経験年数	0.036***	0.010	0.035**	0.010	0.034**	0.010
現勤務先での勤続年数	0.090***	0.010	0.062***	0.011	0.066***	0.011
管理職	1.102***	0.179	0.906***	0.186	0.913***	0.186
労働組合加入	0.238	0.130	−0.013	0.135	0.039	0.137
（基準：従業員 300〜999 人）						
従業員 1000〜2999 人	−0.035	0.165	0.040	0.170	0.035	0.171
従業員 3000〜4999 人	−0.335	0.214	−0.264	0.218	−0.263	0.218
従業員 5000 人以上	−0.021	0.150	0.128	0.155	0.100	0.155
産業ダミー	Yes		Yes		Yes	
−2 対数尤度	3231.867		3040.233		3036.324	
カイ 2 乗	624.755***		628.496***		632.405***	
疑似 R^2 (Cox & Snell)	0.462		0.481		0.483	
N	1007		958		958	

(注) ***$p<.001$, **$p<.01$, *$p<.05$。

付表11-2　労働契約と雇用関係が仕事の質に与える影響：付加給付

説明変数	被説明変数 回帰係数	標準誤差	賞与制度 二項ロジット回帰 回帰係数	標準誤差	回帰係数	標準誤差
三者雇用関係	−4.231***	0.528			−4.275***	0.553
有期労働契約			−2.228***	0.225	−2.345***	0.273
性別（男性＝1）	0.317	0.246	0.305	0.261	0.083	0.285
年　齢	−0.045**	0.014	−0.014	0.015	−0.004	0.016
（基準：中学・高校卒）						
短大・高専卒	0.035	0.253	−0.255	0.256	−0.205	0.277
大学・大学院卒	0.652**	0.245	0.069	0.250	0.167	0.275
有配偶者	0.197	0.229	0.064	0.232	0.136	0.262
有　子	−0.054	0.251	−0.033	0.252	−0.221	0.277
家計負担者（本人＝1）	0.091	0.201	−0.016	0.204	−0.084	0.228
事務職の経験年数	0.005	0.016	−0.005	0.016	−0.001	0.017
現勤務先での勤続年数	0.114***	0.017	0.099***	0.018	0.055**	0.019
管理職	1.078***	0.301	0.461	0.327	0.132	0.342
労働組合加入	0.885***	0.188	0.772***	0.193	0.342	0.216
（基準：従業員 300〜999 人）						
従業員 1000〜2999 人	−0.350	0.243	−0.164	0.246	−0.178	0.275
従業員 3000〜4999 人	−0.679*	0.312	−0.469	0.325	−0.585	0.348
従業員 5000 人以上	−0.388	0.228	−0.377	0.226	−0.251	0.257
産業ダミー	Yes		Yes		Yes	
−2 対数尤度	841.669		854.291		699.126	
カイ 2 乗	647.561***		548.641***		703.807***	
疑似 R^2 (Cox & Snell)	0.448		0.412		0.494	
N	1090		1033		1033	

付表 11-2 （続き）

説明変数	被説明変数		退職金・企業年金制度 二項ロジット回帰			
	回帰係数	標準誤差	回帰係数	標準誤差	回帰係数	標準誤差
三者雇用関係	−3.924***	0.734			−3.842***	0.777
有期労働契約			−3.577***	0.280	−3.639***	0.307
性別（男性＝1）	0.478	0.247	0.184	0.313	0.012	0.328
年齢	−0.100***	0.016	−0.055**	0.019	−0.041*	0.020
（基準：中学・高校卒）						
短大・高専卒	−0.051	0.284	−1.016**	0.372	−0.975*	0.382
大学・大学院卒	0.790**	0.267	−0.459	0.356	−0.357	0.366
有配偶者	0.170	0.240	0.079	0.308	0.095	0.328
有子	0.161	0.269	−0.047	0.331	−0.163	0.344
家計負担者（本人＝1）	0.102	0.208	−0.092	0.264	−0.240	0.282
事務職の経験年数	0.022	0.017	0.012	0.021	0.013	0.021
現勤務先での勤続年数	0.149***	0.017	0.096***	0.021	0.068**	0.022
管理職	2.019***	0.307	1.214**	0.357	1.002**	0.360
労働組合加入	1.055***	0.192	0.690**	0.236	0.338	0.255
（基準：従業員 300〜999 人）						
従業員 1000〜2999 人	−0.299	0.254	0.215	0.311	0.220	0.325
従業員 3000〜4999 人	−0.057	0.323	0.413	0.405	0.424	0.422
従業員 5000 人以上	−0.286	0.236	0.017	0.283	0.155	0.304
産業ダミー	Yes		Yes		Yes	
−2 対数尤度	783.175		586.031		530.180	
カイ 2 乗	716.357***		840.848***		896.699**	
疑似 R^2（Cox & Snell）	0.482		0.557		0.580	
N	1090		1033		1033	

（注）　*** $p<.001$，** $p<.01$，* $p<.05$。

付表 11-3　労働契約と雇用関係が仕事の質に与える影響：雇用の安定性

説明変数	被説明変数 失業リスク 順序ロジット回帰					
	回帰係数	標準誤差	回帰係数	標準誤差	回帰係数	標準誤差
三者雇用関係	1.084***	0.158			1.010***	0.165
有期労働契約			0.705***	0.164	0.550**	0.167
性別（男性＝1）	0.752***	0.159	0.815***	0.165	0.866***	0.166
年　齢	0.031**	0.009	0.028**	0.010	0.027**	0.010
（基準：中学・高校卒）						
短大・高専卒	−0.019	0.164	0.018	0.171	0.009	0.171
大学・大学院卒	−0.197	0.159	−0.113	0.168	−0.128	0.168
有配偶者	−0.163	0.146	−0.180	0.152	−0.192	0.152
有　子	−0.432**	0.159	−0.469**	0.164	−0.424*	0.164
家計負担者（本人＝1）	−0.038	0.133	−0.062	0.138	−0.074	0.138
事務職の経験年数	−0.004	0.009	−0.003	0.010	−0.005	0.010
現勤務先での勤続年数	−0.022*	0.010	−0.022*	0.010	−0.010	0.010
管理職	−0.028	0.170	0.104	0.178	0.123	0.178
労働組合加入	−0.247	0.126	−0.307*	0.131	−0.165	0.133
（基準：従業員 300～999 人）						
従業員 1000～2999 人	−0.181	0.159	−0.215	0.165	−0.238	0.165
従業員 3000～4999 人	−0.358	0.210	−0.440*	0.215	−0.447*	0.215
従業員 5000 人以上	−0.012	0.143	0.020	0.148	−0.048	0.149
産業ダミー	Yes		Yes		Yes	
−2 対数尤度	3264.730		3117.164		3080.167	
カイ 2 乗	167.868***		142.191***		179.188***	
疑似 R^2（Cox & Snell）	0.143		0.129		0.159	
N	1090		1033		1033	

（注）　***$p<.001$，**$p<.01$，*$p<.05$。

付表 11-4 労働契約と雇用関係が仕事の質に与える影響：能力開発機会

説明変数	被説明変数		専門性向上の機会 順序ロジット回帰			
	回帰係数	標準誤差	回帰係数	標準誤差	回帰係数	標準誤差
三者雇用関係	−0.390*	0.156			−0.377*	0.163
有期労働契約			−0.405*	0.161	−0.343*	0.163
性別（男性＝1）	0.579***	0.157	0.647***	0.163	0.634***	0.163
年　齢	−0.030**	0.009	−0.028**	0.010	−0.026**	0.010
（基準：中学・高校卒）						
短大・高専卒	0.450**	0.162	0.336*	0.169	0.344*	0.169
大学・大学院卒	0.378*	0.157	0.255	0.166	0.269	0.166
有配偶者	0.361*	0.144	0.305*	0.150	0.312*	0.150
有　子	0.146	0.156	0.164	0.160	0.145	0.160
家計負担者（本人＝1）	−0.077	0.131	−0.153	0.136	−0.156	0.136
事務職の経験年数	0.010	0.009	0.009	0.010	0.009	0.010
現勤務先での勤続年数	−0.003	0.009	−0.006	0.010	−0.011	0.010
管理職	0.113	0.166	0.003	0.173	−0.004	0.174
労働組合加入	0.301*	0.124	0.265*	0.129	0.216	0.131
（基準：従業員 300〜999 人）						
従業員 1000〜2999 人	−0.086	0.156	−0.050	0.162	−0.052	0.162
従業員 3000〜4999 人	0.114	0.205	0.138	0.209	0.130	0.209
従業員 5000 人以上	0.176	0.142	0.156	0.146	0.182	0.147
産業ダミー	Yes		Yes		Yes	
−2 対数尤度	3459.079		3269.265		3264.083	
カイ 2 乗	124.610***		122.979***		128.161***	
疑似 R^2 (Cox & Snell)	0.108		0.112		0.117	
N	1090		1033		1033	

（注）　***$p<.001$，**$p<.01$，*$p<.05$。

付表 11-5　労働契約と雇用関係が仕事の質に与える影響：仕事の自律性

説明変数	被説明変数		仕事遂行の裁量 順序ロジット回帰			
	回帰係数	標準誤差	回帰係数	標準誤差	回帰係数	標準誤差
三者雇用関係	−0.425*	0.168			−0.481**	0.177
有期労働契約			−0.078	0.173	0.008	0.176
性別（男性＝1）	−0.791***	0.170	−0.730***	0.176	−0.763***	0.176
年　齢	−0.007	0.010	−0.006	0.010	−0.005	0.010
（基準：中学・高校卒）						
短大・高専卒	−0.010	0.176	0.036	0.183	0.045	0.183
大学・大学院卒	0.032	0.170	0.055	0.179	0.071	0.180
有配偶者	0.210	0.156	0.160	0.162	0.182	0.162
有　子	−0.024	0.168	0.020	0.173	−0.013	0.173
家計負担者（本人＝1）	0.145	0.141	0.132	0.146	0.140	0.147
事務職の経験年数	0.011	0.010	0.008	0.010	0.008	0.010
現勤務先での勤続年数	0.007	0.010	0.009	0.011	0.004	0.011
管理職	0.287	0.180	0.298	0.187	0.291	0.188
労働組合加入	−0.118	0.134	−0.022	0.138	−0.093	0.141
（基準：従業員 300〜999 人）						
従業員 1000〜2999 人	0.336*	0.170	0.343	0.176	0.348*	0.176
従業員 3000〜4999 人	0.134	0.221	0.151	0.225	0.142	0.225
従業員 5000 人以上	0.370*	0.153	0.360*	0.158	0.390*	0.159
産業ダミー	Yes		Yes		Yes	
−2 対数尤度	2250.494		2137.899		2130.632	
カイ 2 乗	82.692***		68.079***		75.346***	
疑似 R^2（Cox & Snell）	0.073		0.064		0.070	
N	1090		1033		1033	

付表 11-5 （続き）

説明変数	被説明変数		意思決定への関与 順序ロジット回帰			
	回帰係数	標準誤差	回帰係数	標準誤差	回帰係数	標準誤差
三者雇用関係	−0.758***	0.157			−0.714***	0.164
有期労働契約			−0.278	0.160	−0.162	0.162
性別（男性＝1）	0.630***	0.156	0.694***	0.162	0.655***	0.162
年　齢	−0.022*	0.009	−0.020*	0.010	−0.018	0.010
（基準：中学・高校卒）						
短大・高専卒	0.262	0.162	0.210	0.168	0.218	0.169
大学・大学院卒	0.077	0.157	−0.017	0.166	−0.013	0.166
有配偶者	0.101	0.144	0.065	0.149	0.078	0.150
有　子	0.260	0.155	0.275	0.159	0.250	0.160
家計負担者（本人＝1）	0.054	0.130	−0.010	0.135	0.002	0.135
事務職の経験年数	0.009	0.009	0.006	0.010	0.005	0.010
現勤務先での勤続年数	−0.002	0.009	0.002	0.010	−0.005	0.010
管理職	0.600***	0.166	0.573**	0.173	0.571**	0.173
労働組合加入	0.193	0.123	0.238	0.128	0.142	0.130
（基準：従業員 300〜999 人）						
従業員 1000〜2999 人	−0.078	0.156	−0.098	0.162	−0.095	0.162
従業員 3000〜4999 人	−0.012	0.205	0.006	0.208	0.003	0.208
従業員 5000 人以上	0.149	0.141	0.105	0.146	0.153	0.146
産業ダミー	Yes		Yes		Yes	
−2 対数尤度	3438.832		3284.395		3265.706	
カイ 2 乗	152.145***		126.411***		145.099***	
疑似 R^2 (Cox & Snell)	0.130		0.115		0.131	
N	1090		1033		1033	

（注）　***$p<.001$，**$p<.01$，*$p<.05$。

付表 11-6　労働契約と雇用関係が仕事の質に与える影響：労働時間

説明変数	被説明変数		週当たりの労働時間 順序ロジット回帰			
	回帰係数	標準誤差	回帰係数	標準誤差	回帰係数	標準誤差
三者雇用関係	−0.233	0.157			−0.162	0.165
有期労働契約			−0.879***	0.164	−0.849***	0.167
性別（男性＝1）	0.523**	0.157	0.527**	0.163	0.519**	0.163
年　齢	−0.032***	0.009	−0.020*	0.010	−0.020*	0.010
（基準：中学・高校卒）						
短大・高専卒	0.233	0.164	0.118	0.171	0.123	0.171
大学・大学院卒	0.673***	0.159	0.472**	0.169	0.478**	0.169
有配偶者	−0.064	0.145	−0.126	0.152	−0.117	0.152
有　子	−0.459**	0.157	−0.448**	0.162	−0.460**	0.162
家計負担者（本人＝1）	0.541***	0.133	0.429**	0.138	0.432**	0.138
事務職の経験年数	0.004	0.009	0.001	0.010	0.001	0.010
現勤務先での勤続年数	0.025**	0.010	0.006	0.010	0.004	0.010
管理職	0.475**	0.167	0.267	0.174	0.264	0.174
労働組合加入	0.033	0.124	−0.124	0.129	−0.145	0.131
（基準：従業員 300〜999 人）						
従業員 1000〜2999 人	−0.251	0.158	−0.148	0.164	−0.148	0.164
従業員 3000〜4999 人	0.041	0.207	0.159	0.211	0.156	0.211
従業員 5000 人以上	0.064	0.143	0.176	0.148	0.185	0.148
産業ダミー	Yes		Yes		Yes	
−2 対数尤度	3697.774		3457.413		3456.412	
カイ 2 乗	205.276***		221.750***		222.750***	
疑似 R^2（Cox & Snell）	0.172		0.193		0.194	
N	1090		1033		1033	

付表 11-6 （続き）

説明変数 \ 被説明変数	ワーク・ライフ・バランス 順序ロジット回帰					
	回帰係数	標準誤差	回帰係数	標準誤差	回帰係数	標準誤差
三者雇用関係	0.248	0.164			0.174	0.173
有期労働契約			0.510**	0.169	0.480**	0.172
性別（男性＝1）	−0.156	0.163	−0.172	0.169	−0.162	0.169
年齢	0.002	0.009	−0.007	0.010	−0.007	0.010
（基準：中学・高校卒）						
短大・高専卒	−0.165	0.171	−0.066	0.178	−0.070	0.178
大学・大学院卒	−0.172	0.165	−0.061	0.175	−0.066	0.175
有配偶者	−0.040	0.151	0.089	0.158	0.086	0.158
有子	−0.034	0.163	−0.075	0.168	−0.066	0.168
家計負担者（本人＝1）	−0.141	0.137	−0.100	0.143	−0.100	0.143
事務職の経験年数	−0.001	0.010	0.003	0.010	0.003	0.010
現勤務先での勤続年数	0.008	0.010	0.016	0.011	0.018	0.011
管理職	−0.579**	0.174	−0.484**	0.181	−0.481**	0.181
労働組合加入	−0.002	0.129	0.110	0.135	0.136	0.137
（基準：従業員 300〜999 人）						
従業員 1000〜2999 人	0.008	0.164	−0.032	0.171	−0.034	0.171
従業員 3000〜4999 人	0.046	0.216	−0.053	0.220	−0.049	0.220
従業員 5000 人以上	−0.051	0.149	−0.133	0.154	−0.144	0.155
産業ダミー	Yes		Yes		Yes	
−2 対数尤度	2439.247		2299.459		2298.445	
カイ 2 乗	48.713*		57.064**		58.078**	
疑似 R^2 (Cox & Snell)	0.044		0.054		0.055	
N	1090		1033		1033	

（注） ***$p<.001$, **$p<.01$, *$p<.05$。

終章
派遣労働とはどのような働き方か

　本書では，日本の派遣労働がどのような働き方であるのかについて検討してきた。働き方の多面性を捉えるために，仕事の質という考え方を導入し，賃金や付加給付，雇用の安定性，能力開発機会，仕事の自律性，労働時間といった，働き方の多様な側面の特徴を検討した。また，働き方の特有性を捉えるために，派遣労働と他の働き方を区別する就業形態上の特徴である，派遣労働者・派遣元企業・派遣先企業の三者関係に注目した。さらに，働き方の複雑性を捉えるために，派遣労働者の当事者視点から語られる経験を重視し，派遣労働者自身が派遣就業を通じて経験する困難とそれに対する対処行動を探求した。

　本章では，本書の結論として，これまでの議論を整理するとともに，発見事実の理論的解釈，今後の展望について述べることとする。

1　本書の議論の整理

　本書は，日本における派遣労働がどのような特徴を持つ働き方であるのかについて，事務職の登録型派遣労働に焦点を当てて検討してきた。まず本節で，これまでの議論を整理しよう。

(1)　派遣労働をどのように捉えるのか（第1部：第1～3章）

　派遣労働とは，派遣労働者と派遣元企業，派遣先企業の三者から構成される就業形態のことである。派遣先企業と派遣元企業との間には労働者派遣契約が

結ばれ，派遣労働者が従事する業務内容や派遣料金などが規定され，派遣先企業はこの業務内容について派遣労働者に指揮命令できる。他方で，派遣元企業と派遣労働者との間には労働契約が結ばれ，労働者派遣契約の内容をふまえて，派遣労働者の仕事内容や労働時間，勤務地，賃金などが規定される。派遣労働者にとっては，派遣元企業との間に雇用関係が，派遣先企業との間に指揮命令関係が生じることになる。また，事務職の派遣労働者の多くは，登録型派遣の形態をとっており，事前に派遣元企業に登録しておき，派遣元企業から派遣先企業の仕事を紹介されてそれを引き受けた場合に，その仕事に従事する期間に限り有期労働契約を結んで派遣元企業に雇用されている。

　派遣労働という働き方は，非典型労働や非正規労働，コンティンジェント労働といった概念で分類されることが一般的である。これらの概念の定義は少しずつ異なってはいるものの，共通するのは，日本においては正規労働という働き方が中心となってきたがゆえに，派遣労働は有期パートタイム労働や有期フルタイム労働などとあわせて正規労働以外の働き方として分類されてきたことである。

　このような分類によって，これまで派遣労働は正規労働と対照的な働き方とみなされ，その評価も否定的なものと肯定的なものに分かれている。否定的に評価する見方は，派遣労働を労働市場で恵まれない地位に置かれている働き方あるいは労働者の権利が保護されない働き方であるとして，雇用が不安定で賃金が低く，能力開発機会も乏しいことに注目している。一方で，肯定的に評価する見方は，派遣労働を労働者の労働志向に適合した働き方あるいは技能や専門性を発揮してキャリアを形成できる働き方であるとし，仕事の選択可能性や労働時間の柔軟性が高いことに注目している。

　これら従来の見方は必ずしも間違ってはいないものの，いくつかの問題点がある。たとえば，これらの見方はいずれも，派遣労働の働き方について，ある特定の側面に限定して評価している。また，派遣労働を他の非正規労働と一括りに分類してしまうことによって，派遣労働が他の働き方と異なる特徴を持つ可能性を見逃してしまっている。さらには，客観的基準と主観的基準のいずれか一方を重視して評価することによって，派遣労働の働き方の特徴をやや単純に捉えてしまい，本来派遣労働という働き方が持つ複雑さを十分に検討できていない可能性がある。

そこで本書では，これらの問題点をふまえ，3つの視点を導入して派遣労働という働き方を明らかにすることを目指した。第1の視点は，働き方の多面性を捉えるための，「仕事の質」という考え方である。仕事の質とは，労働者から見た仕事の望ましさを示す概念であり，労働者にとっての仕事や労働条件の望ましさを多面的・統合的に捉えようとすることに特徴がある。本書ではKalleberg (2011) をもとに，賃金，付加給付，雇用の安定性，能力開発機会，仕事の自律性，労働時間という，6つの側面を取り上げることにした。

第2の視点は，働き方の特有性を捉えるための，派遣労働者と派遣元企業，派遣先企業という三者関係への注目である。Cappelli and Keller (2013a) の分類枠組みにもあるように，派遣労働は，派遣労働者が派遣元企業と雇用関係を，派遣先企業とは指揮命令関係を有する働き方である。そこで本書においては，派遣労働者と派遣先企業の関係だけでなく，派遣元企業との関係，さらには派遣元企業と派遣先企業との関係をも考慮に入れて検討することにした。

第3の視点は，働き方の複雑性を捉えるための，派遣労働者が当事者視点に基づいて語った経験への注目である。Kunda, Barley and Evans (2002) を参考に，派遣労働者の当事者視点に基づく経験に接近することによって，派遣労働という働き方の特徴を形づくる構造的条件とともに，労働者自身による働き方の改変・改善の可能性についても検討することとした。

こうした働き方の多面性・特有性・複雑性を捉えるための「仕事の質」「三者関係」「当事者視点」から構成される分析枠組みに基づいて，事務職種に従事する派遣労働者47名を中心に，派遣労働の経験を持つ正規労働者とフリーランス，さらに派遣先企業の人事課長や現場管理者，および派遣元企業の営業担当者やコーディネーターを対象とした聞き取り調査を行った。

⑵ **派遣労働者はどのような経験をしているか（第2部：第4〜6章）**

派遣労働者は，派遣労働を通じてどのような経験をしているだろうか。派遣労働者が経験している困難を通じて，派遣労働という働き方の特徴を検討した。聞き取り調査の結果は，これまでの派遣労働に対して指摘されてきたのとはやや異なる特徴を示していた。具体的には以下のとおりである。

第1に，派遣労働の賃金と付加給付についてである。従来，派遣労働者の賃金水準については，正規労働者よりも低いと指摘されることが多かった。しか

しながら，聞き取り調査の結果からは，派遣労働者と正規労働者はその賃金決定原理が異なるため，派遣労働者の賃金が常に正規労働者よりも低いとは限らないことがわかった。派遣労働者の賃金は，派遣元企業と派遣先企業の労働者派遣契約において設定した派遣料金からマージンを差し引いた水準であることが一般的である。また，派遣元企業が派遣労働者の賃金決定基準を設定せずに，派遣労働者の技能や職務経験などを考慮に入れて派遣労働者の賃金を個別に決定することも多い。このため，同じ程度の難易度の仕事であっても，就業先の派遣先企業が異なったり雇用関係を結ぶ派遣元企業が異なれば，派遣労働者の賃金は異なることがあり，それどころか同じ派遣元企業で同じ派遣先企業，同じ仕事であっても賃金が異なることは珍しくないのである。

　しかし，派遣労働者にとってはこれよりも大きな問題があり，それが賃金が継続的に上昇しにくいことであった。派遣労働者の賃金水準はおおよそ職種や仕事に基づいて決定されていることから，より難易度の高い仕事や専門性の高い職種の仕事に従事しない限り，上昇しない。加えて，派遣先企業と派遣元企業が派遣労働者の賃金上昇に消極的であることにより，より上昇しにくいものとなっていた。

　実際，派遣労働者の賃金に対する不満は大きい。不満の最も大きな要因は，派遣先企業で同じ仕事に従事する正規労働者よりも自分の賃金が低いことであった。ただし，留意する必要があるのは，派遣労働者自身は正規労働者の実際の賃金を知らないということである。それにもかかわらず賃金が低いと感じる理由としては，正規労働者には支給される付加給付が派遣労働者には適用されないことが大きい。派遣先企業の賞与や退職金，手当などの付加給付は，派遣労働者には適用されない。これはまた，派遣元企業の正規労働者に対して支給される付加給付と比較しても同様である。派遣労働者の賃金に関する問題は，ある時点の賃金が正規労働者よりも低いということよりも，むしろ派遣労働を通じて賃金の継続的な上昇を図ることが難しいことや，賞与や退職金，手当などの付加給付を得られないことにあるのである。

　第2に，雇用の安定性と能力開発機会についてである。事務職に従事する登録型派遣労働者の労働契約が数カ月単位の有期労働契約であることや，派遣先企業での就業継続が派遣先企業と派遣元企業の労働者派遣契約の更新可能性に依存していること，さらに派遣労働者に仕事を紹介するか否かは派遣元企業の

判断によることから，派遣労働者の雇用は安定しているとは言い難かった。

しかしながら，その一方で，派遣労働者として長期的に就業している者も徐々に増えてきており，派遣労働を通じて長期的なキャリアを形成する労働者が増加していることもわかった。そのような長期的なキャリア形成を考えたときに重要となるのが，能力開発機会である。派遣労働者の能力開発機会は正規労働者よりも少ないとされるが，実際には派遣労働者にも派遣元企業の教育訓練が提供されている。ただし，それは短期的に見て今の派遣先企業の就業に必要な教育訓練にとどまっていた。そして，派遣労働者にとってより大きな問題は，技能蓄積に最も効果がある仕事経験を通じた能力開発機会が少ないことであった。そもそも派遣先企業は派遣労働者に対して，持てる技能を活かした仕事遂行を通じた成果を期待しており，正規労働者育成のためのOJTのように当該派遣労働者が仕事遂行によってより高度な技能を獲得していくことを想定していない。他方で，派遣元企業もまた派遣労働者の技能蓄積には費用を要するため，最低限の教育訓練を除いては人材育成投資に消極的である。さらに，マッチングの効率性に対する要請から，派遣労働者の技能蓄積のために他の派遣先企業へと移動させて仕事経験を積ませることも難しい。

派遣労働者の雇用機会は，派遣元企業との労働契約が有期労働契約であることや，労働契約の更新が派遣先企業との労働者派遣契約に依存していることなどから，不安定になりがちであることは事実である。しかし，上述のとおり派遣労働を通じて長期的なキャリアを形成している者もおり，すべての派遣労働者の雇用が不安定なわけではない。しかし，長期的なキャリア形成を想定した場合に，派遣労働者は派遣先企業での仕事を技能蓄積につながるよう効果的に経験するのが難しくなっていることが問題なのである。

第3に，仕事の自律性と労働時間についてである。派遣労働者は自分の希望に合う派遣先企業の仕事を選んでいるという点で，仕事の選択可能性は高いとされてきた。たしかに，正規労働者と比較して派遣労働者自身が希望する仕事を選択できる可能性は高いが，そうした仕事の選択肢は，派遣元企業が派遣先企業の仕事に関する要件と派遣労働者の技能や経験などをふまえてマッチングの効率性を高めることを重視して提示されたものである。派遣労働者は派遣元企業が用意した仕事の選択肢の中から，自分の希望に合う仕事を選択しているにすぎない。

加えて，派遣労働者が派遣先企業で従事する仕事の裁量は小さい。労働者派遣の仕組み上，派遣労働者は就業先である派遣先企業の指揮命令のもとで仕事を遂行することとされているからである。多くの場合，仕事の順序や遂行方法などは事前に定められているため，派遣先企業からの仕事遂行の創意工夫や改善に関する期待は小さいものとなっている。

　さらに，派遣労働者は正規労働者のように仕事遂行に必要な情報や他者の支援を得られないことが多い。この結果，派遣労働者は派遣先企業において正規労働者と同じ扱いを受けられないことに不満を感じたり所属意識を感じられないでいる。

　他方，派遣労働者の労働時間については，これまで正規労働者よりも柔軟性が高いとされてきた。派遣労働者の労働時間はフルタイム勤務が一般的である。派遣労働者は派遣元企業との労働契約において労働時間が定められているため，派遣先企業において正規労働者のように残業を命じられる頻度が少なく，長時間労働になることも少ない。しかし，残業がない代わりに，派遣労働者は労働契約で定めたとおりの労働時間を就業することを求められるため，自分の判断で労働時間を変更することがかなり難しくなっていた。同じ派遣先企業で就業する限り，フルタイム勤務から短時間勤務に変更することなどは難しく，有給休暇を取得することすら躊躇してしまうことにもなる。

　このように，派遣労働という働き方は，これまでに指摘されてきた問題点とはやや異なる特徴を持つことが明らかになった。たとえば，賃金の上昇可能性が低いことや，賞与や退職金などが支給されず総収入が低くとどまること，雇用の安定性が労働者派遣契約に依存するためにより不安定になること，異なる企業を移動しながら技能を蓄積することが非常に難しいことなどである。また，仕事の自律性や労働時間についても，仕事の裁量や労働時間の裁量は小さいということが明らかになった。派遣労働という働き方は，これまで考えられてきたより複雑な特徴を持っているといえるようである。

(3) 派遣労働者は困難にどのように対処しているか（第3部：第7～9章）

　派遣労働者は，派遣労働の諸側面に見られた複雑な特徴に，どのように対処しているのだろうか。派遣労働者の対処行動を通じて，派遣労働という働き方に内在する問題のすべてを同時に解決することは難しいことを認識するととも

に，よりよい解決に向けた可能性についての手がかりを探った。聞き取り調査の結果，派遣労働者は以下の３つの方策をとっていることが明らかになった。

　第１は，派遣労働の困難を受容するという方策である。派遣労働者が困難を受け入れる要因となるのは，労働者自身の就業志向である。派遣労働者の就業志向は生活志向，技能志向，関心志向という３つに類型化することができ，それぞれの派遣労働者は，自分の就業志向に照らして派遣労働と他の就業形態を比較した場合にジレンマを経験する結果，その困難を受け入れ自分を納得させることで派遣労働を継続していた。

　生活志向の派遣労働者は，仕事と生活の両立を重視して派遣労働者として就業している。生活志向の派遣労働者は，正規労働と比較して，残業時間が少ないことをメリットとみなす一方で，賞与や退職金が少ないことをデメリットとみなしていた。また，有期パートタイム労働と比較して，賃金が高いことをメリットとみなす一方で，労働時間の裁量が小さいことをデメリットとみなしていた。

　技能志向の派遣労働者は，技能や専門性を向上させることを重視して派遣労働者として就業している。技能志向の派遣労働者は，正規労働と比較して，自分の技能や専門性を活かせる仕事の機会を多く経験できることをメリットとみなす一方で，派遣先企業での能力開発機会が少ないことをデメリットとみなしていた。また，有期フルタイム労働と比較して，派遣元企業からの技能や専門性を習得するための教育訓練機会が多いことをメリットとみなす一方で，正規労働に転換する機会が少ないことをデメリットとみなしていた。

　関心志向の派遣労働者は，自分の興味や関心のある仕事に従事することを重視して派遣労働者として就業している。関心志向の派遣労働者は，正規労働と比較して，仕事の責任が重くないことをメリットとみなす一方で，失業のリスクが高く雇用が不安定であることをデメリットとみなしていた。また，他の非正規労働と比較して，新しい就業機会をみつけることが容易であることをメリットとみなす一方で，仕事の裁量が小さいことをデメリットとみなしていた。

　第２は，派遣労働の困難を回避するという方策である。これは，派遣労働から他の就業形態への移行を図ることで困難を解決しようとするものであり，正規労働への転換を通じて就業先の企業に直接雇用される働き方を実現しようとする方策と，フリーランスとしての独立を通じて企業に雇用されない働き方を

実現しようとする方策の2つがある。

　正規労働への転換を図る派遣労働者は，同じ派遣先企業で継続して就業しようとしていた。派遣労働者は同じ派遣先企業の期待を上回る成果を発揮し続けることで，労働契約が更新され雇用が安定することに加えて，より高度な仕事を割り振られることを通じて技能を蓄積し賃金の上昇を図っていたが[1]，いくら同じ派遣先企業に長期間就業しても，仕事の裁量や労働時間の裁量は小さく，同じ企業内で経験できる技能蓄積と賃金上昇の可能性には限界がある。この限界を認識した派遣労働者は，派遣先企業の正規労働者に転換することを希望するようになるが，その実現は難しい。正規労働者への転換の可否を決定するのは派遣先企業であるが，派遣労働者のほうが正規労働者よりも雇用リスクが小さく人件費を低く抑えられることから，派遣労働者を正規労働者に転換させることには消極的である。結果として，派遣労働者は正規労働に転換する希望を叶えられることなく，派遣労働を続けることになる。

　他方で，フリーランスとしての独立を図る派遣労働者は，異なる派遣先企業を移動して就業しようとしていた。複数の派遣元企業に登録して派遣先企業の仕事の紹介可能性を高めることで雇用を安定させるとともに，いずれの派遣先企業でも期待を上回る成果を発揮することで，派遣元企業から同じ仕事でもより賃金の高い仕事を紹介してもらって賃金の上昇を図っていたが，いくら異なる派遣先企業を移動しても，仕事の裁量と労働時間の裁量は小さく，技能蓄積の機会も少ないままであった[2]。この限界を認識した派遣労働者は，フリーランスとして独立することを考えるものの，実際に選択されることはきわめて少ない。フリーランスになることは労働者が自分だけで決定できることであり，実際になれば仕事の裁量と労働時間の裁量を確保できるかもしれないが，その代わりに自ら仕事を探して雇用を安定させたり賃金の上昇を図ることはこれまでよりも困難になる。結果として，派遣労働者はフリーランスになることを断念して派遣労働を続けることになる。

---

[1] 島貫（2010a）や松浦（2014）において，同一派遣先企業での就業期間が長くなる場合に，賃金が上昇する可能性があることが指摘されている。

[2] 清水（2007）は，派遣労働者が派遣先企業で従事する仕事の基幹化度に注目し，同じ派遣先企業に就業し続けるよりも，異なる派遣先企業に移動して就業を続けるほうが，基幹化度が低いことを指摘している。

第3は，派遣労働を継続しながら自らその困難を克服しようとする方策である。派遣労働者は，派遣元企業との長期的な雇用関係を構築しようとする。派遣労働者と派遣元企業の雇用関係は，有期労働契約に基づくことや労働契約の継続が派遣先企業と派遣元企業の労働者派遣契約に依存していること，さらに登録型派遣の場合には派遣労働者が他の派遣元企業の仕事を引き受ける可能性があることなどから，短期的なものになりがちである。しかし，この方策をとる派遣労働者は，同じ派遣元企業から継続的に仕事を引き受けることで，派遣元企業との労働契約を更新し，労働契約それ自体は有期労働契約であるものの，実態として派遣元企業と長期的な雇用関係を構築しようとしていた。派遣元企業と長期的な雇用関係が構築されると，派遣元企業はその派遣労働者に対して，多くの派遣先企業の中から，より技能の蓄積につながるような派遣先企業の仕事を割り振るようになり，結果として賃金の上昇も見られた。

　ただし，派遣労働者にとって，長期的な雇用関係を構築するにふさわしい派遣元企業を探すことは容易ではない。派遣労働の開始当初は複数の派遣元企業に登録して，異なる派遣元企業から仕事を引き受けてみるものの，派遣労働者が仕事を引き受けられる派遣元企業の数は限られる。そのときに，派遣労働者どうしの人的ネットワークが役に立つことがある。派遣労働者は派遣先企業で知り合った派遣労働者とネットワークを構築し，派遣元企業について情報交換し，派遣元企業ごとの仕事や労働条件，賃金設定，営業担当者やコーディネーターの対応などの情報を入手して，自分に合う派遣元企業をより効率的に見極めるとともに，派遣先企業ごとの人材活用の違いや，派遣労働者のキャリア形成上必要な技能や資格などの情報も得ていた。派遣労働者は，派遣元企業との長期的な関係を構築し，さらに派遣労働者との人的ネットワークから情報を得ることで，自らの雇用を安定させ，技能蓄積の機会を増やし，賃金を上昇させる一助としていた。しかし，この方策でも派遣先企業における仕事の裁量や労働時間の裁量の小ささを克服することはできない。

　また，この方策が奏功するためには，派遣元企業と複数の派遣先企業との間にも長期的取引関係と企業間ネットワークが成立していることが条件となる。すなわち，派遣労働者が派遣労働を通じて雇用を安定させ，技能を蓄積し，賃金を上昇させていくには，派遣元企業との長期的雇用関係に加えて，他の派遣労働者との人的ネットワーク，派遣元企業と派遣先企業の長期的取引関係と企

業間ネットワークが重要な役割を果たしているのである。

　このような派遣労働者の対処行動から明らかになることは，前述した派遣労働という働き方の問題点がその就業形態上の要因によって生じており，これを派遣労働者が解決するのは難しいということである。上述のように，派遣労働者が問題点を克服できる可能性として，派遣元企業との長期的雇用関係を構築することが考えられるとはいうものの，現時点ではその効果は限定的である。

(4) 派遣労働の特徴は他の働き方となぜ異なるのか（第4部：第10〜11章）

　派遣労働という働き方には，正規労働や有期パートタイム労働といった他の働き方と比較して，どのような特徴があるだろうか。また，その違いがなぜ生じるのだろうか。聞き取り調査の結果をもとに議論した派遣労働の特徴を，日本の都市圏において事務職の仕事に従事する正規労働者と非正規労働者，派遣労働者を対象とした質問票調査のデータを用いて分析することで，本書の発見事実の妥当性を部分的ではあれ確認することを目指した。

　実施した質問票調査においては，仕事の質を，賃金（毎月の収入），付加給付（賞与制度，退職金・企業年金制度），雇用の安定性（失業リスク），能力開発機会（専門性向上の機会），仕事の自律性（仕事遂行の裁量，意思決定への関与），労働時間（週当たりの労働時間，ワーク・ライフ・バランス）という6つの次元で捉えることを試みた（（　）内は変数名）。

　最初は，就業形態間，すなわち派遣労働と正規労働，非正規労働と正規労働の間で，上記のデータを用いて仕事の質を比較した。派遣労働は正規労働と比較して，労働時間の柔軟性は高いものの，賃金が低く，付加給付が少なく，雇用の安定性が低く，能力開発機会が少なく，仕事の自律性が低い。具体的には，派遣労働は，正規労働よりも，毎月の収入が少なく，賞与制度や退職金・企業年金制度の適用が少なく，失業リスクを高く知覚し，専門性向上の機会も少ないと認識している。仕事遂行の裁量は小さく，職場の意思決定への関与も小さい。ただし，週当たりの労働時間は短く，ワーク・ライフ・バランスを確保できていると知覚している。これらの結果は，従来の研究で主張されている点と共通していた。

　同様に，非正規労働は正規労働と比較して，労働時間の柔軟性は高いものの，賃金が低く，付加給付が少なく，雇用の安定性が低く，能力開発機会が少ない。

より具体的には，非正規労働は，正規労働よりも，毎月の収入が少なく，賞与制度や退職金・企業年金制度の適用が少なく，失業リスクを高く知覚し，専門性向上の機会も少ないと認識している。ただし，週当たりの労働時間は短く，ワーク・ライフ・バランスを確保できていると知覚している。また，仕事の自律性については有意な差が観察されなかった。

このように，本調査で設定した6つの次元については，仕事の自律性を除いて，非正規労働を正規労働と比較した場合の仕事の質に関する特徴が，派遣労働にも共通して確認された。

次に，この就業形態間での比較結果をふまえつつ，異なる点に着目した。本書で繰り返し述べてきたように，派遣労働と他の就業形態とを区別する特徴は，派遣労働者が派遣元企業と雇用関係を持ちながら，派遣先企業の指揮命令のもと就業するという三者雇用関係にある。登録型派遣労働者の多くは，派遣元企業と有期労働契約を結んで，派遣先企業で就業している。このため，派遣労働の仕事の質の背景を検討するには，それが派遣労働者と派遣元企業との間の有期労働契約にあるのか，それとも派遣労働者と派遣元企業，派遣先企業の三者雇用関係にあるのかを識別する必要があると考えられた。そこで第10章に用いたのと同じ質問票調査のデータを使って，正規労働者，非正規労働者，派遣労働者の3つの就業形態を，労働契約と雇用関係の2つの観点に分類して再検討した。すなわち，労働契約については無期労働契約と有期労働契約に，雇用関係については二者雇用関係と三者雇用関係に分けて，仕事の質に与える影響を検討した。

分析の結果，労働契約の観点からは，有期労働契約は無期労働契約よりも仕事の質が総じて劣っていたが，仕事の質の一部に差が見られないものがあった。有期労働契約は無期労働契約よりも，労働時間の柔軟性は高いが，賃金は低く，付加給付は少なく，雇用の安定性も低く，能力開発機会が少なかった。ただ，仕事の自律性については，有期労働契約と無期労働契約の間に差はなかった。

一方，雇用関係の観点からも，三者雇用関係は二者雇用関係と比べて，仕事の質が総じて劣っていた。しかし，仕事の質の一部に差が見られないものがあり，それが上記の無期労働契約と有期労働契約を比較した結果と異なっていた。三者雇用関係は二者雇用関係よりも付加給付は少なく，雇用の安定性が低く，能力開発機会が少なく，仕事の自律性も低かった。ところが，賃金と労働時間

については，三者雇用関係と二者雇用関係との間に差がなかった。

　この結果から，派遣労働の仕事が正規労働の仕事と比較して優劣が生じる要因には，有期労働契約かそれとも無期労働契約かという労働契約に関連するものと，三者雇用関係かそれとも二者雇用関係かという雇用関係に関連するものの双方があることが示唆される。すなわち，正規労働と比較した場合の派遣労働の付加給付の少なさや雇用の安定性の低さ，能力開発機会の少なさは有期労働契約と三者雇用関係の両方から生じており，賃金の低さや労働時間の柔軟性の高さは有期労働契約から，さらに仕事の自律性の低さは三者雇用関係から生じている可能性があるのである。そして，派遣労働という働き方の最たる特徴である三者雇用関係は，労働時間の柔軟性を高めることもない一方で，付加給付を少なく，雇用の安定性を低く，能力開発機会を少なく，仕事の自律性を低くするという点で，仕事の質を低くしてしまう可能性が高いことが示唆された。

2　理論的解釈

(1)　自営と雇用の2つの要素を持つ働き方

　前節にまとめた本書での議論をふまえて，派遣労働とはどのような働き方であるかということを，自営と雇用という観点から考えてみたい。そもそも派遣労働者は，派遣先企業にとって自社との雇用関係がない点で外部労働市場にいる労働者とみなすことができる。企業に雇用されない労働者を外部労働市場の労働者とするならば，その代表例はフリーランスであろう。

　フリーランスの特徴は「自営」，すなわち労働者が自分の働き方を自分自身で管理することである。フリーランスの働き方の現実は複雑なものであるが（村田，2004；山田，2007；Osnowitz, 2010），1つの理念型として捉えるならば，以下のように表すことができるであろう。フリーランスとして働く労働者は，自ら委託元企業と仕事内容を契約して，その仕事について自ら遂行方法や労働時間を調整し，その仕事に応じた報酬を受け取っている。また，そうした就業機会を確保するうえで，自らの教育訓練投資によって自分が必要と考える技能や専門性を蓄積している。これを企業から見れば，短期の業務委託契約を締結して，フリーランスとして働く労働者の持つ技能や専門性を活用し，労働市場

における価値に基づいた報酬を支払っていることになる（周，2006）。

　派遣労働においても同様に，派遣先企業は派遣元企業との間で短期の労働者派遣契約を締結して，労働市場における価値に基づいた派遣料金を設定し，派遣労働者の技能や専門性を活用しようとしている。そして派遣労働者は，派遣先企業において仕事に従事し，その労働サービスの提供に対して賃金を得ている。

　しかし，派遣労働者の働き方は，フリーランスと同じにはならない。なぜなら，派遣労働者は派遣元企業に雇用されているために，フリーランスのように自分の働き方をすべて自己管理するわけではないからである。派遣労働者は，派遣元企業からの紹介を通じて就業しており，その仕事内容に応じた賃金を得て，その仕事に必要な技能を習得するために必要な教育訓練機会を得ることもある。これを派遣元企業から見れば，派遣労働者に対して派遣先企業の仕事を紹介して就業機会を提供したり，教育訓練を提供して多くの派遣先企業で活用できる技能を習得させていることになる。これらは「雇用」の特徴といえるものであり，派遣労働者の働き方は，派遣元企業との間に雇用関係があることによって，外部労働市場で働くフリーランスの働き方よりも内部労働市場の要素を多く持つことになる。

　内部労働市場の要素とは何であろうか。内部労働市場で働く労働者の典型例として，正規労働者を想定しよう。企業は内部労働市場を活用することによって，正規労働者に長期的な雇用を保障し，企業内のOJTを中心とする人材育成を通じて当該企業の仕事遂行に必要な技能を蓄積させ，技能の伸長を基準とする評価や処遇を行い（守島，2004），さらに仕事の遂行方法や労働時間についても管理している。正規労働者の働き方の現実もまたフリーランスと同様に複雑なものであるが（石田，2003；小倉，2013；高橋，2013；山本・黒田，2014），1つの理念型として捉えるならば，以下のように表すことができる。正規労働者は，企業に長期に雇用され，企業により提供される仕事経験や教育訓練を通じて当該企業が必要とする技能を習得し，それに応じて賃金が上昇していく（小池，2005）。正規労働者の働き方は，企業による指揮命令や管理に基づくものになり，労働者が自ら決定するものにはならない。すなわち，内部労働市場における正規労働者の働き方の特徴は「雇用」であり，それは企業による管理という側面に現れるのである。

派遣労働においても同様に，派遣労働者は，自分の仕事の遂行方法や労働時間を派遣先企業の指揮命令や管理のもとで行っていくことになる。しかし，派遣労働者の働き方は，正規労働者と同じにはならない。なぜなら，派遣労働者は，派遣先企業によって雇用されていないために，正規労働者ほどには自分の働き方を企業から管理されるわけではないからである。派遣労働者は，正規労働者のようには企業による雇用保障や能力開発機会を与えられないことから，自ら就業機会を確保したり，能力開発機会をみつけたりして，自分で働き方を管理しなければならない。これらは「自営」の特徴ともいえるものであり，派遣労働者の働き方は，派遣先企業との間に雇用関係がないことによって，内部労働市場で働く正規労働者の働き方よりも外部労働市場の要素をより多く持つことになる。

　このように見てくると，派遣労働者の働き方は，フリーランスのように外部労働市場の特徴のすべてを反映したものにはならないし，逆に正規労働者のように，当該企業の内部労働市場の特徴のすべてを反映したものにもならない。派遣労働者の働き方は，自営と雇用の両方の一部の要素を含むものとみなせるのである。

　派遣労働という働き方が自営と雇用という両方の要素を持つ中間形態であることは，どのような意味を持っているだろうか。それは，派遣労働者が働く市場が，フリーランスのような外部労働市場でもなく，他方で正規労働者のような内部労働市場でもない，中間労働市場であるということであろう。中間労働市場とは，企業間関係に基づく労働市場（伊丹・松永，1985）を意味する。派遣労働者は，派遣元企業と派遣先企業の企業間関係で構成された労働市場のもとで，派遣先企業において短期的な就業を繰り返しながら，時には異なる派遣先企業を移動することによって，結果として長期的な雇用機会を確保したりする。この場合，派遣労働者は，広く派遣先企業で活用する技能を身に付けて，それを発揮しながらキャリアを形成していく。さらに，派遣労働者の賃金はこうした派遣元企業と派遣先企業の企業間関係において設定されるものとなる。

(2)　派遣労働者にとっての市場と組織，ネットワーク
　上述のような自営と雇用という観点から捉えた派遣労働者の働き方を，さらに発展させて，市場と組織，ネットワークという観点から考察しよう。Powell

(1990) は，市場 (market) と組織 (hierarchy) の中間形態として，ネットワーク (network) を位置づけている。Powell によれば，市場では契約を通じた需給に基づく取引が行われ，他方で組織では雇用関係を通じた権限に基づく調整が行われる。これに対して，市場と組織の中間形態であるネットワークでは，互恵性や相互利益，評判に基づいて緩やかに連結して交換が行われるとされる。そして，このネットワークが機能するためには，交換の繰り返しによる当事者間の信頼関係の構築が重要となることが主張されている。

この考え方を適用すれば，派遣労働者が市場と組織の間，すなわちネットワークの中で働く労働者であると解釈できよう。フリーランスのように市場において企業と短期の業務委託契約を結んで就業するのでもなく，他方で正規労働者のように企業と長期的な労働契約を結んで就業するのでもなく，派遣労働者は市場と組織の間隙に置かれ，派遣労働者と派遣元企業，派遣先企業の三者から構成されるネットワークによって就業していることになる。

その三者関係のネットワークの中で，派遣労働者にとって最も重要なものは，派遣元企業との雇用関係であろう。本書で見てきたように，派遣労働者がそのキャリアを通じて雇用を安定させ，技能を蓄積し，賃金を上昇させていくには，派遣元企業との長期的雇用関係を構築することが必要であった。そもそも派遣労働者と派遣元企業との雇用関係は有期労働契約に基づくため短期的なものであるが，派遣労働者が多くの派遣元企業から特定の派遣元企業を見いだし，その派遣元企業の仕事を継続的に引き受け，成果を発揮していくことで，派遣元企業の信頼を形成していく。派遣元企業もまた派遣労働者の仕事成果に対して，賃金を上昇させたり，技能蓄積の機会を提供したりしていくことによって，派遣労働者からの信頼を得て，多くの派遣元企業がしのぎを削る労働者派遣市場で生き残っていこうとする。派遣労働者と派遣元企業の長期的雇用関係とは，こうした相互の信頼に基づく互恵的な関係であるとみなせよう。

派遣労働者と派遣元企業の長期的雇用関係の構築には，派遣労働者の人的ネットワークが重要な役割を果たしていた。この人的ネットワークの役割の1つが，長期的雇用関係を構築するのにふさわしい派遣元企業を探すための情報獲得経路であった。人的ネットワークを通じた情報獲得経路の有効性は，これまでも転職研究などを中心に議論されてきた（渡辺，1991, 1992）。その代表的な研究である Granovetter (1973, 1974) は，転職活動での情報の獲得経路に関して

「弱い紐帯」(weak ties)の重要性を指摘している。Granovetterは人々のネットワークを紐帯（ties）と呼び，労働者が転職する際に有効な情報は，家族や会社の同僚などの日常的に接する機会の多い「強い紐帯」で結ばれている人々よりも，むしろ学生時代の友人などのように稀にしか会わない「弱い紐帯」で結ばれている人々から得られる可能性が高いという。それは，いつも会っている人々とはすでに知られている情報を共有する傾向があるのに対して，たまに会う人々からは新しい情報を入手できるからである。

　これらの紐帯に関わる考え方を応用してみても，派遣労働者の人的ネットワークは，派遣労働者が自分に合う派遣元企業をみつけるうえで有効な情報を獲得する経路になりうると考えられるであろう。派遣労働者は同じ派遣先企業での就業などを契機として他の派遣労働者と知り合いになるが，派遣労働者は新しい出会いと別れを短期的に繰り返しながらそれぞれ別の派遣先企業で就業していることから，派遣労働者は基本的に弱い紐帯で結ばれていると考えられる。こうした派遣労働者どうしが，就業先の派遣先企業が変わっても，たまに会って情報交換をしたりしている。もっとも，派遣労働者の場合は，派遣元企業に就職するのではないため，転職活動と同じ枠組みでは捉えられないかもしれない。しかし，派遣元企業が派遣労働者に対して派遣先企業の仕事を紹介していることをふまえれば，派遣労働者による派遣元企業の選定やそのための派遣元企業に関する情報の獲得は，実質的に転職活動における情報獲得と同じ意味を持つと考えられる。

　そして，他の派遣労働者との人的ネットワークは，必ずしもGranovetterが主張する弱い紐帯の機能にとどまらない。同じ派遣先企業で就業する派遣労働者とのつながりが強い紐帯としての役割を果たすこともあるのである。派遣労働者は，同じ派遣先企業で就業するうえで，その派遣先企業の仕事や職場に関する情報を他の派遣労働者から得ている。派遣労働者が日常的に会う他の派遣労働者との情報交換や情報共有は，同じ派遣先企業における派遣労働者どうしの結束すなわち凝集性を高めることにつながる。このように，派遣労働者が派遣就業を通じて出会う派遣労働者との人的ネットワークには，自分に合う派遣元企業をみつけるための情報入手経路としての弱い紐帯の機能と，同じ派遣先企業の内部で派遣労働者どうしの結束を高めていく強い紐帯の両方の側面があると考えられるのである。

派遣労働者の人的ネットワークの役割は，さらに，Van Maanen and Barley (1984) が提示した職業コミュニティ (occupational community) の考え方に照らした解釈もできそうである。Van Maanen and Barley によれば，職業コミュニティとは，同じ仕事や職業に従事している人々の集まりであり，そこに所属している人々の例として，医師や弁護士，会計士，技術者などがあげられている。彼・彼女らにとって，仕事や職業は単なる生計を立てる手段にとどまらず，自らのアイデンティティを確立するうえでも重要な手段となっている。彼らは同じ仕事に携わる人々を準拠集団とみなす傾向が強いが，そのアイデンティティの基礎となり，また相互の理解や評価の基準となっているのが，同じ仕事を遂行するうえで必要な共通の技能や専門性である。そうであるからこそ，職業コミュニティは，多くの場合，自ら仕事を探したり技能を高めたりするうえで必要な情報を得られる人的ネットワークになり，さらにいえば企業組織の代替的な機能をも果たすのである。

　こうした職業コミュニティの特徴を，派遣労働者のネットワークにも見いだすことができるのではないだろうか。派遣労働者のネットワークは，職業コミュニティと同様に，派遣労働者としての職種や仕事を基盤として構成されている。派遣労働者は，派遣先企業においてその一員であるというアイデンティティを感じることが難しいが，派遣労働者のネットワークに加わることで，派遣先企業に代わる所属意識を感じることができるようになる。また，派遣労働者のネットワークを通じて得られる情報が，就業中の派遣先企業の仕事や職場に関するものだけでなく，派遣元企業の労働条件や処遇，営業担当者やコーディネーターなどの対応に関するものや，他の派遣先企業における人材活用に関するもの，派遣労働者として長期的なキャリアを形成していくための技能や専門性などに関するものであるという点も，職業コミュニティと共通している。派遣労働者にとって，派遣労働者の人的ネットワークは，派遣元企業や派遣先企業という三者関係の枠組みを越えて，派遣労働者として働くうえで重要な役割を果たしているのである。

　なお，派遣元企業と派遣先企業の企業間関係についても，ネットワークとしての解釈が可能であろう。企業間ネットワークにおける信頼は，市場や企業間の取引のコストを低下させ，コミュニケーションを活性化して取引関係を安定・促進させる機能を持っている (Uzzi, 1997)。本書においても，派遣元企業

と派遣先企業との間に長期的取引関係が構築されている場合，派遣元企業が当該派遣先企業のための教育訓練を整備したり，派遣先企業においても派遣労働者により高度な仕事を割り振ったりするなど，派遣元企業と派遣先企業が協働して派遣労働者を有効活用している例が見られた。

　このように見てくると，派遣労働という働き方は，市場と組織の間隙で働くことを意味しており，派遣労働者には，派遣元企業と相互の信頼に基づいた雇用関係を構築していくことが求められる。そして，その両者の雇用関係が効果を発揮するには，派遣労働者の人的ネットワークや，派遣元企業と派遣先企業の企業間ネットワークが補完的な役割を果たしうる。派遣労働という働き方においては，これらのネットワークが重要であることが示唆されるのである。

3　派遣労働のこれから

(1)　派遣労働についての2つのアプローチ

　今後の派遣労働には，どのような働き方であることが望まれるのだろうか。本書の発見事実をふまえて，派遣労働という働き方のあり方についての試論を提示しよう。

　現在，派遣労働については，労働時間の柔軟性が高いものの，他方で雇用の安定性や賃金が低く，能力開発機会が少ないという問題点が指摘されてきた。これらの指摘は，必ずしも間違ってはいないが，本書の分析をふまえてより丁寧に述べるとすると，派遣労働には賃金の上昇可能性や仕事を通じた技能蓄積機会，継続的な就業機会の確保などの点で問題があることが明らかになったわけである。そこで，今後の派遣労働のあり方についての1つの方向性は，それを日本の主要な働き方である正規労働の特徴に近づけていくことであろう。正規労働については，長時間労働の問題が指摘されているなど（山本・黒田，2014），労働者にとってすべてが望ましい状態にあるとは必ずしもいえないが，他の働き方と比較して，雇用が安定し，賃金水準が高く，能力開発機会に恵まれていることもまた指摘されている（鶴・樋口・水町，2011）。

　派遣労働を正規労働に近づけるという考え方は，これらの雇用の安定性や賃金，能力開発機会などの問題を改善し，派遣労働においても，雇用が安定し，

賃金が上昇するようにし，能力開発機会が提供されるようにしていくということであり，また，それが難しいのであれば派遣労働を正規労働に移行させていくことを意味する。改正労働者派遣法が，派遣労働者個人の派遣先企業の同一組織単位の就業期間について3年を上限としたことや，3年を超える派遣労働者に対する雇用安定措置，派遣元企業に対する教育訓練やキャリアアップ支援の責任等を定めたことは，派遣労働が抱える問題点を改善しながら，より望ましい働き方である正規労働に移行させていこうとしているものとみなせる。こうしたアプローチは，より現実的なものとして妥当な方策といえるであろう。

しかしながら，このようにして派遣労働を正規労働に近い働き方に改善していこうとすることは，派遣労働の問題点が改善されることが期待される一方で，派遣労働を正規労働に準じた働き方，いわば正規労働のセカンドクラスとしての働き方に位置づけてしまう可能性があることに留意する必要がある。これらの取り組みによって雇用の安定性や賃金，能力開発機会などが現状より改善されたとしても，派遣労働は，正規労働には及ばない働き方にとどまってしまうということである。

そこで，本書では，派遣労働という働き方について，これとは異なる方向性を提示したい。それは，派遣労働を正規労働に準じた働き方にせず，また有期パートタイム労働や有期フルタイム労働など他の非正規労働とも異なる働き方に変えていくということである。これはすなわち，派遣労働という働き方を，労働者にとって望ましい独自の特徴を持つ働き方に変えていくことを意味する。具体的には，これまで派遣労働の問題点の背景と考えられる派遣労働者と派遣元企業，派遣先企業の三者関係という特徴を，利点に変えていくのである。たとえば，以下のようなことが考えられる。

第1は，派遣労働を，多様な働き方の中で，最も労働時間の柔軟性が高い働き方にすることである。それも，有期パートタイム労働など他の非正規労働のように，有期労働契約を結ぶことによって労働時間の柔軟性を確保するのではない。派遣元企業が派遣先企業の中から，労働者が希望する労働期間や労働日数，労働時間に合った仕事を提供することによって，労働者のキャリアを通じてさまざまな労働時間の柔軟性を確保することを目指すのである。たとえば，労働者が長期的なキャリア形成において，就業する期間と就業しない期間を繰り返したり，フルタイム勤務とパートタイム勤務を変更したりするなど，労働

者が希望する労働期間や日数,時間を実現できるようにする。このように労働期間や日数,時間の変更が可能な働き方は,企業に直接雇用される正規労働者や他の非正規労働者には難しいであろう。1つの企業内でさまざまな労働期間や日数,時間で働く従業員を管理することは非常に手間のかかることであり,他の従業員との間で労働期間や日数,時間を調整したり,代わりとなる従業員を社内外から探すことなども考慮すると,企業が単独で労働者1人ひとりの労働期間や日数,時間についての希望に柔軟に対応することは難しいからである。これに対して,派遣労働の場合には,派遣元企業が複数の派遣先企業との取引関係を有することから,労働者が希望する労働期間や日数,時間に就業できる機会をより柔軟に提供できる可能性がある。

第2は,多様な働き方の中で,最も雇用が安定する働き方にすることである。しかし,正規労働のように無期労働契約によって雇用を安定させるのではない。派遣元企業が労働者に異なる企業での就業機会を継続的に提供することで,雇用を安定させることを目指すのである。たとえば,労働者が事業の縮小や閉鎖などの事情によって失業しそうになった場合に,派遣元企業が取引先である別の派遣先企業の中から就業機会を提供することによって,労働者は雇用を安定させることができる。このように,ある1社との労働契約に依存せずに雇用の安定性を図ることは,企業に直接雇用される正規労働者や他の非正規労働者には難しいであろう。1つの企業内の限られた仕事を通じて従業員の雇用を維持することは,そもそも容易なことではない。昨今のように経営環境の不確実性が高まる中,事業の再編や,場合によっては事業の縮小すらも必要となる可能性をふまえると,企業が単独ですべての従業員の雇用を維持していくことは今後いっそう難しくなると考えられる。これに対して,派遣労働の場合には,派遣元企業が複数の派遣先企業との取引関係を有することから,労働者が就業先を変えながら実質的に雇用を安定させられる機会を,より多く提供できるであろう。

第3は,多様な働き方の中で,最も労働市場で広く活用できる技能や専門性を蓄積できる働き方にすることである。これは,フリーランスのように労働者が自分自身で教育訓練に投資し,技能や専門性を身に付けていくのとは異なる。派遣元企業が労働者に異なる派遣先企業での能力開発機会を提供しながら,労働者の技能蓄積や専門性の向上を目指すのである。たとえば,ある派遣先企業

の仕事を経験して技能を身に付けたら，他の派遣先企業に移動してそれを活かしつつ，また新たな仕事を通じて技能を蓄積していくといった働き方である。こうした異なる企業での就業を通じた技能や専門性の蓄積は，企業に直接雇用される正規労働者や他の非正規労働者，あるいはフリーランスには難しいであろう。1つの企業内の教育訓練を通じて労働市場で広く活かせる技能や専門性を習得する機会を得られることに過度な期待はできないであろうし，他方でフリーランスのように技能蓄積の費用をすべて自分で負担することは難しいからである。これに対して，派遣労働の場合には，派遣元企業が複数の派遣先企業との取引関係を有することから，労働者が異なる派遣先企業の仕事を経験しながら労働市場で通用する技能や専門性を，企業と労働者の双方の負担で蓄積していくことが可能になるであろう。

　これら3つの働き方の例は，派遣労働という働き方が目指すべき特徴のすべてを示したものではないが，そこに共通するのは，派遣労働という働き方を，就業形態上の特徴を活かして，正規労働や他の非正規労働，フリーランスなどの他の働き方にはない，独自の価値を労働者に提供できる働き方に変えていくという考え方である。

　もっとも，このような考え方自体はそれほど新しいものではない。たとえば，佐藤（2010）は，派遣元企業を中心とする人材ビジネス企業の社会的機能として，①労働市場における需給調整機能と，②労働者に対するキャリア形成支援機能という2つを提示している。前者の労働市場における需給調整機能とは，労働者を活用するユーザー企業に対して，労働者と雇用関係を結ばずに，当該企業が人材活用を必要とするときに，必要な期間だけ，必要な労働サービスを確保することができるようにすることであり，ユーザー企業に対して直接雇用を代替する労働需要の充足を提供するとしている。人材ビジネスは，募集・採用管理や，社会・労働保険の手続き，教育訓練，雇用調整などの人材活用業務を代替するだけでなく，ユーザー企業の労働サービス需要の増減に対して迅速に対応できる充足方法を提供する点で，数量的柔軟性を高めることに貢献するとしている。一方，後者の労働者に対するキャリア形成支援機能とは，特定のユーザー企業に限定されずに企業を越えたキャリア形成の機会を労働者に提供することである。企業に直接雇用された労働者のキャリア形成は，その範囲が当該企業内に限定されるため，当該企業の事業内容や盛衰にキャリア形成の範

囲や質が左右されることになる。これに対して人材ビジネス企業に雇用されて就業する者に対しては，特定のユーザー企業内でのキャリア形成のみならず，特定のユーザー企業を越えた複数のユーザー企業にわたるキャリア形成機会の提供が可能であると述べている。

　佐藤（2010）の主張は，派遣労働という働き方においては，派遣元企業（人材ビジネス企業）に雇用され複数の企業に就業機会が広がることによって，労働者が希望に合う仕事内容や労働条件をより選べるようになるという，労働者の仕事選択可能性を重視するものであるが，本書が提示する方向性は，派遣元企業が複数の派遣先企業と取引関係を持つという特性を活かして，多様な働き方の中で派遣労働を通じてしか実現できない独自の価値を提供できると主張するものである。もっともこの考え方は，派遣労働が仕事の質のさまざまな側面のすべてにおいて他の働き方より優れているということにはならないことをも意味している。ただし，派遣労働に限らず，正規労働や他の非正規労働，フリーランスなどの働き方は，それぞれ就業形態上の特徴が異なることから，そもそも働き方が同じ特徴を持つことにはならない。就業形態が異なれば，働き方に違いが生じるのは当然のことであり，労働者にとって最低限確保すべき水準を維持しつつも，賃金や付加給付，雇用の安定性，能力開発機会，仕事の自律性，労働時間などの諸側面において，それぞれの働き方に優劣があるというのが多様な働き方があるという状態であるといえよう。

(2) 派遣労働という働き方を変革するために何が必要か

　派遣労働を上記のような働き方に変革していくことは容易なことではない。しかしながら，本書の発見事実をふまえれば，少なくとも2つの条件が必要になることが明らかである。

　1つは，派遣労働者と派遣元企業の長期的雇用関係の構築である。派遣元企業が派遣労働者に対して，希望する労働期間や日数，時間に合うような仕事を提供したり，雇用が安定するように仕事を継続的に提供したり，さらに労働市場で広く通用する技能や専門性を蓄積できるような仕事経験や教育訓練を提供するようになるには，派遣労働者と派遣元企業の雇用関係を長期的なものに変えていなければならない。もう1つは，派遣元企業と派遣先企業の長期的取引関係である。派遣元企業が派遣労働者と長期的雇用関係を構築して，労働者の

キャリア形成に必要な仕事を提供しようとしても，派遣先企業との取引関係が短期的なままでは難しいであろう。派遣元企業と派遣先企業の取引関係を長期的なものに変えていかなければならない。

このような派遣労働者と派遣元企業との長期的雇用関係と，派遣元企業と派遣先企業の長期的取引関係の双方が成立するには，どのような条件が必要になるだろうか。

第1に必要になるのは，派遣労働者自身の意識と行動の変革であろう。そもそも派遣労働者は派遣元企業と有期労働契約を結んでおり短期的な雇用関係にある。これを長期的な雇用関係に変えていくには，派遣労働者の側からの取り組みが必要となる。たとえば，本書で見てきたように，派遣労働者は，派遣元企業を頻繁に変えずに，長期的雇用関係を結ぶのにふさわしいと考える派遣元企業をみつけて，当該派遣元企業から紹介される仕事を継続的に引き受けていくことによって，労働契約上は短期的な雇用関係を，実質的に長期的な雇用関係にしていくといった行動を求められるであろう。また，長期的雇用関係を結ぶ派遣元企業を見いだすために，他の派遣労働者との人的ネットワークを構築し，派遣労働者として働くうえで必要となる情報を収集していくことも必要であろう。さらには，派遣元企業が派遣労働者のキャリアを考慮に入れて仕事を提供するようになるには，派遣労働者自身が自らのキャリアを考えて，それを実現するために派遣元企業に働きかけたり，派遣先企業において期待水準以上の質の高い労働サービスを提供することも必要となろう。長期的雇用関係を構築するための第一歩は，派遣労働者の意識と行動である。

第2に必要になるのは，派遣元企業の意識と行動の変革であろう。派遣労働者との雇用関係が短期的である背景には，派遣元企業と派遣先企業が締結する労働者派遣契約が短期的な関係になっていることがある。これを長期的な取引関係に変えていくには，派遣元企業の取り組みが必要となる。たとえば，本書で見たように，派遣先企業が必要とする労働サービスを提供するために，派遣労働者の技能や専門性を向上するための教育訓練を提供したり，派遣労働者が派遣先企業において意欲を持って就業できるように評価制度や賃金制度を整備することも必要になろう。また，派遣元企業から派遣先企業に働きかけて，派遣先企業での派遣労働者の有効活用を促したりすることも求められよう。これらの取り組みは，個々の派遣元企業の意識と行動によって実現可能である[3]。

もっとも，それぞれの派遣元企業がこれらの取り組みを行うとなれば費用が高くつくから，それをより実現可能なものとするには，派遣元企業どうしが協力して派遣労働者の技能や専門性を向上させるための基礎的な教育訓練を行ったり，派遣労働者の技能や専門性の評価基準を揃えて，それを活かせる仕事に配置できるようにするなどの取り組みが必要となるだろう[4]。

　第3に，派遣労働者を活用する派遣先企業の意識と行動についても変革が求められよう。これまで派遣先企業の多くは，労働需要の変化に合わせた労働力の確保や，人件費の削減，雇用リスクの回避などを目的として派遣労働者を活用してきたが，これからは派遣元企業と長期的取引関係を構築して，派遣労働者の有効活用を図ることが必要となろう。たとえば，本書でも見てきたように，派遣元企業と長期的取引関係を結ぶことによって，派遣労働者の他の派遣先企業での評価情報を共有したり，派遣労働者が前の派遣先企業で蓄積した技能をより活かしたり，さらには他の派遣先企業に移りうることを前提にしても，能力の高い派遣労働者には，より技能を向上できる機会を提供することなどが必要となろう。派遣労働者の技能や専門性を，短期的な自社の業務のみに活用するのではなく，派遣元企業を介して，他の派遣先企業と共同で活用していくということである。

　いうまでもなく，こうした派遣元企業と派遣先企業の取り組みにはフリーライダーが発生する可能性は否定できない。従来どおり派遣先企業は派遣元企業と労働者派遣契約を通じて短期的な関係を構築し，派遣元企業は派遣労働者と有期労働契約を結んで短期的な雇用関係を構築することも可能であろう。しかしながら，そのような取り組みを続けている限り，派遣労働は正規労働よりも仕事の質が劣るセカンドクラスの働き方にとどまるであろうし，さまざまな法改正が行われる中でそれへの対応を逐一求められていくことになるだろう。派

3） Smith and Neuwirth（2008）は，米国のIT産業における労働者派遣産業を例として，派遣元企業の中には，派遣労働者の能力開発や技能蓄積に積極的に取り組むことによって，有能で意欲が高く，時には派遣先企業が雇用する労働者よりも好ましい派遣労働者を育成していることを指摘している。

4） 小野（2016）は，派遣労働者のキャリア形成には，派遣元企業が職種ごとに業務難易度と技能水準，賃金を設定したキャリア・ラダーを作成する必要があることを指摘したうえで，派遣元企業による教育訓練の整備や異なる派遣先企業を移動させるジョブ・ローテーションを実施していくために，派遣元企業どうしが提携するなどして，業界共通のキャリア・ラダーを策定することを提唱している。

遣労働に対する社会的評価は今なお厳しいものがある。派遣労働を正規労働に準じる働き方のままにしておき批判の対象となっている中で，派遣労働者は派遣就業を続け，派遣元企業と派遣先企業は人材派遣ビジネスを展開し続けるのか，それとも多様な働き方の中で派遣労働を他の働き方にはない独自の価値を持つ働き方に変えていくのかは，派遣労働に関わる派遣労働者と派遣元企業，派遣先企業の当事者の意思にかかっているといえるのである。

4　今後の検討課題

　本書は，日本の派遣労働という働き方について，事務職に従事する登録型派遣労働者を対象とした調査をもとに検討してきた。派遣労働という働き方を理解するには，まだ検討すべき課題が多く残されていることはいうまでもない。今後の研究課題をいくつか提示しておきたい。

　第1に，派遣労働に関するより包括的な検討が必要である。本書においては仕事の質という観点から，派遣労働の多様な側面を検討してきたが，それでも労使関係や社会保障などについての検討は不十分である。たとえば，派遣労働者の健康保険については，断続的な就業によって，かつては就業期間中には健康保険組合に加入し，就業しない期間は国民健康保険の適用となるなど適用漏れが生じる恐れがあったが，その後人材派遣健康保険組合が設立されたことによって同組合が一元的に適用を継続することになった（島崎, 2015）。こうした社会保障などに関する問題が派遣労働者の働き方を左右することは明らかであり，今後はこれらを含めた検討が必要であろう。

　第2に，日本の派遣労働について，事務職以外の他職種や，登録型以外の常用型派遣との比較を通じた検討が必要である。本書においては，事務職の登録型派遣労働者に焦点を当てて検討したが，たとえば，同じ登録型派遣でも技術職や生産現場に従事する派遣労働者では働き方が異なるであろうし（島貫, 2014c），同じ事務職であっても登録型派遣と常用型派遣の仕事の質は異なるであろう[5]。日本においては，登録型派遣の事務職と，常用型派遣の技術職とい

　5）　本書の対象である事務職の派遣労働者は女性が中心となっていることから，派遣労働という視点以外にも，事務職や女性の労働といった観点からの研究とも関連するだろう。

う対比のもとで研究が蓄積されてきたが（佐藤・佐野・堀田，2010；佐藤・大木，2014），派遣労働の中での多様性をより考慮に入れた検討が必要であろう。

第3に，派遣労働についての国際比較を通じた検討が必要である。派遣労働に関する研究は欧米にも蓄積されてきており（Feldman, Doerpinghaus and Turnley, 1995；Henson, 1996；Nollen, 1996；Rogers, 2000；Vosko, 2000；Houseman and Polivka, 2000；Forde and Slater, 2005；Smith and Neuwirth 2008；Mitlacher, 2007, 2008；Hatton, 2011；Kalleberg, Nesheim and Olsen, 2015），諸外国の比較を通じて日本の派遣労働の特徴がより明らかとなるだろう。派遣労働の三者雇用関係という特徴は，欧米諸国と日本に共通しているが，他方で労働契約期間のような労働契約の特徴は，各国の労働法制や労働市場，雇用慣行，雇用や労働に関する社会的規範によって異なる。たとえば，正規労働の労働契約期間は，米国では随意雇用原則のもと企業による解雇が可能だが，日本やドイツでは無期労働契約が一般的で解雇はきわめて難しいことから，それぞれの国における派遣労働の特徴も異なると推測される（藤川，1998；仲野，2000；Houseman and Osawa, 2003；Mitlacher, 2007, 2008）。こうした国際比較研究においても，本書で検討したような就業形態の特徴を労働契約と雇用関係に区別した枠組みは有効であろう。

第4に，企業経営にとっての労働者派遣の機能やその効果についての検討が必要である。すなわち，派遣先企業にとって，労働者派遣を活用することの効果や問題点を検討することである。企業による労働者派遣の活用については，日本でも研究が蓄積されつつあるが（佐藤・佐野・堀田，2010；佐藤・大木，2014），企業内の多様な就業形態の組み合わせに関する理論的な整理（Atkinson, 1984, 1985；Feldman, Doerpinghaus and Turnley, 1994；Cappelli, 1995；Kalleberg, 2001；Lepak and Snell, 1999, 2002）や，実証研究（Mangum, Mayall and Nelson, 1985；Davis-Blake and Uzzi, 1993；Houseman, 2001；Cappelli and Keller, 2013a）をふまえて，派遣先企業による労働者派遣の活用の実態とそれが当該企業組織や従業員に与える影響についても検討していくことが必要であろう。

第5に，派遣元企業が労働市場において果たしている役割や機能についての検討が必要である。欧米の研究蓄積（Houseman, Kalleberg and Erickcek, 2001；

事務職に関する研究には浅海（2001, 2006）などが，女性の労働やキャリア形成に関する研究には木本（2003），桜井（2001），武石（2006），水野（2006）などがある。

Barley and Kunda, 2004；Purcell, Purcell and Tailby, 2004；Autor and Houseman, 2006, 2010) に比べて，日本における派遣元企業の研究はごくわずかにとどまる（木村，2010a, 2010b；阿部・小林，2010）。派遣労働という働き方のさらなる考察には，派遣先企業に加えて，派遣元企業に関する理解が必須であろう。

　さらに，第6に，労働者派遣法に関する政策効果についての検討が必要である。派遣労働という働き方をよりよいものにしていくには，労働者派遣法のあり方についての検討が欠かせない（神林・水町，2014；小林，2014）。

　本書は，日本において就業形態の多様化が進む中，派遣労働というある1つの働き方の特徴を捉えるためのいくつかの視点と，それを通じたわずかな発見事実を示したものにすぎない。本書の試みは，今後労働者にとっての多様な働き方の意義を考えていくための出発点と位置づけられるものである。

参考文献一覧

邦文文献

浅海典子（2001）「情報通信機器営業現場における課業編成——『女性事務労働は定型・補助』通説の検証」『日本労働研究雑誌』第498号，87-98頁．

浅海典子（2006）『女性事務職のキャリア拡大と職場組織』日本経済評論社．

阿部正浩（2001）「派遣社員が増える理由——女性一般職と派遣労働者，情報化の関係から」脇坂明・冨田安信編『大卒女性の働き方——女性が仕事をつづけるとき，やめるとき』日本労働研究機構，45-66頁．

阿部正浩・小林徹（2010）「人材ビジネスの規模と生産性」佐藤博樹・佐野嘉秀・堀田聰子編『実証研究 日本の人材ビジネス——新しい人事マネジメントと働き方』日本経済新聞出版社，157-188頁．

石川経夫・出島敬久（1994）「労働市場の二重構造」石川経夫編『日本の所得と富の分配』東京大学出版会，169-209頁．

石田光男（2003）『仕事の社会科学——労働研究のフロンティア』ミネルヴァ書房．

伊丹敬之・松永有介（1985）「中間労働市場論」『日本労働協会雑誌』第312号，11-19頁．

今野浩一郎・佐藤博樹（2009）『マネジメント・テキスト 人事管理入門（第2版）』日本経済新聞出版社．

大沢真知子（2004）「派遣労働者の光と影——正社員はしあわせか」佐藤博樹編著『変わる働き方とキャリア・デザイン』勁草書房，17-34頁．

奥平寛子・大竹文雄・久米功一・鶴光太郎（2011）「派遣労働は正規雇用への『踏み石』か，それとも不安定雇用の入口か」鶴光太郎・樋口美雄・水町勇一郎編著『非正規雇用改革——日本の働き方をいかに変えるか』日本評論社，161-192頁．

小倉一哉（2002）「非典型雇用の国際比較——日本・アメリカ・欧州諸国の概念と現状」『日本労働研究雑誌』第505号，3-17頁．

小倉一哉（2013）『「正社員」の研究』日本経済新聞出版社．

小野晶子（2012）「派遣労働者のキャリア——能力開発・賃金・正社員転換の実態」労働政策研究・研修機構編『JILPT第2期プロジェクト研究シリーズ No.3 非正規就業の実態とその政策課題——非正規雇用とキャリア形成，均衡・均等処遇を中心に』労働政策研究・研修機構，124-160頁．

小野晶子（2016）「派遣労働者のキャリア形成支援——派遣元に求められる対応を中心に」『日本労働研究雑誌』第671号，38-52頁．

鹿生治行（2004）「雇用主としての派遣会社の役割——苦情処理の分析を手がかりに」『大原社会問題研究所雑誌』第550・551号，33-50頁．

鎌田耕一（2000）「改正労働者派遣法の意義と検討課題」『日本労働研究雑誌』第475号，48-58頁．

神林龍（2013）「非正規労働者」『日本労働研究雑誌』第633号，26-29頁．
神林龍・水町勇一郎（2014）「労働者派遣法の政策効果について」『日本労働研究雑誌』第642号，64-82頁．
木村琢磨（2010a）「人材ビジネスの経営――登録型労働者派遣業の経営管理」佐藤博樹・佐野嘉秀・堀田聰子編『実証研究 日本の人材ビジネス――新しい人事マネジメントと働き方』日本経済新聞出版社，39-69頁．
木村琢磨（2010b）『戦略的人的資源管理――人材派遣業の理論と実証研究』泉文堂．
木本喜美子（2003）『女性労働とマネジメント』勁草書房．
小池和男（2005）『仕事の経済学（第3版）』東洋経済新報社．
伍賀一道（1999）『雇用の弾力化と労働者派遣・職業紹介事業』大月書店．
伍賀一道（2007）「間接雇用は雇用と働き方をどう変えたか――不安定就業の今日的断面」『季刊経済理論』第44巻3号，5-18頁．
伍賀一道（2014）『「非正規大国」日本の雇用と労働』新日本出版社．
小嶌典明（2011）『労働市場改革のミッション』東洋経済新報社．
小林徹（2014）「労働者派遣専門26業務適正化プランの影響――派遣元・派遣先・派遣労働者の変化」佐藤博樹・大木栄一編『人材サービス産業の新しい役割――就業機会とキャリアの質向上のために』有斐閣，177-205頁．
齊藤博（2003）「わが国の人材派遣業の現状と課題」『関東学園大学経済学紀要』第30巻1号，89-105頁．
桜井絹江（2001）「登録型派遣と女性労働」『女性労働研究』第40号，27-37頁．
佐藤郁哉（2002）『フィールドワークの技法――問いを育てる，仮説をきたえる』新曜社．
佐藤郁哉（2015）『社会調査の考え方（上・下）』東京大学出版会．
佐藤博樹（1998）「非典型的労働の実態――柔軟な働き方の提供か？」『日本労働研究雑誌』第462号，2-14頁．
佐藤博樹（2004a）「働き方の多様化とその選択――誰のための多様化か？」佐藤博樹編著『変わる働き方とキャリア・デザイン』勁草書房，3-15頁．
佐藤博樹編著（2004b）『パート・契約・派遣・請負の人材活用』日本経済新聞出版社．
佐藤博樹（2006）「人材ビジネスの社会的機能と課題――雇用機会創出とキャリア形成支援」樋口美雄編『転換期の雇用・能力開発支援の経済政策――非正規雇用からプロフェッショナルまで』日本評論社，27-54頁．
佐藤博樹・小泉静子（2007）『不安定雇用という虚像――パート・フリーター・派遣の実像』勁草書房．
佐藤博樹（2010）「人材ビジネスと新しいキャリア形成支援」佐藤博樹・佐野嘉秀・堀田聰子編『実証研究 日本の人材ビジネス――新しい人事マネジメントと働き方』日本経済新聞出版社，1-36頁．
佐藤博樹・佐野嘉秀・堀田聰子編（2010）『実証研究 日本の人材ビジネス――新しい人事マネジメントと働き方』日本経済新聞出版社．
佐藤博樹・大木栄一編（2014）『人材サービス産業の新しい役割――就業機会とキャリアの質向上のために』有斐閣．

佐野嘉秀・高橋康二（2009）「製品開発における派遣技術者の活用——派遣先による技能向上の機会提供と仕事意欲」『日本労働研究雑誌』第 582 号，13-28 頁．

佐野嘉秀（2010）「製品開発部門における派遣技術者の活用」佐藤博樹・佐野嘉秀・堀田聰子編『実証研究 日本の人材ビジネス——新しい人事マネジメントと働き方』日本経済新聞出版社，317-365 頁．

島崎謙治（2015）「人材派遣健康保険組合の設立の背景・経緯について」『日本労働研究雑誌』第 659 号，58-65 頁．

島田陽一（1998）「非正規雇用の法政策」『日本労働研究雑誌』第 462 号，37-47 頁．

島貫智行・守島基博（2004）「派遣労働者の人材マネジメントの課題」『日本労働研究雑誌』第 526 号，4-15 頁．

島貫智行（2007a）「派遣労働者の人事管理と労働意欲」『日本労働研究雑誌』第 566 号，17-36 頁．

島貫智行（2007b）「パートタイマーの基幹労働力化が賃金満足度に与える影響——組織内公正性の考え方をてがかりに」『日本労働研究雑誌』第 568 号，63-76 頁．

島貫智行（2010a）「事務系派遣スタッフのキャリア類型と仕事・スキル・賃金の関係」佐藤博樹・佐野嘉秀・堀田聰子編『実証研究 日本の人材ビジネス——新しい人事マネジメントと働き方』日本経済新聞出版社，506-533 頁．

島貫智行（2010b）「派遣のメリット・デメリット」『日本労働研究雑誌』第 597 号，58-61 頁．

島貫智行（2014a）「事務系派遣スタッフのキャリア——職種経験パターンからの分析」佐藤博樹・大木栄一編『人材サービス産業の新しい役割——就業機会とキャリアの質向上のために』有斐閣，18-43 頁．

島貫智行（2014b）「生産分野の派遣スタッフの仕事・労働条件とキャリア，就業意識」佐藤博樹・大木栄一編『人材サービス産業の新しい役割——就業機会とキャリアの質向上のために』有斐閣，96-120 頁．

島貫智行（2014c）「事務系派遣営業所の運営と課題——独立系企業と資本系企業の比較分析」佐藤博樹・大木栄一編『人材サービス産業の新しい役割——就業機会とキャリアの質向上のために』有斐閣，144-176 頁．

清水直美（2007）「派遣労働者のキャリアと基幹化」『日本労働研究雑誌』第 568 号，93-105 頁．

清水直美（2010）「派遣元・派遣労働者関係と派遣労働者のキャリア形成」『キャリアデザイン研究』第 6 号，137-155 頁．

周燕飛（2006）「企業別データを用いた個人請負の活用動機の分析」『日本労働研究雑誌』第 547 号，42-57 頁．

菅野和夫（2004）『新・雇用社会の法（補訂版）』有斐閣．

鈴木宏昌（1997）「海外四季報 非典型的雇用とコンティンジェント労働」『季刊労働法』183 号，165-172 頁．

鈴木宏昌（1998）「先進国における非典型的雇用の拡大」『日本労働研究雑誌』第 462 号，15-26 頁．

高橋賢司（2015）『労働者派遣法の研究』中央経済社．

高橋康二（2006）『労働者派遣事業の動向――「労働者派遣事業報告書集計結果」に基づく時系列データ』東京大学社会科学研究所人材ビジネス研究寄付研究部門資料シリーズ No. 2, 労働新聞社．

高橋康二（2010a）「資本系人材派遣企業の取引と経営」佐藤博樹・佐野嘉秀・堀田聰子編『実証研究 日本の人材ビジネス――新しい人事マネジメントと働き方』日本経済新聞出版社, 70-90 頁．

高橋康二（2010b）「派遣会社の経営形態と派遣社員の就業実態」佐藤博樹・佐野嘉秀・堀田聰子編『実証研究 日本の人材ビジネス――新しい人事マネジメントと働き方』日本経済新聞出版社, 488-505 頁．

高橋康二（2013）「限定正社員のタイプ別にみた人事管理上の課題」『日本労働研究雑誌』第 636 号, 48-62 頁．

武石恵美子（2003）「非正規労働者の基幹労働力化と雇用管理」『日本労務学会誌』第 5 巻 1 号, 2-11 頁．

武石恵美子（2006）『雇用システムと女性のキャリア』勁草書房．

土田道夫（2004）「非典型雇用とキャリア形成」『日本労働研究雑誌』第 534 号, 43-51 頁．

鶴光太郎・樋口美雄・水町勇一郎編著（2011）『非正規雇用改革――日本の働き方をいかに変えるか』日本評論社．

中野麻美（2001）「改正労働者派遣法と派遣労働の変化」『女性労働研究』第 40 号, 17-26 頁．

中野麻美（2003）「労働者派遣の拡大と労働法」『社会政策学会誌』第 9 号, 44-57 頁．

中野麻美（2008）「労働者派遣を中心とした第三者労務供給関係の問題点と課題」『日本労働法学会誌』第 112 号, 26-34 頁．

仲野組子（2000）『アメリカの非正規雇用――リストラ先進国の労働実態』桜井書店．

仁田道夫（1999）「典型的雇用と非典型的雇用――日本の経験」社会経済生産性本部社会労働部編『雇用形態の多様化と労働市場の変容――日欧シンポジウム』社会経済生産性本部．

仁田道夫・久本憲夫編（2008）『日本的雇用システム』ナカニシヤ出版．

藤川恵子（1998）「労働者派遣の現状と展望――アメリカにおける労働者派遣と共同使用者の概念を中心に」『季刊労働法』第 186 号, 149-194 頁．

二神枝保（1998）「派遣人材の組織と仕事へのコミットメント――女性派遣社員をサンプルとしての探索的分析」『日本経営学会誌』第 2 号, 26-42 頁．

二神枝保（2000）「コンティンジェント・ワーカーの働き方――理論的イシューと実践的インプリケーション」『産業・組織心理学研究』第 13 巻 1 号, 55-71 頁．

本庄淳志（2016）『労働市場における労働者派遣法の現代的役割』弘文堂．

本田一成（2001）「パートタイマーの量的な基幹労働力化」『日本労働研究雑誌』第 494 号, 31-42 頁．

松浦民恵（2009a）「派遣労働者のキャリア形成に向けて――ヒアリング調査による考察」『日本労働研究雑誌』第 582 号, 29-39 頁．

松浦民恵（2009b）「派遣という働き方と女性のキャリア形成――派遣会社, 派遣先, 派遣労働者の役割と課題」武石恵美子編著『叢書・働くということ 第 7 巻 女性の働きかた』ミネルヴァ書房, 181-200 頁．

松浦民恵（2014）「どうすれば時給が上がるのか――派遣事務職と派遣営業職の比較分析」佐藤博樹・大木栄一編『人材サービス産業の新しい役割――就業機会とキャリアの質向上のために』有斐閣，44-70頁．

松江祥子（2001）「女性派遣社員のキャリア志向性――その原因に関する探索的研究」『経営行動科学』第15巻1号，47-56頁．

水野有香（2006）「女性のキャリア・パス――事務系業務に就く登録型派遣労働者を事例として」『ジェンダー研究』第9号，27-52頁．

水野有香（2011）「派遣労働問題の本質――事務系女性派遣労働者の考察から」藤原千沙・山田和代編『労働再審③ 女性と労働』大月書店，27-52頁．

村田弘美（2004）「フリーランサー・業務委託など個人請負の働き方とマッチングシステム」『日本労働研究雑誌』第526号，43-55頁．

守島基博（2004）『人材マネジメント入門』日本経済新聞社．

山川隆一（2008）『雇用関係法（第4版）』新世社．

山田久（2007）「個人業務請負の実態と将来的可能性――日米比較の視点から『インディペンデント・コントラクター』を中心に」『日本労働研究雑誌』第566号，4-16頁．

山本勲・黒田祥子（2014）『労働時間の経済分析――超高齢社会の働き方を展望する』日本経済新聞出版社．

脇田滋（2001）「同等待遇・派遣先直用を軸に保護拡充を！」『日本労働研究雑誌』第489号，16-17頁．

和田肇・脇田滋・矢野昌浩編著（2013）『労働者派遣と法』日本評論社．

渡辺深（1991）「転職――転職結果に及ぼすネットワークの効果」『社会学評論』第42巻1号，2-16, 107頁．

渡辺深（1992）「転職方法――就業情報が転職結果に及ぼす影響」『組織科学』第25巻4号，72-84頁．

欧文文献

Abraham, Katharine G. (1990) "Restructuring the Employment Relationship: The Growth of Market-Mediated Work Arrangements." In K. G. Abraham and R. B. McKersie eds., *New Developments in the Labor Market: Toward a New Institutional Paradigm*, MIT Press, 85-119.

Appelbaum, Eileen (1987) "Restructuring Work: Temporary, Part-Time, and At-Home Employment." In H. I. Hartmann ed., *Computer Chips and Paper Clips: Technology and Women's Employment*, National Academy Press, 268-310.

Appelbaum, Eileen, and Rosemary Batt (1994) *The New American Workplace: Transforming Work Systems in the United States*. Cornell University Press.

Appelbaum, Eileen, Annette D. Bernhardt, and Richard J. Murnane (2003) *Low-Wage America: How Employers Are Reshaping Opportunity in the Workplace*. Russell Sage Foundation.

Arthur, Michael B. (1994) "The Boundaryless Career: A New Perspective for Organizational Inquiry." *Journal of Organizational Behavior*, 15(4): 295-306.

Arthur, Michael B., and Denise M. Rousseau, eds. (1996) *The Boundaryless Career: A New Em-*

ployment Principle for a New Organizational Era. Oxford University Press.

Atkinson, John (1984) "Manpower Strategies for Flexible Organisations." *Personnel Management*, 16(8): 28–31.

Atkinson, John (1985) "Flexibility, Uncertainty and Manpower Management." IMS Report, No. 89.

Autor, David (2001) "Why Do Temporary Help Firms Provide Free General Skills Training?" *Quarterly Journal of Economics*, 116(4): 1409–1448.

Autor, David H., and Susan N. Houseman (2006) "Temporary Agency Employment as a Way out of Poverty." In R. M. Blank, S. Danziger and R. F. Schoeni eds., *Working and Poor: How Economic and Policy Changes Are Affecting Law-Wage Workers*, Russell Sage Foundation, 312–337.

Autor, David H., and Susan N. Houseman (2010) "Do Temporary-Help Jobs Improve Labor Market Outcomes for Low-Skilled Workers? Evidence from 'Work First'." *American Economic Journal*, 2(3): 96–128.

Barker, Kathleen, and Kathleen Christensen, eds. (1998) *Contingent Work: American Employment Relations in Transition*. Cornell University Press.

Barley, Stephen R., and Gideon Kunda (2004) *Gurus, Hired Guns, and Warm Bodies: Itinerant Experts in a Knowledge Economy*. Princeton University Press.

Bazen, Stephen., Claudio Lucifora, and Wiemer Salverda, eds. (2005) *Job Quality and Employer Behaviour*. Palgrave Macmillan.

Becker, Gary S. (1975) *Human Capital: A Theoretical and Empirical Analysis, with Special Reference to Education*. Columbia University Press.

Cappelli, Peter (1995) "Rethinking Employment." *British Journal of Industrial Relations*, 33(4): 563–602.

Cappelli, Peter, Laurie Bassi, Harry Katz, David Knoke, Paul Osterman, and Michael Useem (1997) *Change at Work: How American Industry and Workers Are Coping with Corporate Restructuring and What Workers Must Do to Take Charge*. Oxford University Press.

Cappelli, Peter (1999) *The New Deal at Work: Managing the Market-Driven Workforce*. Harvard Business School Press.

Cappelli, Peter, and JR Keller (2013a) "Classifying Work in the New Economy." *Academy of Management Review*, 38(4): 575–596.

Cappelli, Peter, and JR Keller (2013b) "A Study of the Extent and Potential Causes of Alternative Employment Arrangements." *Industrial and Labor Relations Review*, 66(4): 874–901.

Carré, Françoise, Marianne A. Ferber, Lonnie Golden, and Stephen A. Herzenberg, eds. (2000) *Nonstandard Work: The Nature and Challenges of Changing Employment Arrangements*. Cornell University Press.

Clark, Andrew E. (2005) "Your Money or Your Life: Changing Job Quality in OECD Countries." *British Journal of Industrial Relations*, 43(3): 377–400.

Connelly, Catherine E., and Daniel G. Gallagher (2004) "Emerging Trends in Contingent Work

Research." *Journal of Management*, 30(6): 959–983.
Davis-Blake, Alison, and Brian Uzzi (1993) "Determinants of Employment Externalization: A Study of Temporary Workers and Independent Contractors." *Administrative Science Quarterly*, 38(2): 195–223.
Doeringer, Peter B., and Michael J. Piore (1971) *Internal Labor Markets and Manpower Analysis*. D. C. Heath.
Dore, Ronald (1997) "Jobs and Employment: Good Jobs, Bad Jobs, and No Jobs." *Industrial Relations Journal*, 28(4): 262–268.
Feldman, Daniel C., Helen I. Doerpinghaus, and William H. Turnley (1994) "Managing Temporary Workers: A Permanent HRM Challenge." *Organizational Dynamics*, 23(2): 49–63.
Feldman, Daniel C., Helen I. Doerpinghaus, and William H. Turnley (1995) "Employee Reactions to Temporary Jobs." *Journal of Managerial Issues*, 7(2): 127–141.
Forde, Chris, and Gary Slater (2005) "Agency Working in Britain: Character, Consequences and Regulation." *British Journal of Industrial Relations*, 43(2): 249–271.
Freedman, Audrey (1985) "The New Look in Wage Policy and Employee Relations." Conference Board Report 865.
Gallie, Duncan (2007) *Employment Regimes and the Quality of Work*. Oxford University Press.
Golden, Lonnie, and Eileen Appelbaum (1992) "What Was Driving the 1982–88 Boom in Temporary Employment? Preference of Workers or Decisions and Power of Employers." *American Journal of Economics and Sociology*, 51(4): 473–493.
Granovetter, Mark S. (1973) "The Strength of Weak Ties." *American Journal of Sociology*, 78(6): 1360–1380.
Granovetter, Mark S. (1974) *Getting a Job: A Study of Contacts and Careers*. Harvard University Press.
Granovetter, Mark S. (1985) "Economic Action and Social Structure: The Problem of Embeddedess." *American Journal of Sociology*, 91(3): 481–510.
Green, Francis (2007) *Demanding Work: The Paradox of Job Quality in the Affluent Economy*. Princeton University Press.
Green, Francis, Tarek Mostafa, Agnès Parent-Thirion, Greet Vermeylen, Gijs van Houten, Isabella Biletta, and Maija Lyly-Yrjanainen (2013) "Is Job Quality Becoming More Unequal?" *Industrial and Labor Relations Review*, 66(4): 753–784.
Hakim, Catherine (1997) "A Sociological Perspective on Part-Time Work." In H.-P. Blossfeld and C. Hakim eds., *Between Equalization and Marginalization: Women Working Part-Time in Europe and the United States of America*, Oxford University Press, 22–70.
Hatton, Erin (2011) *The Temp Economy: From Kelly Girls to Permatemps in Postwar America*. Temple University Press.
Henson, Kevin D. (1996) *Just a Temp*. Temple University Press.
Holman, David (2013) "Job Types and Job Quality in Europe." *Human Relations*, 66(4): 475–502.

Houseman, Susan N., and Anne E. Polivka (2000) "The Implications of Flexible Staffing Arrangements for Job Stability." In D. Neumark ed., *On the Job: Is Long-Term Employment a Thing of the Past?* Russell Sage Foundation, 427–462.

Houseman, Susan N. (2001) "Why Employers Use Flexible Staffing Arrangements: Evidence from an Establishment Survey." *Industrial and Labor Relations Review*, 55(1): 149–170.

Houseman, Susan N., Arne L. Kalleberg, and George A. Erickcek (2001) "The Role of Temporary Agency Employment in Tight Labor Markets." *Industrial and Labor Relations Review*, 57(1): 105–127.

Houseman, Susan N., and Machiko Osawa (2003) "The Growth of Nonstandard Employment in Japan and the United States: A Comparison of Causes and Consequences." In S. N. Houseman and M. Osawa eds., *Nonstandard Work in Developed Economies: Causes and Consequences*, W. E. Upjohn Institute for Employment Research, 175–214.

Hunter, Larry W. (2000) "What Determines Job Quality in Nursing Homes?" *Industrial and Labor Relations Review*, 53(3): 463–481.

Kalleberg, Arne L. (1977) "Work Values and Job Rewards: A Theory of Job Satisfaction." *American Sociological Review*, 42(1): 124–143.

Kalleberg, Arne L., Edith Rasell, Naomi Cassirer, Barbara F. Reskin, Ken Hudson, David Webster, Eileen Appelbaum, and Roberta M. Spalter-Roth (1997) *Nonstandard Work, Substandard Jobs: Flexible Work Arrangements in the U. S.* Economic Policy Institute.

Kalleberg, Arne L. (2000) "Nonstandard Employment Relations: Part-Time, Temporary and Contract Work." *Annual Review of Sociology*, 26: 341–365.

Kalleberg, Arne L., Barbara F. Reskin, and Ken Hudson (2000) "Bad Jobs in America: Standard and Nonstandard Employment Relations and Job Quality in the United States." *American Sociological Review*, 65(2): 256–278.

Kalleberg, Arne L. (2001) "Organizing Flexibility: The Flexible Firm in a New Century." *British Journal of Industrial Relations*, 39(4): 479–504.

Kalleberg, Arne L. (2003) "Flexible Firms and Labor Market Segmentation: Effects of Workplace Restructuring on Jobs and Workers." *Work and Occupations*, 30(2): 154–175.

Kalleberg, Arne L. (2009) "Precarious Work, Insecure Workers: Employment Relations in Transition." *American Sociological Review*, 74(1): 1–22.

Kalleberg, Arne L. (2011) *Good Jobs, Bad Jobs: The Rise of Polarized and Precarious Employment Systems in the United States, 1970s to 2000s*. Russell Sage Foundation.

Kalleberg, Arne L., Torstein Nesheim, and Karen M. Olsen (2015) "Job Quality in Triadic Employment Relations: Work Attitudes of Norwegian Temporary Help Agency Employees." *Scandinavian Journal of Management*, 31(3): 362–374.

Kunda, Gideon, Stephen R. Barley, and James Evans (2002) "Why Do Contractors Contract?: The Experience of Highly Skilled Technical Professionals in a Contingent Labor Markets." *Industrial and Labor Relations Review*, 55(2): 234–261.

Lepak, David P., and Scott A. Snell (1999) "The Human Resource Architecture: Toward a Theory of Human Capital Allocation and Development." *Academy of Management Review*, 24(1): 31-48.

Lepak, David P., and Scott A. Snell (2002) "Examining the Human Resource Architecture: The Relationships Among Human Capital, Employment, and Human Resource Configurations." *Journal of Management*, 28(4): 517-543.

Mangum, Garth L., Donald Mayall, and Kristin Nelson (1985) "The Temporary Help Industry: A Response to the Dual Internal Labor Market." *Industrial and Labor Relations Review*, 38(4): 599-611.

Meulders, Danièle, Olivier Plasman, and Robert Plasman (1994) *Atypical Employment in the EC*. Dartmouth.

Mitlacher, Lars W. (2007) "The Role of Temporary Agency Work in Different Industrial Relations Systems: A Comparison between Germany and the USA." *British Journal of Industrial Relations*, 45(3): 581-606.

Mitlacher, Lars W. (2008) "Job Quality and Temporary Agency Work: Challenges for Human Resource Management in Triangular Employment Relations in Germany." *The International Journal of Human Resource Management*, 19(3): 446-460.

Muñoz de Bustillo, Rafael, Enrique Fernánndez-Macías, José-Ignacio Antón, and Fernando Esteve (2011) *Measuring More than Money: The Social Economics of Job Quality*. Edward Elgar Publishing.

Nollen, Stanley D. (1996) "Negative Aspects of Temporary Employment." *Journal of Labor Research*, 17(4): 567-582.

Nollen, Stanley D., and Helen Axel (1998) "Benefits and Costs to Employers." In K. Barker and K. Christensen eds., *Contingent Work: American Employment Relations in Transition*, Cornell University Press, 126-143.

Osnowitz, Debra (2010) *Freelancing Expertise: Contract Professionals in the New Economy*. Cornell University Press.

Osterman, Paul, ed. (1996) *Broken Ladders: Managerial Careers in the New Economy*. Oxford University Press.

Osterman, Paul (1999) *Securing Prosperity: The American Labor Market: How It Has Changed and What to Do about It*. Princeton University Press.

Osterman, Paul, Thomas A. Kochan, Richard M. Locke, and Michael J. Piore (2001) *Working in America: A Blueprint for the New Labor Market*. MIT Press.

Osterman, Paul, and Beth Shulman (2011) *Good Jobs America: Making Work Better for Everyone*. Russell Sage Foundation.

Pfeffer, Jeffrey, and James N. Baron (1988) "Taking the Workers Back Out: Recent Trends in the Structuring of Employment." *Research in Organizational Behavior*, 10: 257-303.

Pink, Daniel H. (2001) *Free Agent Nation: How America's New Independent Workers Are Transforming the Way We Live*. Warner Books.

Piore, Michael J. (1971) "The Dual Labor Market: Theory and Implications." In D. M. Gordon ed., *Problems in Political Economy: An Urban Perspective*, D. C. Heath, 90–94.

Polivka, Anne E., and Thomas Nardone (1989) "On the Definition of 'Contingent Work'." *Monthly Labor Review*, 112(12): 9–16.

Polivka, Anne E. (1996a) "Contingent and Alternative Work Arrangements, Defined." *Monthly Labor Review*, 119(10): 3–9.

Polivka, Anne E. (1996b) "A Profile of Contingent Workers." *Monthly Labor Review*, 119(10): 10–21.

Powell, Walter W. (1990) "Neither Market nor Hierarchy: Network forms of Organization." *Research in Organizational Behavior*, 12: 295–336.

Purcell, John, Kate Purcell, and Stephanie Tailby (2004) "Temporary Work Agencies: Here Today, Gone Tomorrow?" *British Journal of Industrial Relations*, 42(4): 705–725.

Rogers, Jackie Krasas (2000) *Temps: The Many Faces of the Changing Workplace*. Cornell University Press.

Schein, Edgar H. (1978) *Career Dynamics: Matching Individual and Organizational Needs*. Addison-Wesley.

Smith, Vicki, and Esther B. Neuwirth (2008) *The Good Temp*. ILR Press.

Summers, Clyde W. (1997) "Contingent Employment in the United States." *Comparative Labor Law Journal*, 18(4): 503–522.

Tilly, Chris (1991) "Reasons for the Continuing Growth of Part-time Employment." *Monthly Labor Rewiew*, 114(3): 10–18.

Tilly, Chris (1996) *Half A Job: Bad and Good Part-Time Jobs in a Changing Labor Market*. Temple University Press.

Tilly, Chris (1997) "Arresting the Decline of Good Jobs in the USA?" *Industrial Relations Journal*, 28(4): 269–274.

Van Maanen, John, and Stephen R. Barley (1984) "Occupational Communities: Culture and Control in Organizations." *Research in Organizational Behavior*, 6: 287–365.

Vosko, Leah F. (2000) *Temporary Work: The Gendered Rise of a Precarious Employment Relationship*. University of Toronto Press.

Uzzi, Brian (1997) "Social Structure and Competition in Interfirm Networks: The Paradox of Embeddedness." *Administrative Science Quarterly*, 42(1): 35–67.

Warhurst, Christopher, Francoise Carré, Patricia Findlay, and Chris Tilly (2012) *Are Bad Jobs Inevitable?: Trends, Determinants and Responses to Job Quality in the Twenty-First Century*. Palgrave Macmillan.

索　引

---- 事項索引 ----

アルファベット

EWCS　217
OJT　165

あ　行

アイデンティティ　301
意思決定への関与　226, 232, 256, 262
一時金　85
一般事務　5, 15
一般職　76
一般労働者派遣事業　8
インディペンデント・コントラクター　→フリーランス
請負契約　28
営業担当者　58, 203

か　行

外注費　77
外的環境　50
外部化
　管理や雇用責任の――　28
　雇用の――　31
隠れた費用　52
家計負担（者）　152, 155, 158, 164, 171
関心志向　151, 157, 159, 168
間接雇用　31, 35
企業間関係　298
企業間ネットワーク　210, 212, 213, 301
企業による管理〔雇用する企業による管理〕　28, 297
企業年金　226, 230, 252, 259
技術職　6, 201, 309
季節労働　30
技　能
　――向上　155, 165
　――志向　151, 155, 159, 165
　――水準　152, 155, 159
　――の発揮　108
　企業特殊的――　32, 110, 179, 183
　事務職の――　108
　商品としての――　52
　専門性としての――　52
　汎用的――　109, 110
技能開発投資　→人材開発投資
技能蓄積　108, 111, 115, 157, 166, 174, 175, 177, 180, 190, 197, 304
　――の好循環　211
　派遣就業中の――　113
基本給　64
客観的基準　43, 50
キャリア・アンカー　41
キャリア形成　198
　――支援機能　305
　組織内――　39
　長期的な――　106, 116, 118, 207
キャリア・コーン　40
キャリア志向　41
教育訓練（機会）　106, 166, 193
　派遣元企業の――　109, 111
凝集性　300
業績への貢献　88
共同雇用　48
業務委託契約　192, 296, 299
業務配分　176
均等待遇原則　37
クロスセクション・データ　218
経済的側面　45, 46, 47, 90
継続就業　97, 125, 152, 173, 188, 194, 197
契約社員　166, 184, 185

契約労働　48
月　給　60, 64
権　限　299
健康保険　309
現場管理者　77
交　換　299
国際比較　310
互恵性　299
コスト削減　36
コーディネーター　58, 203
コミュニケーション・スキル　115
雇　用　48, 297
　——安定措置　12
　——可能性〔エンプロイアビリティ〕　47
　——環境　218
　——調整　36
　——主責任の代行　36
　——の安定性　31, 36, 42, 46, 47, 91, 170, 180, 190, 225, 230, 253, 259, 268, 270, 302, 304
　——の外部化　31
　——の柔軟性の確保　13
　——リスク　183, 184
　——量の調整可能性　76
雇用関係　3, 4, 48, 136, 249, 250, 251, 258, 268, 299, 310
　長期的——　196, 197, 210, 213, 299, 306
コンティンジェント労働（者）　26, 29, 50

さ　行

最低賃金制　37
財務処理　5, 15
残　業　274
　——時間　139, 140, 161
　——の頻度　139, 140
三者（雇用）関係　49, 210, 213, 250, 251, 258, 265, 266, 268, 275, 285, 303, 310
サンプリング　54
　スノーボール・——　54, 55
　ランダム・——　219
サンプル・セレクション・バイアス　219
自営（業）　30, 296, 298

時間当たりの生産性　146
時間給　60
指揮命令関係　3, 48, 251
自己管理　297
仕事遂行に必要な情報　134
仕事成果　86, 96, 100, 145
　期待される（水準の）——〔仕事遂行の期待水準〕　121, 173, 188, 214
　期待を上回る（水準の）——　175, 189
仕事と生活の両立〔仕事と生活の関係〕　38, 152, 162, 163
　キャリアを通じた——　160
仕事に対する意識　154
仕事の安定性　51
仕事（内容）の高度化　176, 197, 237
仕事（遂行）の裁量　126, 133, 170, 175, 178, 190, 192, 206, 226, 231, 255, 262
仕事の質　44, 161, 217–219, 225, 228, 249, 265, 285
　——の比較　216
仕事の順序に関する裁量　128, 130
仕事の自律性　46, 47, 119, 126, 137, 170, 174, 225, 226, 231, 236, 255, 261, 267, 268, 273
仕事の遂行方法
　——に関する裁量　128, 132
　——の改善　132
仕事の責任の重さ　133, 168, 174, 209
仕事の設計　128
仕事の選択可能性　42, 120, 126, 165, 306
仕事の内容　128
　——に関する裁量　128
　——の明確さ　128
仕事の難易度　67, 80, 152, 155, 158, 162, 175, 178
仕事の不確実性　51
仕事量　81
仕事を失うリスク　192
仕事を任されている感覚　131
自社の従業員　87, 88
市　場　299
失業リスク〔失業可能性〕　169, 226, 230, 253, 259

質的基幹化　237
質問票調査　216, 250
事務職　5, 6, 11, 33, 54, 76, 183, 201, 219, 285, 309
　──の技能　108
　──の正規労働者　76
事務用機器操作　5, 15
社会政策　36
社会保障　309
自由化業務　5, 11
就業機会　170
　──の確保　47
　──の提供　101
就業経験　107, 152, 158, 168, 205
就業形態　2, 250, 306
　──上の特徴　43, 48
　──の移行　172
　──の多様化　311
就業志向　150, 159, 275
　──の類型化　150
就業ニーズ　37
就業理由　158
　消極的な──　156
　積極的な──　153
柔軟性
　機能的──　15
　金銭的──　15
　雇用の──　13
　数量的──　14
　賃金設定の──　72
　労働時間の──　119, 137, 147, 154, 174, 268, 274, 303
柔軟な企業モデル　13
収入の上昇　52
主観的基準　43, 50
需給　299
　──調整機能　305
準拠集団　301
順序ロジット分析　236, 265
紹介予定派遣　12, 184
試用期間　185
昇給〔賃金の上昇〕　74, 76, 84

定期──　64
上司からの期待　133
上司の指示　131
情報獲得経路　299
情報共有　134, 178
賞与　85, 226, 229, 252, 259, 269
常用型派遣　4, 6, 19, 60, 200, 251, 309
処遇格差問題　20
職業コミュニティ　52, 301
職種　219
職能資格（制度）　76, 180, 183
職務給　71, 76
職務フォーカス〔職務コミットメント〕　41
所属意識　135, 136, 175, 208, 301
自律　51
人件費　77, 183
　──の削減　75, 146, 272
人材開発投資〔技能開発投資，人材育成投資〕183, 273
　──費用　110
人材活用に関する関心　77
人材派遣健康保険組合　309
人材ビジネス企業　305
人的資本理論　109
人的ネットワーク　52, 205, 209, 213, 299
信頼関係　299
随意雇用原則　29
生活志向　151, 152, 159, 161
正規労働（者）　3, 28, 31, 32, 42, 57, 62, 64, 83, 86, 120, 155, 162, 168, 169, 185, 200, 217, 221, 228, 249, 250, 297, 302
　──との賃金格差　83
　──との比較　20
　──の代替労働力　15
　──への移行可能性　34
　──への転換　153, 166, 172, 173, 180
　事務職の──　76
　就業中の派遣先企業における──への転換　181
責任意識　133
ゼロ・アワー・コントラクト　30
専門13業務　11

専門26業務　5, 11
専門性　62, 64, 67, 80, 159, 162, 183, 191, 197, 201
　　――向上（の機会）　165, 226, 231, 254, 260, 304
　　――としての技能　52
相互利益　299
疎外感　135
組織　299
　　――による労働者の統制　48
組織境界のないキャリア〔バウンダリレス・キャリア〕　40
組織コミットメント　41

た　行

退職金　89, 226, 229, 252, 259, 269
他者（から）の支援　134, 175, 206
短期雇用　28
　　――主と契約する労働者　30
短期的に移動しながらの就業　188
短時間勤務　142, 143
紐帯　300
　強い――　300
　弱い――　300
長期雇用〔長期間就業，長期勤続〕　27, 172, 270
長期的雇用関係　196, 197, 210, 213, 299, 306
長期的取引関係　210, 211, 213, 302, 306
長期的な育成　180
長期的なキャリア形成　106, 116, 118, 207
長時間労働　141, 192
調整　299
直接雇用　3, 29, 30, 34, 48, 78, 83, 88, 167, 184, 273
賃金（水準）　31, 33, 36, 42, 46, 47, 60, 86, 163, 171, 173, 175, 178, 180, 189, 190, 196, 200, 225, 228, 252, 259, 267, 268, 271, 302
　　――格差　83
　　――管理　75, 80
　　――決定基準（の曖昧さ）　70, 73
　　――決定の仕組み　64
　　――決定の妥当性　73
　　――設定の柔軟性　72
　　――に対する不満　81
　　――の公平性　78
　　――の個別決定　70
　　――表　70
賃金の上昇　→昇給
手当　84, 90
　通勤――　90
典型労働〔典型雇用〕　27
転職活動　180, 299
同一労働同一賃金　238
動機づけ　129
当事者視点　50, 53, 216, 285
登録型派遣　4, 5, 6, 11, 28, 35, 54, 60, 68, 88, 251, 285, 309
　　――事業の売上　125
特定労働者派遣事業　8
取引　299
取引文書作成　5, 15

な　行

二項ロジット分析　236, 265
二者（雇用）関係　48, 251, 258, 265
人間関係　182, 191
　　――の構築　175
ネットワーク　299, 302
能力開発（機会）　31, 34, 42, 47, 91, 106, 108, 111, 165, 171, 173, 178, 180, 200, 225, 231, 254, 260, 268, 270, 302, 304
　継続的な――　118
　仕事（経験）を通じた――　114, 270

は　行

派遣可能期間　12
派遣（労働の）形態　4, 6
派遣先企業　2, 53, 57, 310
　　――についての情報　206
　　――による派遣労働者の活用　13
　　――の意識・行動変革　308
　　――の移動　197
　　――の業務指導　114
　　――の仕事要件　108

──の評価　　97, 99
　　　就業した──の数　　105
　　　派遣元企業と──の交渉　　69
派遣（労働の）職種〔派遣対象職種〕　5, 6,
　　11
派遣元企業　　2, 53, 58, 305, 310
　　　──との長期的関係　　195, 198
　　　──と派遣先企業の交渉　　69
　　　──についての情報　　205
　　　──の意識・行動変革　　307
　　　──の教育訓練　　109, 111
　　　──の使い分け　　204
　　　──の見極め　　202
　　資本系──　　212
　　独立系──　　212
　　複数の──への登録　　103, 188
派遣料金　　2, 64, 68, 145, 173, 190, 272
派遣労働　　2, 3, 26, 28, 228, 249, 250, 275, 285,
　　296, 302
　　　──自体の特徴　　20
　　　──に対する肯定的な見方　　37
　　　──に対する否定的な見方　　31
　　　──の回避　　172
　　　──の業務区分　　5
　　　──の継続　　150
　　　──の克服　　195
　　　──の受容　　150
　　　──への評価　　20
　　　──を選択した理由　　17
派遣労働者　　2, 30, 218, 221
　　　──として働いてきた通算期間　　104
　　　──の育成　　177
　　　──の意識・行動変革　　307
　　　──の困難　　21, 195
　　　──の主体的な行動　　198
　　　──の将来希望する働き方　　18
　　　──のジレンマ　　51, 150, 161
　　　──の属性　　15
　　　──の長期的なキャリア形成　　116
　　　──の賃金決定の仕組み　　64
　　　──の評価制度　　80
　　　──の不安　　101

　　　──の要望　　123
　　　──の有効活用　　178
　　　派遣先企業による──の活用　　13
派遣労働者数　　7
　　常用換算──　　9
働き方の多面性　　44, 285
働き方の特有性　　47, 285
働き方の複雑性　　50, 285
パートタイム労働（者）　　28, 76, 78, 168
　　有期──　　3, 42, 163, 171
パネル・データ　　219
半構造化面接法　　57
非経済的側面　　45, 46, 47
非正規労働（者）　　26, 28, 29, 32, 42, 163, 166,
　　169, 171, 217, 221, 228, 249, 250
　　　──の基幹労働力化　　237
非典型労働〔非典型雇用〕　　26, 27
評価（制度）　　100, 197, 200
　　派遣先企業の──　　97, 99
　　派遣労働者の──　　80
費用科目　　77
評　判　　299
フォロー業務　　123
部外者　　51
付加給付　　46, 47, 60, 89, 90, 162, 171, 178, 180,
　　190, 200, 225, 229, 252, 259, 268, 269
物品費　　77
不本意就労　　17, 156
扶養控除　　165
フリーエージェント　　40, 51
フリーランス（労働者）〔インディペンデン
　　ト・コントラクター〕　30, 40, 57, 192,
　　296
　　　──としての独立　　172, 187
フルタイム労働〔フルタイム勤務，フルタイム
　　雇用〕　　27, 28, 138, 143, 164
　　有期──　　163, 166, 168, 171, 184, 185
フレックスタイム制度　　141
ベースアップ　　64
本社人事部門　　77

ま・や 行

毎月の収入　225, 228, 252, 259
マージン　64
マッチング　58, 108, 121, 143
無期雇用　28, 29
雇い止め　94, 169, 173, 180, 270
有期雇用　37
有給休暇　144, 164, 175

ら・わ 行

リーマンショック　9, 20, 56
量的基幹化　237
労使関係　309
労働契約　3, 91, 140, 196, 249, 250, 252, 268, 310
　——期間　47, 91, 93, 196, 221, 250, 310
　——の更新　97
　長期的な——　299
　無期——　4, 27, 180, 185, 200, 221, 250, 252, 265
　有期——　5, 27, 91, 180, 196, 221, 250, 252, 265, 266, 268
労働サービス　88
労働時間　36, 42, 46, 47, 119, 120, 137, 147, 171, 178, 192, 225, 228, 232, 256, 263, 267
　——管理制度　141
　——の裁量　46, 141, 163, 164, 190
　——の柔軟性　119, 137, 147, 154, 174, 268, 274, 303
　——の長さ　46, 137, 140
　実——　137, 140, 141, 145
　週当たりの——　228, 233, 256, 263
　所定——　139, 140
労働志向　38
労働市場　56
　——の二重構造〔二重——〕　32, 272
　外部——　32, 64, 296, 298
　周辺的で二次的な——　32
　中核的で一次的な——　32
　中間——　298
　内部——　32, 272, 297
労働者
　——自身の認識や行動　50
　——の視点　45
　——の能力　275
　——保護　35
労働者派遣　2
　——の活用　310
労働者派遣契約　2, 92, 128, 196, 210
　——期間　92, 93
労働者派遣法　2, 11, 303, 311
労働日数　220
労働法　34
労働密度　46, 146
労務コストの節約　13
ワーク・ライフ・バランス　228, 234, 256, 263

人名・団体名等索引

A・B・C

Arthur, Michael B.　40
Atkinson, John　13, 219, 310
Autor, David　14, 311
Barley, Stephen R.　50, 53, 287, 301, 311
Baron, James N.　28
Becker, Gary S.　109
Cappelli, Peter　32, 48, 49, 287, 310, 312
Clark, Andrew E.　44
Connelly, Catherine E.　29

D・E・F

Davis-Blake, Alison　219, 310
Doeringer, Peter B.　32
Doerpinghaus, Helen I.　310
Erickcek, George A.　310
Evans, James　50, 53, 287

Feldman, Daniel C.　310
Forde, Chris　310

G・H

Gallagher, Daniel G.　29
Gallie, Duncan　44
Granovetter, Mark S.　299, 300
Green, Francis　45
Hakim, Catherine　38
Hatton, Erin　31, 310
Henson, Kevin D.　31, 310
Holman, David　46
Houseman, Susan N.　219, 310, 311
Hunter, Larry W.　45

K・L・M

Kalleberg, Arne L.　28, 29, 45–47, 219, 225, 287, 310
Keller, JR　48, 287, 310
Kunda, Gideon　50–53, 287, 311
Lepak, David P.　310
Mangum, Garth L.　310
Mayall, Donald　310
Meulders, Danièle　27
Mitlacher, Lars W.　31, 310

N・O

Nardone, Thomas　29
Nelson, Kristin　310
Nesheim, Torstein　310
Neuwirth, Esther B.　31, 308, 310
Nollen, Stanley D.　310
Olsen, Karen M.　310
Osawa, Machiko　→大沢真知子
Osnowitz, Debra　296
Osterman, Paul　31, 45

P

Pfeffer, Jeffrey　28
Pink, Daniel H.　40
Piore, Michael J.　32
Plasman, Olivier　27

Plasman, Robert　27
Polivka, Anne E.　29, 310
Powell, Walter W.　298, 299
Purcell, John　311
Purcell, Kate　311

R・S

Rogers, Jackie Krasas　310
Rousseau, Denise M.　40
Schein, Edgar H.　40
Shulman, Beth　45
Slater, Gary　310
Smith, Vicki　31, 308, 310
Snell, Scott A.　310

T・U・V・W

Tailby, Stephanie　311
Tilly, Chris　14, 45
Turnley, William H.　310
Uzzi, Brian　219, 301, 310
Van Maanen, J.　301
Vosko, Leah F.　310
Warhurst, Christopher　45

あ行

浅海典子　310
阿部正浩　15, 311
石川経夫　33
石田光男　297
伊丹敬之　298
今野浩一郎　13
欧州生活・労働条件改善財団〔Eurofound〕　217
大木栄一　310
大沢真知子　38, 39, 310
奥平寛子　34
小倉一哉　27, 28, 297
小野晶子　33, 34, 308

か行

神林龍　311
木村琢磨　58, 111, 125, 311

木本喜美子　310
黒田祥子　297, 302
小池和男　297
小泉静子　39
厚生労働省　6, 7, 13, 55, 58, 60, 61, 81, 85, 91, 106, 126
伍賀一道　36, 37
小嶌典明　37
小林徹　311

さ　行

桜井絹江　310
佐藤郁哉　57
佐藤博樹　13, 38, 39, 218, 305, 306, 310
佐野嘉秀　201, 310
島崎謙治　309
島貫智行　3, 238, 292
清水直美　15, 292
周燕飛　297
菅野和夫　2
鈴木宏昌　26, 27
全労済協会　218
総務省　7, 218

た・な　行

高橋康二　201, 212, 297
武石恵美子　237, 310
鶴光太郎　302
出島敬久　33
東京大学社会科学研究所人材フォーラム　218
仲野組子　310

中野麻美　35, 36
仁田道夫　27, 28
日本人材派遣協会　6

は　行

樋口美雄　302
藤川恵子　310
二神枝保　40, 41
堀田聰子　310
本庄淳志　11, 37
本田一成　237

ま　行

松浦民恵　39, 118, 198, 199, 292
松江祥子　41, 42
松永有介　298
水野有香　310
水町勇一郎　302, 311
村田弘美　296
守島基博　3, 297

や・ら・わ　行

矢野昌浩　11
山川隆一　2
山田久　296
山本勲　297, 302
労働省　38
労働政策研究・研修機構〔JILPT〕　17, 66, 126, 138
脇田滋　11, 35
和田肇　11
渡辺深　299

● **著者紹介**

島貫 智行（しまぬき・ともゆき）

一橋大学大学院商学研究科教授

1971年生まれ。1995年慶應義塾大学法学部卒業。総合商社人事部門勤務を経て，2007年一橋大学大学院商学研究科博士後期課程単位修得退学。山梨学院大学現代ビジネス学部専任講師，一橋大学大学院商学研究科専任講師，同准教授を経て，2017年より現職。一橋大学博士（商学）。

専門は人的資源管理論。

主な著作に，「派遣労働者の人事管理と労働意欲」（『日本労働研究雑誌』第566号，2007年，第9回労働関係論文優秀賞受賞）；「派遣労働者の人材マネジメントの課題」（共同執筆，『日本労働研究雑誌』第526号，2004年）；「非正社員活用の多様化と均衡処遇」（『日本労働研究雑誌』第607号，2011年）；「日本企業における正規社員の人事管理と職場のモラール」（『日本経営学会誌』第30号，2012年）；「雇用の境界から見た内部労働市場の分化」（『組織科学』第44巻2号，2010年）；「人材マネジメントの分権化と組織パフォーマンス」（『組織科学』第42巻4号，2009年，第26回組織学会高宮賞受賞）などがある。

派遣労働という働き方——市場と組織の間隙
Temporary Agency Work:
Lives and Careers at the Boundary of Market and Organization

2017年4月30日　初版第1刷発行

著　者	島貫　智行
発行者	江草　貞治
発行所	株式会社　有斐閣

郵便番号 101-0051
東京都千代田区神田神保町 2-17
電話 (03)3264-1315〔編集〕
　　 (03)3265-6811〔営業〕
http://www.yuhikaku.co.jp/

印刷・株式会社理想社／製本・牧製本印刷株式会社
© 2017, Tomoyuki Shimanuki. Printed in Japan
落丁・乱丁本はお取替えいたします。
★定価はカバーに表示してあります。

ISBN 978-4-641-16497-0

[JCOPY] 本書の無断複写(コピー)は，著作権法上での例外を除き，禁じられています。複写される場合は，そのつど事前に，(社)出版者著作権管理機構（電話03-3513-6969，FAX03-3513-6979，e-mail:info@jcopy.or.jp）の許諾を得てください。